浙商文化教程

主编　陈海忠　杨一琼

浙江工商大学出版社
ZHEJIANG GONGSHANG UNIVERSITY PRESS
·杭州·

图书在版编目(CIP)数据

浙商文化教程 / 陈海忠，杨一琼主编. —杭州：浙江工商大学出版社，2018.8(2022.1 重印)

ISBN 978-7-5178-2911-9

Ⅰ. ①浙… Ⅱ. ①陈… ②杨… Ⅲ. ①企业文化—浙江—教材 Ⅳ. ①F279.275.5

中国版本图书馆 CIP 数据核字(2018)第 192025 号

浙商文化教程

陈海忠　杨一琼　主编

责任编辑　任晓燕
封面设计　林朦朦
责任印制　包建辉
出版发行　浙江工商大学出版社
(杭州市教工路 198 号　邮政编码 310012)
(E-mail：zjgsupress@163.com)
(网址：http://www.zjgsupress.com)
电话：0571－88904980,88831806(传真)
排　　版　杭州朝曦图文设计有限公司
印　　刷　杭州高腾印务有限公司
开　　本　787mm×960mm　1/16
印　　张　15
字　　数　236 千
版 印 次　2018 年 8 月第 1 版　2022 年 1 月第 5 次印刷
书　　号　ISBN 978-7-5178-2911-9
定　　价　42.00 元

编委会

序

适逢我国改革开放40周年，浙江实施“八八战略”15周年取得辉煌成就的历史节点，《浙商文化教程》又与大家见面了。

商贸流通类为主体的浙江经贸职业技术学院为顺应我国经济发展的历史潮流，满足高等教育改革发展、浙江改革开放的背景下传承与弘扬浙商精神的需要，通过浙商系统研究我国现代商帮的演进历史、文化传承、发展模式及其精神内核，并组织编写了对学生进行创新创业教育的校本教材。自2010年2月初版以来，《浙商文化教程》作为学校对学生开展人文素质教育、校情校史教育的重要课程，面向所有在校生开设，目的是希望学生了解浙商的历史和现状，传承浙商精神，弘扬浙商文化，担当起应有的社会责任。2011年10月，《浙商文化教程》被浙江省委宣传部推荐为省党政干部读物，2012年12月被评为华东地区大学出版社优秀教材。

当前，我国的GDP总量从2010年的6.04万亿美元增长到2017年的12.24万亿美元，稳居世界主要经济体第2位。身处世界商潮激荡的旋流，中国商人特别是浙商，在贯彻落实“一带一路”倡议、推进新一轮全球化的进程中起到了中流砥柱的作用。随着以互联网技术为依托的信息经济的崛起，浙商创造的以阿里巴巴为代表的电子商务模式、以摩拜单车为代表的共享单车、以蚂蚁金服为代表的移动支付，占据了当代中国“新四大发明”中的三个，为世界各国特别是发展中国家走向互联互通、共享共赢提供了切实可行的中国方案，新时代的浙商取得了举世瞩目的新成就。2017年11月，在第四届世界浙商大会上，浙江省委省政府对新时代浙商精神作了进一步提炼，赋予了浙商精神新的内涵，即坚忍不拔的创业精神、敢为人先的创新精神、兴业报国的担当精神、开放大气的合作精神、诚信守法的法治精神、追求卓越的奋斗精神。传承和弘扬新时代浙商精神，正是我们新编《浙商文化教程》的背景和出发点。

放眼960多万平方公里的中国大地，浙江作为中国改革开放的先行地之一，义乌经验、温州模式、杭州样本、浙商故事，构成了中国改革最细腻的起笔。2003年时任浙江省委书记的习近平同志提出“八八战略”，高屋建瓴的思想与浙江在中国发展中的独特角色，为新时代中国提供了浙江实践、浙江经验、浙江样本。时间已经充分证明，“八八战略”不谋一时、不为一事，而是为浙江发展留下了长远性的、全局性的擘画。当全面建成小康社会进入决胜期，当新时代的考题已经铺陈在亿万人民面前，浙江实践将赋予更多人不忘初心、戮力前行的力量，将为中国在新时代应对更大的“赶考”，带来定力与耐心。

新时代，新使命，新担当，新征程。浙江，作为习近平新时代中国特色社会主义思想的重要萌发地，担负着为“中国的明天”提供更多的浙江实践、浙江素材、浙江经验的历史重任。浙商当秉承浙商精神，牢记浙商使命，自觉投身浙江“两个高水平”建设实践，勇当新时代中国特色社会主义市场经济弄潮儿，争做新发展理念的探索者、转型升级的引领者、义行天下的实践者，切实担负起应有的富民强省、民族复兴的责任，共享发展成果和国家繁荣富强的伟大荣光。作为新一代的浙商，一方面要传承浙江人勤劳、敢想、敢闯的精神；另一方面更要在中国乃至全球经济都在新技术革命中寻求结构调整和升级的大背景下，紧紧抓住社会发展的趋势，努力把握未来。这也势必要求未来的浙商在运用新思维、新技术、新人才和新组织的同时，仍然要像前辈浙商一样勇往直前、开创未来。马云说过“我们只有坚持不断学习、坚持理想、坚持乐观主义、坚持自重自尊自强，我们才有明天。”这既是对浙商过去取得成就的溯源，也是对未来新浙商的启迪，希望新时代的大学生能从中汲取更多养分，坚定梦想，相信未来，坚持创新、创造和创意，干在实处，走在前列，勇立潮头，传承与弘扬好新时代浙商精神，开启新征程，努力奋斗，创造美好未来。

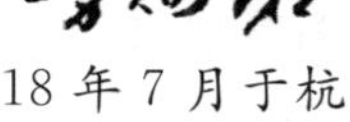

2018年7月于杭州

目 录

第一章

浙商的崛起

本章的教学目标和要求

1. 了解浙商概念。
2. 了解浙商的精神特质。
3. 学习浙商的经营谋略。

思考题

1. 浙商是怎样的一个群体？
2. 浙商崛起的原因有哪些？
3. 浙商有哪些典型的思维特征？

从商业史的角度来说，每一个企业家，都恰如其分地出现在属于他的那个年代。当美国大工业即将崛起的时刻，洛克菲勒、J. P 摩根和安德鲁·卡内基出现了；当电脑开始进入千家万户的时候，比尔·盖茨、戴尔出现了；当日本从一片战争废墟中摇摇晃晃地站起来的时候，松下幸之助和井直熏出现了。同样地，在中国，当单一的计划经济体制已严重阻碍生产力的发展、中国需要第二次革命以解放生产力的时候，一帮神奇的商人出现了……他们出身卑微，几乎没受过任何商业教育，但他们从穷乡僻壤起步，跌跌撞撞、倔强前行，终于形成一支显赫的商业力量。他们创造了一个无比活跃、经济持续增长时间最长的商业奇迹，他们托起了一个火热的创业时代，他们改变了自己，同时也改变了时代的命运。他们产生于这个时代，更是创造了一个崭新的时代。他们或许从来不曾想过，自己将在中国乃至世界的历史舞台上扮演如此重要的角色。他们有一个响亮的名字——浙商。

第一节　浙商概况

一、浙商传奇

浙商，不是一个经济学术语，但绝对是一个在当前经济领域内最流行的并带有传奇色彩的热门名词，它是一个独特的中国商文化概念。越来越多的研究者认同这样一个观点：浙商是指那些改革开放以来，浙江籍的或者在浙江从事商业行为，具有独特经营理念，有一定经济贡献和社会责任心的商人群体。

改革开放 40 年如同一场规模宏大的世纪大考，浙商无疑是这场大考的头名状元。他们没有权势背景，没有政策优惠，没有资源优势，更没有凭着“灰色潜能”聚敛起来的“灰色财富”……而是筚路蓝缕、百折不挠、毫无悬念地成了最具传奇色彩的中国“第一创富财团”。

（一）从资源小省到财富大省的跨越

回顾浙江改革开放 40 年的历程，一般人都会提及改革开放之初浙江的真实境况：人均耕地 0.68 亩，不足全国平均数的一半，农作物产出仅够果腹；山高水深，交通极为不便，“浙江到，汽车跳”，就是当时真实的写照；工业资源极度匮乏；国家投入极少。

然而就是这样一个省份，40 年间，浙江发生了一个个令人震撼的“零资源经济”奇迹：从位居东南一隅、自然资源十分匮乏的省份，跃升为中国重要的经济大省；那些文化程度不高、身处社会边缘的农民们“洗脚上田”，成为最具活力的中国“第一商帮”；宁波、温州、台州、义乌，经济模式各异，却共存共荣、各领风骚；突破资源局限、地理限制，聚集起中国最大规模和最为专业的产业集群；抓住时机、与时俱进地进行从“中国制造”到“中国创造”的产业升级……

浙商当之无愧是这些商业奇迹的创造者。改革开放 40 年来，浙商创造的第一有：

❖ 中国第一份个体工商营业执照

❖ 中国第一家实行利率改革的农村信用社

❖ 中国第一座农民城

❖ 中国第一座商标城

❖ 中国第一批农村专业市场

❖ 中国第一家股份合作制的城市信用社

❖ 中国第一家股份合作制企业

❖ 中国第一个股份合作制企业的地方性法规

❖ 中国第一个关于私营企业的地方性法规

❖ 中国第一个私人包机公司

❖ 中国第一个私人跨国农业公司

❖ …………

下面这份不完全名单也可以说明浙商的实力、活力、影响力：

❖ 传化集团董事长徐冠巨当选为浙江省政协副主席、浙江省工商业联合会会长，开创中国私营企业家出任省级领导的先例。

❖ 曾经的中国乡镇企业协会会长、万向集团创始人鲁冠球（已故），是国内第一位担任全国性行业协会一把手的企业负责人。

❖ 在美国《财富》杂志的首次投票评选中，华立集团董事长汪力成荣登"2001中国商人"榜首。入选的中国商人总计8名，其中浙商就有2人。

❖ 已故资深企业家胡庆余堂董事长冯根生，从事中药生产、制造、管理53年，是全国"五一劳动奖章"获得者，全国劳动模范，是首届全国优秀企业家和中共十三大代表，并获得中国经营大师、中国企业技术经济大师、全国优秀经营管理人才、全国医药行业优秀企业家、浙江省突出贡献企业经营者等多项荣誉称号。

❖ 1994年，一位浙江农村的赤脚医生，以上亿元的身价登上了《福布斯》的富豪榜，这在中国内地是头一回。他就是靠发明生发精"章光101"起家的赵章光。

❖ 阿里巴巴创办人马云，获选2000年《福布斯》杂志封面人物，成为50年来中国企业家获此殊荣的第一人。15年后，马云再次登上《福布斯》杂志英文版封面。绿盛集团董事长林东继马云之后也于2008年荣登该杂志封面。

《福布斯》杂志创立于1917年，在编制各种排行榜方面有近90年的历史。1982年首次推出富豪榜，在全球产生空前影响。2003年开始正式发布《福布斯》中国富豪榜。现在，一年一度的《福布斯》全球亿万富豪榜和《福布斯》中国富豪榜，越来越受到全世界的密切关注，从中也可以看出中国经济对世界的影响。

《福布斯》的富豪榜，浙江人是常客。

也许，《福布斯》的排名因为其中的“娱乐成分”而有不够严肃准确的嫌疑，但各种国内官方的统计结果，无论是排名还是比例，都让浙江人感到更加自豪。

（二）从“草根”到“大树”的蜕变

浙商的厉害之处体现在，原来的“低、小、散”并不影响他们成长为现在的“高、大、全”。

首先，浙商是“低”的。他们从“三无起步、五低起飞”。“三无”指“无资金、无技术、无市场”；“五低”指“起点低、知名度低、文化程度低、企业组织形式低、产业层次低”。

浙商的出身也许很能说明一些问题，比如：

- 鲁冠球——打铁匠
- 徐文荣——农民
- 南存辉——修鞋匠
- 冯根生——胡庆余堂学徒
- 宗庆后——打工仔
- 胡成中——裁缝
- 李如成——农民
- 郑元豹——工人
- 郑坚江——汽车修理工
- 汪力成——丝厂临时工
- 项青松——农机工
- 叶仙玉——农民
- 王振滔——木匠
- …………

这些人尽管出身低微，但是他们都是近年来活跃在市场经济舞台上的浙江民企老板中的佼佼者。据粗略估计，在浙江民营企业100强中，约有90%的浙江民企精英，出身均很低微，甚至可以说是相当“寒酸”，他们除了后来的培训深造外，创业初期的文化程度并不高，大多是初高中文化水平。改革开放以后的第一代浙商大约70%以上只有初中以下学历，近80%的人出身于农民家庭。但是，他们的企业比跨国公司效率更高，那是因为他们与环境和发展阶段更“匹配”。其实，企业组织无所谓优劣，产业层次也没有高下之分，关键看匹配。因此，“草根”们的“低级和落后”成就了他们，他们更贴近中国这个市场的文化和国情，也更了解这个新兴市场的水土和脉搏。这就是“草根”企业管理比跨国公司更有效率的原因。

其次，浙商是“小”的。浙商的“身材个头”确实小。浙江企业的平均规模要比全国水平小1/4，浙江一直到2002年底才有一家年销售额超百亿元的企业。浙江的企业不仅规模不大，产品也确实“小”。例如温州的支柱性产品——皮鞋、服装、眼镜、打火机、低压电器等，全部是抓在手心里，一只手就可以拿着走的东西。这些产品科技含量低、资金门槛也低，但它们就是有竞争力。就是这些“大家都能做的”小商品，全国甚至全世界的人都做不过温州人。

最后，浙商是“散”的，具有流动性和行业的广泛性。浙江的每一个地区、每一个县，即使在欠发达地区，工商业活动都很活跃，都有大批浙江人外出做老板，甚至那些养鸭、种香菇的浙江人，也可能是承担投资风险的业主。无论是“哪里有市场，哪里就有浙商”，还是“哪里有浙商，哪里就有市场”，这些浙商谚语都说明了浙商的创业意识和市场意识是很强的。

浙商看起来似乎像是新经济的“落伍者”。然而，温州人做起了打火机，韩国、日本的大公司只能歇业；宗庆后的非常可乐，销量直逼百事可乐；而躲在深山不为人知的庄启传（已故），他公司的洗衣粉市场销量是所有跨国公司的洗衣粉在中国销量的4倍。

浙商更了解中国的国情、文化背景和发展阶段的特点，他们知道这个阶段什么样的产品最好，什么样的企业组织最匹配。一旦周围环境发生了变化，他们就能立刻由低向高走。

浙商虽然“块头小”，但是小企业通过区域专业市场交换可以实现生产链接，获得外部规模经济；通过专业化协作，进入大龙头企业主导的价值链。

作为大的龙头企业，他们可以通过当地极为丰富的配套资源，将生产要素的竞争外部化，获取成本和集约优势，避免大企业常犯的错误。在浙江，实现这种规模经济，有一种在以前的经济地理学上找不到的产业模式——特色产业区，这种特色产业区是由优势产业、相关行业、上下游彼此协作，大小业主和谐共生而形成的符合良性经济生态平衡的产业区，极具竞争优势。

很多人担心，浙商在全球化时代会被边缘化。其实不然，因为当"做大、做高、做全"的外部条件提升时，浙商会在内外合力的作用下，毫不迟疑地选择"高、大、全"，从而与周围的环境继续保持匹配，从而协调发展。

不少经济学家把"浙江现象"比喻为"草根"经济、老百姓经济，把浙商比喻为"草根英雄"。"自下而上，由内而外"的动力机制，是浙商称雄的法宝。只有自下而上，才能不断向上，即使"草根"，也能长成参天大树。浙江商人，早已褪尽了当初的泥巴、棉絮，习惯于穿着西装在频频闪动的镜头前亮相，这些浙江商人，不知不觉中完成了从"草根"到世界都为之惊叹的财富英雄的蜕变。

（三）善于"无中生有"创市场

一位经济学专家曾这样说过："对于浙江这样一个资源小省来说，如果非要依托资源再建设市场，那也许到现在也没多少成功的例子。但浙江人就是有眼光，知道'为我所用'这个道理，才'无土栽培'出了一棵棵日进斗金的'摇钱树'。"

"海宁中国皮革城"便是浙江省众多"无土栽培"出来的一棵棵日进斗金的"摇钱树"中的普通的一棵。在海宁这样一个江南之地，仅用15年的时间便诞生出并壮大着这样一个本该发轫于塞北牧区的皮革专业市场。这个从无到有、从小到大的市场嬗变，正印证了浙江经济发展的一个重要特点："无中生有"、"无土栽培"，也体现了浙江人善于"无中生有"创市场的开拓精神和经营特征。

在海宁，平均1.3秒诞生一件皮衣；平均3秒钟生产一只工艺复杂的皮夹；平均48秒制成一组牛皮革沙发套……这样的成绩，靠的就是浙江人的努力、精明和长远眼光。不养牛羊、不产皮料，原料可以去塞北产区购买调运，关键是浙江、上海、江苏这样的富庶之地，绝对有消费能力容纳下一个皮革专业市场。最初的建设者正是下定了这样的决心，指出了这样一个方向，才有了如今的辉煌。

纵观皮革城的发展历程，其宣传口号的三次调整，能清晰地折射出浙江商人“大市场”的眼光。1994年9月22日，海宁中国皮革城的前身“浙江皮革服装城”正式揭幕。当初的宣传口号是“买皮衣，到海宁”，随着广告宣传的影响，这句口号迅速成为上海、杭州等大中城市消费者的一句口头禅。短短3个月，成交额就达5.8亿元，让人对这个新市场刮目相看。

很快，市场名称就换了，“浙江皮革服装城”更名为“中国皮革城”，“买皮衣，到海宁”也升级到“皮衣时尚，潮起海宁”；后来又进一步升级为“我看世界，风尚看我”。

随着市场和经济的发展，越来越多的浙江企业家已经习惯于站在更高的起点看问题。2008年席卷全球的“金融风暴”也给海宁皮革城一个启迪：必须将“纺锤形”转变为“哑铃式”，即加大设计、研发、营销、品牌等产业链两端的功能，不断向产业“微笑曲线”高端进军。“有内涵的皮衣会说话！”海宁市耐特利尔皮具服饰有限公司总经理朱卫明常说，“创意和时尚是下一个15年的主题！”2009年海宁皮革城被评为浙商行业龙头市场，同时入选央视“60年60品牌”；2011年，董事长任有法获得了“2010年度风云浙商”荣誉称号；2013年，董事长任有法入选福布斯“2013中国最佳CEO”榜单，成为中国专业市场唯一上榜企业家。

不产木头的地方，却有全国最大的木条产业（嘉善）；没有羊毛的地方，却有称雄国内的羊毛衫市场（桐乡）；浙江300多个没有资源依托的块状产业群就这样能够“无中生有”“横空出世”。其实，浙江的众多专业市场，差不多都走过和海宁皮革城一样的道路。每一个市场的建立都像海宁皮革市场的创立那样让人震惊、令人振奋。

“材料运进来，产品卖出去，钞票赚进来。”这句口头禅，刻画了这些市场的发展轨迹。有个外商在浙江衢州办企业，与前来调研的当地领导座谈时，无意中说：如果企业在宁波，就更具发展优势，因为那里有宁波港，运输方便。当地领导听后，没过多久，衢州就与宁波合作，在衢州本地建起了又一个“宁波港”，这是一个无水的宁波港。

面对“没有”，浙江人能“无中生有”，直至破蛹成蝶。因而有人说，哪怕只有三两种染料，浙江人也能开个大染坊；哪怕只有一缕阳光，浙江人也能创造出一片灿烂。正是这种可贵的创业精神和特有的市场理念，使得浙江人克服了自然资源匮乏、粮田耕地短缺等诸多困难，不仅创业者踏遍五湖四海，而且市场遍布世界各地。

浙江人善于“无中生有”，还特别喜欢、特别擅长寻找“没有”。据说，别人投资的时候先考察当地具有哪些优惠政策和有利条件，而浙商往往先看当地没有什么、缺乏什么。因为，他们知道，现成的、明摆着的“有利”与“优惠”，属于自己也属于别人，而自己在“没有”中发现的，往往能成为得天独厚、独一无二的发展新空间。面对“没有”，浙江人赢得了更多的“有”。无论是发展经济，还是创业致富，浙江人面对“没有”展现出来的思维和智慧真是让人刮目相看。

除了“无中生有”创市场，浙江人还善于搞“小企业、大市场”。浙江企业大多比较小，平均规模基本上要比全国水平小 1/4，但浙江商人可以对小规模企业实现整体规模经济。小企业通过区域要素、市场交换，实现生产链接，将生产要素的竞争外部化，这种由优势产业、关联行业、上下游协作配套，以及大小业主和谐共生的符合良性经济生态平衡的特色产业区，便是浙商的独创。

浙江市场有三个特点：一是市场数量多、门类全、分布广、影响大；二是市场投资主体多元化，经营主体以个私工商户为主；三是专业市场和特色产业互为依托，共同发展。区域专业市场、小企业集群、块状区域经济，这三者互为依存，互相促进，形成了浙江经济发展的重要特色。

“办一个市场，活一片经济，富一方群众，兴一座城镇”，这是对浙江各地市场作用的真实写照，也反映出了浙江人独特的市场理念和市场意识。

（四）具有样本价值和示范效应

浙商的意义不仅仅在于它在这片土地上贡献了多少令人叹为观止的经济增长数据，更在于其每时每刻所展现出来的与旧思维迥异的改革新思想。浙商之所以具有样本价值和示范效应，就是因为浙江的地方经验最终往往影响全国的经济发展路径，在一切有关于浙江如何突破、如何发展、如何飞跃的询问中，均隐藏着“中国如何崛起”的全部民间答案。作为市场经济的先行者和领跑者，浙江以其卓越的实践、骄人的成就向世人揭示了民间力量超乎想象的生长力和扩张力。

知名的零点调查公司曾在北京地区进行的一项企业界人士调查结果显示：浙江商人是北京市场上的超级活跃群体，广东商人次之；在上海，浙江商人达50多万人，浙籍企业在沪投资总额、企业总数和资产总额，均居全国兄弟省市之首。

不仅仅在北京、上海等大城市，从通都大邑到穷乡僻壤，甚至到欧洲各国，到处都有操着浙江口音的投资者和生意人。在各地的“浙江村”“温州路”“义乌街”，很难听懂的“浙江话”成了各地的本土语言。仅在西部省份，就有300万浙商在“你发展，我发财”。此外，至少超过800万浙商在世界各地活动。

改革开放40年间，浙江经济社会发展取得了巨大的成就，实现了从资源小省到经济大省、计划经济向市场经济、农业社会向工业社会、封闭型经济向开放型经济和基本温饱向总体小康的五大历史性跨越，社会面貌发生了翻天覆地的变化。民营经济在浙江由小到大，变弱为强，并形成了一批在全国甚至在全世界有一定影响的浙商。他们分布在全球各地，自强不息、坚韧不拔；他们勇于创新、讲求实效；他们凭借敏锐的触觉，先人一步，抢得商机；他们不但自己创造了巨大的物质“财富”，还影响、带动、引领着各地共同致富。

浙商是改革开放的坚定实践者，在推动社会制度建设、纠正发展偏颇、建立市场主体、寻找市场规律、社会价值转型等方面提供了无与伦比的“原创经验”，这些将成为中国社会主义初级阶段、社会主义市场经济创建中一种全新的价值取向。浙商的创造性、开放度、适应性都具有广泛的优势，所形成的一套独特的竞争体系，已经成为中国商业文明和社会经济发展的样本。

改革开放以来，浙江走出了一条具有时代特色、浙江特色、中国特色的发展道路，创造出了令世人瞩目的“浙江现象”：浙江经济发展的速度、质量和活力居全国前列，成为全国最有影响的“市场大省”和“经济强省”；浙江在制度创新、社会发展、基层民主、文化建设、党的建设等方面也获得了诸多经验，形成了经济社会发展的浙江模式。

“浙江现象”最基本的内容无疑是浙江的市场发展和特有的经济模式。“浙江现象”已引起了全国广泛关注，对“浙江现象”进行解读既是浙江理论界的一项重要任务，更成了全国理论界的一个研究热点。

时任国家主席的胡锦涛点名中科院组织60多个专家学者来浙江考察，总结浙江精神；广东省委书记带队来浙江考察；一些省市领导感慨，马云为什么生在浙江；就连美国的印第安纳州，也把自己州的建设目标定为“美国的浙江”。2009年9月，丹尼尔斯州长带队访问浙江，仅仅两天时间，就被浙江的发展深深折服，连说了四个“非常”——“这里不仅有非常美丽的景色，还有非常具有创造力的人民；不仅有非常强的企业，还有素质非常高的企业家。”“这次访问，让我定下了一个目标——我们印第安纳要成为美国的浙江!”。随后州长向浙商发出邀请：投资印第安纳州，现在是最佳时机。

其实，马云生在哪里并不重要，重要的是马云式的精神。阿里巴巴最困难的时候，马云这样鼓励自己：“大家都倒下了，我站着就是胜利；如果大家都卧着，我跪着就是胜利。”正是凭着这种顽强的精神，马云和他的阿里巴巴才创造了辉煌。目前，阿里巴巴是中国最大的以B2B为模式的网站之一。马云是浙商的代表，是杭州的名片。浙江有很多“马云”式的浙商，这才是浙江的真正的幸运。

在浙江经济成功的背后，都有一个共通性的内在缘由，那就是在这些企业人的身上，都强烈地体现出属于这个地域特有的一种人文精神、一种文化品格。这种精神特质，包含不甘贫穷、聪明机灵、善抓机遇、锲而不舍、有抱负、有胆识、有气魄、有自信、讲诚信、有志气、有决断等品格。

浙商的足迹遍布中国甚至世界各地。他们带去的是投资项目以及实干进取的企业家精神，留下的是为当地创造的就业机会和税收，他们的观念和创业精神，是对各地民营经济发展的一种促进，这是浙商对中国乃至世界的贡献。

浙商研究会会长胡祖光说，充满活力的浙商正在成为中国民营经济一部活的教科书，浙商及其创造的民营经济模式正在成为中国各省大面积发展民营经济的样本。

浙商正在成为中国民营企业的样板和资源，浙商必然成为中国财富文化的品牌。

二、浙商的特征

浙商出身“草根”，但取得了令人瞩目的成就；浙江企业规模不大，但全国500强企业中，浙江企业总是位居前列；每年的《福布斯》富豪榜上，浙商总是榜上有名……浙商为什么会取得如此骄人的成绩，分析浙商的个性特征，我们可以概括为以下几点。

（一）不甘贫穷、不甘平庸

浙江人仿佛具有天生的创业冲动和赚钱欲望，他们不甘贫穷、不甘平庸，人人都渴望有自己的事业，人人都想做老板。

浙江人创业之初，中国还处于单一的计划经济时代，做生意就有可能挨批斗，为了活命，浙江人敢于冒险。穷则思变，第一代浙商大多就是这么开始的。

早期的横店是浙江中部的一个贫穷小山村，“薄粥三餐度饥荒，有女不嫁横店郎”，村书记徐文荣顶风而上，办起了村办工厂，“不找活路，难道等死?”摆脱贫穷，共同富有，是徐文荣终身不变的奋斗动力。昔日的穷乡僻壤如今成了世界上最大的磁性材料生产、出口基地以及亚洲规模最大的影视拍摄基地。

丁磊、陈天桥、马云、郭广昌等这些20世纪90年代的新浙商，大学毕业后本来都有很好的职业。丁磊，在宁波电信局工作；陈天桥复旦大学经济系毕业后曾任上海陆家嘴集团下属公司副总；马云在杭州电子科技大学做英语老师；毕业于复旦大学哲学系的郭广昌当年也曾留校任教。他们都有令很多人向往的工作，但他们不甘平庸，希望发挥自己更大的价值。

2003年的大陆富豪榜公布之后，陈天桥排名第10，丁磊位居第1，陈天桥不甘心，一年后财富由40亿元暴增到88亿元，31岁的陈天桥成为中国首富。陈天桥给中国年轻人带来的象征意义是空前的，他的标本价值在于：70年代生的人是可以在30出头的时候，就超越由中老年男子构建的中国财富金字塔的中高端，并进而达到塔尖。

（二）专注执着、百折不挠

成功的企业，有一个共同点就是专注。他们经得住诱惑，耐得住寂寞，专注于自己熟悉的领域，不懂的就坚决不做，以保证资金安全。

宗庆后专注于他的饮料王国，茅忠群倾心于他的高端厨具，他们都是这方面的典型代表。浪莎集团，也是从成立之日起就专注于纺织行业，“主业突出，不乱投资”。万里扬董事长黄河清，在投资方面更是十分谨慎。2008年，全省各地纷纷争抢小额贷款公司名额，作为金华市万丰小额贷款公司的主要发起人，黄河清却头脑冷静："公司还没开张。这个行业我不懂，我要看一段时间，看人家做得怎么样再做决定。"

陈天桥的专注也是出了名的，他说："从创业经验上来说，我就讲两个字——'专注'。如果你要存活，你可以做多元化；但如果你要成功，就必然要专注。盛大不是一个希望存活的公司，盛大是一个希望成功的公司。""认准一个方向的时候全力以赴，只有专注的企业才能成功，多元化的企业可以存活但是很难成功。"

浙商的生命力，用"草根英雄"这样的称呼就很能说明问题。"野火烧不尽，春风吹又生"，浙江商人就是这样屡败屡战、越挫越勇、百折不挠、顽强拼搏，李书福、赵章光就是两个很典型的例子。

"汽车疯子"李书福，几十年来执着于他的汽车梦，不管遇到多大困难，认准了就决不放弃，在条件不具备的时候，不得不"曲线救车"，经过几次辗转创业再转向汽车，其中的困难可想而知，但他从没放弃过。

赵章光的"101"生发水的研制可谓是历尽艰难。当年，他冒着生命危险翻山越岭采草药，变卖房子和家产搞研制，家中一贫如洗，岳父不得不逼着女儿与赵章光这个穷光蛋离婚……历经 100 次失败后赵章光终于迎来了第 101 次的成功。尽管如此，赵章光研制的"101 毛发再生精"却依然不被当地医政部门认可。在这种环境下，赵章光开始走出去闯市场……从李书福、赵章光的身上，我们看到了"台州式的硬气"和"草根式的生命力"。

（三）吃苦耐劳、勤奋朴素

为了赚钱，浙江人什么苦都能吃，什么活都肯干，什么困难都不怕。穷不挫其志，不少浙商就是这样用自己的血汗掘到"第一桶金"的。

1978 年，17 岁高中毕业的周晓光，就挑着货郎担上东北卖绣花样去了。仅靠借来的几十元本钱，做起了"跑码头"生意。白天摆地摊做生意，晚上坐车赶路。就这样，6 年时间，周晓光跑遍了大半个中国，赚了 2 万元，掘回了"第一桶金"。现在，周晓光有了上亿元资产，成为中国饰品行业的"大姐大"。

补鞋匠出身的正泰集团总裁南存辉，1984 年与刚刚 20 岁出头的裁缝胡成中合伙，在一间破屋子里建起了一个作坊式的"求精"开关厂。后来这家厂一分为二，一个是正泰集团，一个就是今天胡成中麾下的德力西集团。

如果说“白天做老板，晚上睡地板”描写的是创业阶段浙商的吃苦耐劳，那么“能做老板，能睡地板”说的就是富裕后的浙商还能吃苦，当了老板以后照样能够脱下西装睡地板，这才是真正难能可贵的吃苦耐劳精神。

有人曾经这样评价，在中国企业家群体里，宗庆后可能是最勤奋的一个。一年365天，他会有200天时间奔赴市场一线考察。2002年8月，为新建分厂考察选址，宗庆后甚至创下了12天跑遍大半个中国的记录。除了工作，宗庆后几乎没有任何的休闲时间。浙商有很多都是资本大鳄，但他们依然保留着艰苦朴素的作风。

邱继宝的家还兼做办公室，只有简单的生活用品，除了一个硕大的地球仪、一个有卫星接收装置的电视机和他接受采访时才穿的“西装”外，几乎没有什么“奢侈品”。如果不是亲眼看见，你怎么也不会相信这就是一位拥有几亿资产的企业老总的家。

（四）务实稳重、低调踏实

“微”利开始，一分一角地进行原始积累，这就是浙商的务实。一厘利润一根的吸管，二厘利润一只的塑料袋，一分利润一支的铅笔，100根才赚1分钱的牙签等，浙江人就是能在人们不起眼的针头线脑、打火机、牙签、吸管等之类的小商品中做生意，善于从小东西里挖出“金元宝”。见利就干、“微”利是图的经商理念成就了浙江全世界特有的小商品，大市场，“小人物赚大钱”的经商格局。

被誉为“垃圾箱里找市场的董事长”戴天荣（已故）是具有务实个性企业家的代表性人物。在市场缺乏统计数字也无法了解竞争对手的情况下，这位董事长居然发动管理层到垃圾箱里找答案——将所有的冰激凌包装收集起来，看看祐康的有几张；再将内层的包装纸收集起来，看看哪一种口味最畅销，用这种最原始的方法调查祐康棒冰的市场占有率。

浙商对钱有着非凡嗅觉，但对自己掌握不住、控制不了的行业，绝对不碰。比方说股市这个看似最有诱惑力的市场，温州人却一直敬而远之，有着令人费解的“股冷淡”。温州人说那高高低低的K线图，远不如房地产来得实在。

宗庆后也曾这样描述自己的性格：我个人一向主张稳妥，娃哈哈的发展很快，但一直很稳。因为我有这样一个原则：自己能力做不到的事情我不做。但是认准了的事，我这个人是碰死不回头，不管什么困难，我始终信心很足，勇往直前；办不了，转个弯再走，一定要达到目的。

要说浙商的低调，华立集团老板汪力成最为典型。在被美国《财富》杂志（中文版）评为大陆商人首富之前，他虽战功赫赫，但并不知名，因为汪力成有一条原则：只做不讲，或者多做少讲。虽是五所大学的客座教授，口才一流，但并不到处留话。其低调平实的作风由此可见一斑。

浙商"对待荣誉有如对待批评"式的反应，与经常可以听到的国内一些地方的企业管理者统计"注水"、夸大业绩比较起来，其不爱出风头的个性，显得十分突出。

（五）聪明机灵、善抓机遇

机遇对于一个企业的发展来说，至关重要，它可以使你的效率成倍地提高。

开饭店的潘秋梅，看到许多人喜欢吃倒笃菜（由一种名叫九头芥的蔬菜腌制而成），她从这微不足道的菜叶中看到了无限商机。经过7年的摸爬滚打，研制秘料配方，如今，潘秋梅已在新安江畔办起了有名的浙江秋梅食品有限公司。

一次韩国之旅，又让潘秋梅获得了灵感。潘秋梅目睹了韩国泡菜的价格奇迹，不同档次的韩国泡菜有着不同的价格，小小几十克一包的泡菜最贵的可卖到三四百元人民币，她在龙井茶上找到了灵感："一般的茶叶价格不贵，但那种取自上好嫩芽的顶级龙井茶，不管是价格还是口味都能更上一层台阶。"随后，她经过反复研发，以九头芥菜嫩芽为主原料的精品倒笃菜横空出世。"900多斤九头芥菜才能提取到450克精品倒笃菜所需要的嫩芽。"为了提高附加值，还配制了精美的陶瓷罐子。这样，50克一包的普通倒笃菜，市面上的价格为1元，450克一罐的精品倒笃菜，价格往上蹿到了138元，增值了15倍。

"千岛湖鱼头"可谓是大名鼎鼎，同一条胖头鱼的鱼头和鱼身却截然不同，前者价格总是高高在上，后者则因乏人问津而变得很不值钱。"多年来，我一直在关注千岛湖鱼的鱼身，原材料成本全线上涨后，它还一直没涨，这不正是降低生产成本的一个好切口吗？"在新安江畔土生土长的潘秋梅，从千岛湖鱼的鱼身上找到低成本提高产品附加值的办法。她要用千岛湖鱼身“陪嫁”倒笃菜，就这样，一款带着鲜明的新安江特色的产品——“倒笃菜鱼鲜”诞生了，投入市场后，很受消费者欢迎。受此启发，倒笃菜鸡丁、倒笃菜嫩笋、倒笃菜香干、倒笃菜花生等系列产品相继出炉。

江南春在商业楼宇电梯口利用液晶电视发布广告，这一做法是绝佳的善抓机遇的典范。一个非常偶然的机会，一次乘电梯的经历，就是这简单的十几秒时间，让江南春盯上了写字楼的电梯口这个新目标，江南春十分敏锐地感觉到这里是一个绝佳的广告发布场所。分众传媒后来成就了商业楼宇液晶电视联播网。

温州商人的商机意识更是敏锐：教育部要颁发教师证，邮电部要印特快专递信封，美国海陆空三军要换军服，香港回归要换军徽，维和部队组建需要军服，新中国成立60周年国庆阅兵需要大量帽徽、领花、标牌以及女兵穿的高腰女靴鞋底等，订单都被温州人抢走了……头一天打听到某个商机，第二天就能生产出产品，第三天就能拉到订单赚钱。先人一步是商机，温州人的商机意识和抢占速度实在令人拍案叫绝。

2008年底开始的金融危机，在浙江人眼中是危机但更是机遇，浙江商人原本就善抓机会。

金华青年集团董事局主席庞青年正是认识到危机是企业转型升级的最佳时机，才利用土地、原材料价格都降低的优势，大规模兴建厂房，使青年集团在金华的厂房面积瞬间翻倍；为抢占国内客车市场，庞青年还宣布将原先售价200万元的车直接降价到90万元。

翁荣弟也没闲着——“金融风暴让进口机械成本下降了30%，今年（2009年）我们厂房投入5000万元，引进设备3亿多元，产能将增加30%以上。”

“我们一直想上一个新项目，已经准备了两年。后来我们看到投资成本降低了很多，就赶紧上马，三年内一定要完成投资。我测算了一下，由于成本的下降，至少比前年投资省下4亿元。”三鼎集团董事长丁志民也在危机中发现了商机。

（六）激情梦想、高瞻远瞩

马云是一个典型的“造梦人”，是一个激情四射的创业者，是一个伟大理想的布道者，是一个辉煌梦想的缔造者。马云用他的阿里巴巴证明了一个道理：只要我们拥有梦想、激情，不断努力，就一定能够成功。

20 世纪 90 年代末，马云和孙正义第一次坐到了一起。见面仅 6 分钟，软银集团董事长、亚洲首富孙正义就决定给当时一无所有的马云投资 2000 万美元。几年后，阿里巴巴成为电子商务龙头企业，软银集团的投资获得了百倍以上的回报。那次会晤，被称为两个“疯子”的对话。显然，马云是用他的梦想和激情，感染了孙正义，使得孙正义做出了同样富有激情的举动。

马云极具前瞻性，有超前意识。欧美国家的电子商务都为大企业服务，马云却从这样的背景中看到了中小企业的未来。中国 80%以上的企业都是中小企业，购销资讯缺乏、产购信息不对称、国际贸易成本偏高，都是让这些中小企业十分头疼又一直没有办法解决的难题。当时马云就认为，中国加入 WTO 只是时间问题，很多中国中小企业迫切需要自主控制的外贸渠道。马云给阿里巴巴的战略定位是为中小企业提供电子商务服务。在当时中国大量互联网企业盲目拷贝欧美国家模式的时候，他不但开启了具有中国特色的电子商务之旅，而且创造了一种电子商务的新流派。这是一个国际化与本土化结合的探索过程，需要置之死地而后生的勇气，唯有如此，才能真正探索出一套属于自己的模式，创造出“凤凰涅槃”的美丽神话。

2009 年 9 月 11 日，以“小企业、大梦想”为主题的 2009 年 APEC 中小企业峰会在杭州召开，来自亚太地区 21 个成员国的 APEC 企业家代表、海内外商人精英，从世界各地齐聚杭州，马云在开幕式上做出大胆的预测：未来 20 年是属于中小企业的时代，谁不去关注中小企业，谁就是不关注自己的未来。

成大业者必须目光远大、志存高远，马云为创业者树立了榜样。“资源有限、创意无限”的创意时代，更需要这种顶天立地的创业品格、创业气度。

（七）有胆有识、敢为天下先

胆识，是商人成功的第一要诀；胆识，是成功者与平庸者最大的差别。商界奇才比尔·盖茨也说：“最美好的财富人生始于个人敢于行动的气魄。”有胆识的人总能抢先一步。当别人还在迷茫的时候，他已经知道应该怎么做了；当别人还在观望的时候，他已经开始行动了；当别人为自己的胆小而后悔的时候，他已经掘得了“第一桶金”。有胆识的人更容易抓住机会，他们思想上不守旧，行动上敢为天下先；有胆识的人更能发现商机，他们有眼光，有谋略，有办法，他们不是有勇无谋的莽夫，而是智勇双全的智者。

有胆识的人输得起，不怕血本无归，不怕倾家荡产，他们不服输，跌倒了也要抓一把沙子在手中；他们有气魄，有自信，有毅力，能忍耐；他们相信自己总会成功。对于商人来说，如果失去了财富并不足道，如果失去了商机那就会失去很多，但如果失去了勇气就失去了全部。

温州人的胆识是出了名的。温州人做事，既不看前人讲过没有，也不看别人做过没有，只看现实中需要不需要，只要有需要就先做了再说。他们是农民，进不了城，就集资自建农民城；城里的国有商场不卖温州产品，他们就在全国各大城市租下5万多个柜台自己卖货；他们包“天”（飞机）、包“山”（雁荡山）、包“海”（南鹿岛海域的开发使用权）、包“岛”（千岛湖）……

再看李书福，从电冰箱到摩托车再到汽车，每一次都走在了别人的前面。在政策不明朗的情况下，尤其是在全国上下还在“割资本主义尾巴”的年代，李书福的“闯红灯”式创业所遇到的困难和压力是常人所无法想象的。李书福总结自己的创业经验，认为最重要的因素有两条：一是敢为天下先；二是认准了就不放弃。这就是胆识。

万丰奥特的陈爱莲，与李书福似乎有着同样的胆识。1992年，陈爱莲临危受命，出任其丈夫任总裁的中宝集团总经理。由于纺织行业产能过剩，以纺织机械为主业的中宝集团面临困境，当时，摩托车和汽车已经被国家列为支柱产业，陈爱莲敏锐地感觉到了这个巨大的市场，判断目前普遍使用的钢轮毂和条辐轮毂都将被铝合金轮毂所替代，于是当即投资建立铝制轮毂厂，随后又集中精力搞起了汽车铝轮项目。短短几年，万丰奥特就从一个行业的后来者，迅速上升为挑战者直至领跑者。如今，万丰奥特是中国最大的铝合金轮毂生产基地，生产规模亚洲第一，世界第二。万丰奥特的高速发展得益于陈爱莲对市场前景的精确分析，得益于陈爱莲的非凡胆识。

（八）诚实守信、勇担责任

冯亚丽是海亮集团董事长，始终恪守商业道德，坚持诚信经营和公平竞争原则。早在创业之初，冯亚丽就提出了“信用立企业”的经营理念，十几年如一日地坚持做到“三个确保”，即“确保按时保质保量将产品和服务送达客户，确保按时归还银行到期贷款，确保按国家规定上缴各项税金”。2002年，冯亚丽公开向社会承诺“失信赔偿”，承诺“保证严格按照约定，支付各类应付款项，否则，海亮集团将以银行1年期存款利率的10倍赔偿损失给客户”。海亮集团因此成为浙江省首家推出“失信赔偿”的民营企业。

马云的侠肝义胆也体现在他对企业家使命和责任的理解上。他认为办企业的目的在于承担社会责任，为社会创造价值；社会责任不单纯局限于慈善、捐款，而是与企业的价值观、用人机制、商业模式等息息相关；赚钱不是阿里巴巴的目的，让员工快乐工作、成长，让用户得到满意服务，让社会感觉到企业存在的价值，这才是阿里巴巴的社会责任所在，至于捐钱和社会回报，那是水到渠成的事。随后，他进一步提出：阿里巴巴要让天下没有难做的生意；“淘宝网”要让天下没有淘不到的宝贝；“支付宝”要让“天下无贼”；“阿里软件”要让天下没有难管的生意；“阿里妈妈”要让天下没有难做的广告。电子商务就是要帮助更多的人找到就业机会，并以此作为公司考核的第一项指标。有了就业，家庭就能稳定，事业就能发展，社会也就能和谐。马云放言，要推动互联网进入“网商时代”，使电子商务成为21世纪贸易的基本形态，使“网商”成为推动经济社会发展的重要力量。

危机来临时，马云没有空喊口号而是迅速付之行动。“阿里巴巴自己过冬一点问题都没有，我们拥有150亿元的现金，再穷都会收支平衡；但若与阿里巴巴合作的中小企业都失败了，那要阿里巴巴干什么？所以我们该花钱帮助更多的客户用电子商务渡过危机。”就算利润为零，也要全力以赴帮助更多的中小企业。

（九）善于学习、敢于创新

万向集团的鲁冠球好学习是出了名的：他每天晚上的7时到12时，都要看书看报看新闻，就是外出开会也要基本做到。因此，只读过初中的鲁冠球，已有60多篇论文在《求是》《人民日报》《光明日报》《经济日报》等报刊上发表，真正成了一个出口成章，并能著书立说、能写会道的“农民理论家”。

被誉为“中国第一商人”的华立集团董事长汪力成，也有超强的学习能力。从做临时工时就开始坚持自学，如今已拥有管理哲学硕士学位，是包括北大在内的全国五所大学的客座教授。可他仍然不满足，他的设想是退休后再去读一个社会学博士，好好研究一下宗教与文化，以及与经济和社会发展的关系。如今他的学问与财富同步增长。

网易总裁丁磊非常善于学习，认为大学里最应该培养的是思考能力和学习能力。互联网刚进入中国的时候，没有人知道 Internet 到底是个什么样子的，于是丁磊每天去网上找，打入各种各样的关键词去找，这个代表什么意思，那个代表什么意思，然后把它放在自己脑袋里去组合，去搅拌……这就是为什么当时有很多人发现了这个机会，但只有丁磊一个人去做并率先成功的原因。

许多浙商由于历史的原因，文化水平不高，但这并不影响他们进一步的学习。浙江盾安集团董事局主席姚新义只读到初中，由于喜欢读书，他不但自己学习，而且还把学习热情传递给了每个盾安人，盾安集团每年都花巨资送大量的中层领导去读 EMBA，有些高管还被送到长江商学院学习，为了让每个普通员工也能学习，集团专门成立“盾安商学院”，由姚新义亲自给学员上课。

浙商注重学习的同时，开始投资教育，用擅长的经营手段在教育领域谋求新的发展，使更多的人拥有了学习的机会。例如，李书福在北京创办吉利大学，在浙江绿城创办足球学校，等等。

林东是一个典型的温州商人，极具创新精神。开始创业时，他选择了实业——生产牛肉干。如果他的创新只限于产品，那么林东也许就只能是一个产品的制造商。但他巧妙地把牛肉干与文化相结合，使牛肉干焕发出独特的魅力。他创造性地把牛肉干卖进互联网游戏领域，随后，林东成为一位经营大师，走上了欧洲各大商学院讲堂。他继马云后，登上了国际知名财经杂志《福布斯》的封面，成为 2008 年中国经济嬗变的又一个商业样本。《福布斯》对林东的关注，从某种意义上来说是对中国传统行业转向互联网行业的关注。

绿盛强大后，林东觉得公司的发展空间变小了。而此时，以阿里巴巴为首的一批互联网新经济企业却以前所未有的速度和社会关注度狂飙突进。传统行业出身的林东希望能在传统和现代之间寻求突破，走出一条属于自己的路。

2005 年 12 月 12 日，绿盛集团与做网络游戏的天畅科技结成战略联盟，将各自的产品“直接嵌入”对方的产品，进行互动营销。他与郭羽创造性地设计出一种“绿盛 QQ 能量枣”，把这个产品直接嵌入天畅的网络游戏“大唐风云”。

“绿盛 QQ 能量枣”成了游戏中最具神效的“全能补品”，游戏玩家购买后能增加功力。同时在线下（比如网吧）也可购买到绿盛牛肉干能量枣。这一举措迅速使绿盛牛肉干的销量大增，品牌知名度也大大提高了，绿盛进入了一个新的发展时期。“大唐风云”的游戏用户也以几何速度得以增长。

“绿盛 QQ 能量枣”一战成名，这种全新的商业模式就是非竞争性的商业联盟。这种被称之为 R&V 合作的商业模式具有“高收益、零成本、内嵌入、稳定性、共享性、平等性、开放性、体验性”的巨大优势，可使合作企业间的不同资源得到整合，充分发掘这些资源中闲置的资源效能。

这种双赢的非竞争性合作，能否在其他企业之间推广呢？随后，林东和郭羽继续合作，一个打造全球传媒资源共享整合平台的共合网应运而生，并崭露头角，很快吸引了资本市场的注意。2006 年 11 月，成立不过半年时间，共合网就迎来了软银中国及鼎晖创投共计千万美元的联合投资；2008 年 7 月，共合网又获得了来自集富亚洲、软银中国和鼎晖投资的第二轮巨额融资。

作为一个非传统的温州商人，林东总是在颠覆自己，也在颠覆传统，无论是共合网还是畅翔网。林东不是马云的影子，他有他独到的商业模式。

三、浙商流派

浙商是一个庞大的商人群体，不仅人数多分布广，而且内部又有许多次级群体。由于地理环境、社会经济、历史传统、人文精神存在差异，浙商内部也形成了特色各异的区域浙商。不同的学者，根据不同的标准，将浙商划分出不同的流派。

（一）城市说

1. 温州商人：团结与排外并存

温州是大陆经济发展的缩影。研究中国经济，首先要研究温州经济。温州创造了许多第一：第一个工商个体执照、第一座农民城等。

✣ 专业市场：温州专业市场启动于 20 世纪 70 年代，发展于 80 年代，繁荣于 90 年代。包括永嘉桥头纽扣、乐清柳市五金电器、乐清虹桥综合农贸、苍南宜山再生纺织品、苍南钱库综合商品批发、平阳水头兔毛、平阳萧江塑编、瑞安仙绛塑革、瑞安塘下的莘塍塑料编织袋和松紧带等市场。

❖ 文化背景：一是源远流长的地域文化；二是缘于沿海城市的开放文化；三是源于改革前沿的创新意识。

❖ 温州的三把火：重塑温州形象，靠的是尊严，靠的是精神。

❖ 名企名商：正泰集团（南存辉）　德力西集团（胡成中）

安信地板（卢伟光）　美特斯·邦威（周成建）

❖ 温州模式：温州人从实际出发，从创新入手，形成了家庭工厂、专业市场、百万供销大军有机结合的“小商品，大市场”经济格局。温州人敢于创新，大胆探索，创造了举世瞩目的“温州模式”。温州模式的意义在于在全国范围内都能普遍适用，在于直接在生产者和消费者之间建立起一个无孔不入的流通网络。

2. 台州商人：讲义气并具冒险精神

台州是股份制经济的发源地，是中国当前两大经济模式之一的“温台模式”的创始者。台州民营经济的比重占了台州经济总量的97%以上。

❖ 先进制造业基地：泵行业、阀门业、工业缝纫机制造、模具等产业占全国很大比重，有“中国阀门之乡”“中国工业缝纫机王国”等称号。

❖ 十大支柱产业：电力能源、汽摩配件、医药化工、家用电器、塑料模具、服装机械、水泵阀门、工艺美术、新兴材料、鞋帽服装。

❖ 性格特征：山的硬气、海的大气、水的灵气、人的和气。

❖ 名企名商：飞跃集团（邱继宝）　吉利集团（李书福）

钱江摩托（林华中）　苏泊尔压力锅（苏增福）

❖ 台州现象：台州现象的本质就是“民营主导＋政府推动”。

2009年，中国社科院把台州改革开放以来的这种民主政治与草根经济良性互动的发展模式称之为“台州模式”，也叫台州现象。台州现象化解了苏南模式和温州模式的差异，是一种兼具两者之长的区域发展路径。台州现象带给人们的启示有两点非常重要：一是敢于实践不争论，二是多种所有制经济共同发展有了新突破。

“台州现象”的三个成功经验：市场的优势、灵活的机制和政府正确的角色定位。一是内源性民营化发展模式，台州民营经济本质特征是市场化；二是股份合作制的灵活机制激发经济活力，台州民营经济形成了全市国民经济“十分天下有其九”的经济格局，这主要得益于股份合作制，台州是国内第一家股份合作制企业的诞生地；三是台州政府“放水养鱼”模式优化发展环境。台州的成功正是在于政府摆正了自己的定位。

3. 宁波商人：头脑活络有胆识

❖ 性格特征：头脑活络有胆识。大气开放、勇创大业、扶助乡亲、报效桑梓。

❖ 流动性、开放性强：宁波商人（以下简称甬商）也是典型的行商，四海为家，足迹遍布世界各地。

❖ 名企名商：杉杉控股（郑永刚）　雅戈尔集团（李如成）
颐高集团（翁南道）　盛大网络（陈天桥）
网　易（丁　磊）　方太集团（茅理翔、茅忠群）
分众传媒（江南春）

❖ 支柱产业：金融业、运输业、服装业。

❖ 从商历史悠久、传统优良：甬商的发展可以分为以下几个阶段：一是初显风流。甬商形成于明朝，崛起于五口通商后的上海，至辛亥革命后达到鼎盛。二是创业上海。上海港的开埠史，离不开“宁波”二字，宁波人已创造了50多项第一，上海超过一半的市民家庭与宁波有着扯不断的血缘关系。三是开拓香港。宁波与香港腾飞紧密相连（李嘉诚、包玉刚、邵逸夫等）。四是造福桑梓。邓小平号召“要把全世界的‘宁波帮’都动员起来建设宁波”，遍布世界各地的“宁波帮”的游子之心随后便飞向春意盎然的甬江两岸。

4. 绍兴商人：含蓄而坚定的师爷做派

❖ 性格特征：刚柔相济、含蓄而坚定。绍兴商人有着一些非常特殊的优点和优势，这和绍兴的历史渊源是分不开的。绍兴的历史和文化最显著的特点是理性、坚韧。这有助于企业家理性地来看待市场，坚定地开拓市场，他们聪明理性、低调务实、含蓄灵活，但又刚毅坚韧，极具胆剑精神，的确有古越遗风。

❖ 支柱产业：传统产业有“三缸”——酒缸、酱缸、染缸。
新兴产业——大纺织业、黄酒产业、设备制造业、建筑业。

❖ 经营市场：柯桥轻纺城、大唐袜业、山下湖珍珠、嵊州领带、上虞伞业。

❖ 名企名商：海亮集团（冯亚丽）　富润集团（赵林中）
古越龙山（傅建伟）　盾安集团（姚新义）
万丰奥特（陈爱莲）　精工集团（金良顺）

❖“杨汛桥现象”：杨汛桥，这个位于浙江绍兴市柯桥区西北部的普通小镇，在香港和内地资本市场已经声名鹊起。2001 年 12 月，“浙江玻璃”一举登陆香港 H 股，在一年半的时间里，前后有 3 家杨汛桥的民营企业登陆香港股市。正是这个江南小镇，先后涌现出 10 多家民企上市公司，这在全国绝无仅有。上市让这个当时只有 6 万人口的浙江小镇迅速闯入主流的财经世界。人们惊呼的“杨汛桥板块”“杨汛桥现象”横空出世，被视为浙江民营经济的“新亮点”。

5. 金华商人：尚勇的个人英雄色彩

❖ 发展轨迹：行商—坐商—实业家。第一代创业者“肩挑行担走四方，摇着拨浪鼓鸡毛换糖”；随后，金华商人开始办市场；再后来，金华商人将重点转向实业投资，在全国各地攻城拔寨，掀起了以制造业为主的投资热潮。

❖ 手工业传统：多艺商，享有“百工之乡”的美称。

❖ 区域文化：金华自古以来即为文化昌盛之地，素有“小邹鲁”之称。宋代，以吕祖谦为代表的“金华学派”和以陈亮为代表的“永康学派”对此地影响深远。

❖ 专业市场：义乌小商品市场、永康五金城。

❖ 名企名商：浙江广厦（楼　明）　横店集团（徐文荣）
浪莎袜业（翁荣弟）　梦娜袜业（宗谷音）
青年汽车（庞青年）　新光饰品（周晓光）
双童吸管（楼仲平）　伟海拉链（陶海弟）
义乌全球网（方兴东）　复星高科（郭广昌）

❖ 商业模式：义乌小商品市场为代表的市场模式，成为金华商人的拓展利器。以义乌小商品市场为代表的商业模式被不断提起。这些在浙江屡试不爽的先进商业模式被不断复制，推动着当地经济的繁荣和发展。通过这些平台，来自浙中的小商品、小五金等各类颇具区域特色的产品源源不断地占领当地市场，其独特的经营模式也悄然改变着当地的商业格局。另外，这市场也吸引着世界各地的商人会集到义乌来。

义乌是靠大市场发展起来的，国际小商品市场规模很大，背后靠的是成千上万家工厂，这里既有家庭作坊的小厂也有上规模的大品牌，例如梦娜、浪莎、宝娜斯、振汉等袜子产品，都是大品牌，这些全部都是义乌人发展起来的，义乌人能够把很不起眼的东西做到世界之最。

6. 杭州商人：兼容并蓄、大将风范

❖ 性格特征：善借大势、兼容并蓄，但又太爱面子、家园意识重、贪图安逸。在浙江商人中，杭州商人是最善于利用政府的资源和社会舆论的，这与他们所处省府的地理位置有关。杭州人做生意，一是少有跑到外面的，二是不愿做小生意，他们做生意多是些体面的行当。这与杭州商人所处位置有关，杭州自然环境较好，生活条件优越。

❖ 整体素质较高：文化程度相对较高，见多识广，多大师级的商人，具有大将风范。

❖ 支柱产业：文化创业、旅游休闲、金融服务、电子商务、信息软件、先进装备制造、物联网、生物医药、节能环保、新能源。

❖ 名企名商：青春宝（冯根生）（已故）

万向集团（鲁冠球）（已故，儿子鲁伟鼎继任）

娃哈哈（宗庆后）　阿里巴巴（马云）

冯根生、鲁冠球、宗庆后三人是杭州商人中传统一派的代表，他们非常善于整合政府和社会的资源，同时各有各的让商界人士赞叹的高招：鲁冠球通过新闻媒体的大力宣传，成了中国乡镇企业“第一人”，在那个经济体制改革还受到各种不确定因素制约的年代，这个“第一人”的名声可以保护他不受干扰地继续自己的事业。冯根生不但经营企业有方，在新闻策划方面也十分高明，青春宝集团内部的种种改革，每一次都能成为新闻舆论的热点，而改革到最后冯根生总是赢家。宗庆后把一个校办厂办成今日的“中国水王”，很大程度上得益于宗庆后在20世纪90年代中期，对国家关于支持中西部建设的政策信息的正确判断，宗庆后敏感地意识到这是娃哈哈发展的大机遇，于是，他大举西进，在四川广元等地办了三个纯净水厂，由于充分利用了国家和中西部当地政府给予的优惠政策，所以这三个纯净水厂的投资成本极低。

（二）板块说

从地域上看，浙商可以划分为四个板块：温（州）台（州）、宁（波）绍

（兴）、杭（州）嘉（兴）湖（州）、浙中板块。这四个板块之间的内涵差异，主要体现在精神文化特质、产业结构特征以及与之相关的商业历史文化几个方面。

1. 温台板块

❖ 温台商人的流动性、迁徙性是浙商群体中最强的。从“行商”还是“坐商”的角度来看，温州人的行商风格最为明显，在世界各地走得最远；从地理分布来看，温台商人空间分布最广、流动性最大，迁徙性也最突出。

❖ 温台商人具有强烈的抱团意识和自我意识。统计表明，温州人在全国各地建立的商会组织是最多的，目前台州大有赶超之势，其中很多商会是自发组织的。

❖ 温台企业家创办企业的产业稳定性是最强的，往往是朋友之间相互复制、代与代之间进行传承。

❖ 轻型化的产业结构特征较为明显，典型的是那些不需要一双手，“一只手”就可以拿着走的轻工业产品，如眼镜、打火机、皮鞋、服装、低压电器、阀门，都是温台轻工业产品的典型代表。温州人之所以选择这些产品，与当初温州与外界交通不发达有关，是地理特征、产业渊源和商业历史文化等多种因素综合影响的产物。

2. 宁绍板块

宁绍商人的最大特点是机敏、大气、务实、低调，这与所处环境、传统文化有关。

❖ 宁波商人更显大气。大气开放、勇创大业、扶助乡亲、报效桑梓。宁波商人对上海和香港的发展功不可没。支柱产业主要为金融业、运输业、服装业等。

❖ 绍兴商人略显低调。绍兴商人的实力和绍兴发展模式的内涵一直被外界忽略，其实他们创办的企业往往产业规模比较大，末端产业比较少，产业组织化程度比较高，并非一两人单打独斗就可以维系。这点也可以从每年的百强民营企业评选中看出，浙江省民营企业100强中，绍兴历来是最多的，平均占据30多个席位，达总数的1/3以上。此外，海外宁绍籍浙商创办的企业也往往是大规模企业。支柱产业主要为纺织业、印染业、建筑业等。

3. 杭嘉湖板块

❖ 杭嘉湖地区作为鱼米之乡、江南水乡，当地人的生存压力不大，与南边的温台人相比，当地浙商冒险意识相对较弱，改变现状的动力不足，因此起步也相对较迟。

❖ 在流动性方面，杭嘉湖三地选择外出经商的人比较少。

❖ 由于当地人受教育程度普遍较高，人口素质也相对较高，这一地区的浙商具有很强的发展后劲，企业密度也比较高。

❖ 杭商既有基业长青的老浙商，例如鲁冠球、宗庆后等，更有后起之秀的新生代浙商，例如马云等。

4. 浙中板块

❖ 最典型的就是以义乌为核心的盆地地区。

❖ 以义乌商人为代表的浙中板块，既有浙东南温台商人的特征，又有浙北杭嘉湖商人的特点。浙中商圈中，义乌、东阳、永康都具有悠久的产业文化传统，如义乌的货郎担、永康的五金，东阳作为百工之乡都有很好的手工业传统。

❖ 浙中板块的总体特点是企业个体数量多，产品的辐射力很强，但本地大型企业较少，产品规模小，产业的流动性也不足。

（三）类型说

“类型说”是根据浙江大学博士柳宏志的观点来划分的。第一类是稳健型浙商，主要分布在传统行业，如万向的鲁冠球、娃哈哈的宗庆后、青春宝的冯根生等，他们也是浙商的常青树；第二类是明星型浙商，他们经营的主要是网络公司，如阿里巴巴的马云、盛大网络的陈天桥、网易科技的丁磊、网盛科技的孙德良等；第三类是快跑型浙商，主要是分布在高增长、创新型、科技型中小企业以及传统行业的成长型企业，如方太的茅理翔、正泰的南存辉、分众的江南春等；第四类浙商是投资投机型浙商，他们虽然不是被政府和学界倡导的，最终还需要往前三种类型转换，但他们也是目前浙商的主体，遍布在全国及世界各地，基本上搞的是投资，到处在寻找机会。这四种类型中都有一些优秀的浙商，这些浙商经过不断地转型与提升，经过多年积累，逐步成了浙商的核心。

（四）代际说

代际说也称为阶段说，根据浙商崛起的不同阶段，有学者把改革开放以来的浙商划分为三代，也有学者划分为四代的。第一代浙商基本与改革开放同步发展，特点是“做人家不愿做的事”，从事一些社会声望和评价较低的职业——摆地摊、补鞋、弹棉花、走街串巷收破烂等，这是浙商的起步阶段。第二代浙商形成于20世纪80年代中期，特点是“做人家不敢做的事”，一些胆大的浙商从事的事业是当时政策不允许的。最典型的是李书福，从最初的砖瓦厂，到后来的冰箱厂、摩托车厂，直到现在的汽车行业，他最初的创业都是在政策和社会舆论不允许或不看好的环境下进行的。第三代浙商大量出现于1992年邓小平第二次南方谈话以后，特点是“做人家做不了的事”，这一阶段的创业对资金、人才、技术、管理水平的要求比较高，浙商由于起步早，积累了经验，抢得了先机。如果进一步划分第三代浙商，还可以将1997年以后出现的马云、林东等为代表的新经济网络产业精英归为第四代浙商。

第二节　浙商的崛起

一、浙商崛起的三个阶段

浙商组织的雏形出现在1995年，标志是第一家异地温州商会在昆明的成立。改革开放初期，浙商是游兵散将，没有统一的组织；20世纪90年代开始，几百万浙商大军遍布全国，甚至走向世界，浙商的活动不再以单纯的贸易为主，纷纷在当地投资办厂开公司，创办实业。从行商到坐商的转变，浙商就有了组团的想法，因为需要有商会组织来与当地政府协调关系，于是商会组织开始萌芽。这个阶段，很多明星企业家涌现，浙商的提法开始在民间出现。被誉为浙商概念第一人的资深浙商研究专家、浙商博物馆馆长杨轶清，在1999年出版的《财富与未来》一书中首次提出了“浙商”概念。2003年，浙商这个说法也在政府官员口中出现。这样，各种商会组织遍地开花，浙商在改革开放以后迅速崛起，商帮终于复兴。

1978年至2008年是一段非常奇妙而又独特的历史。这30年中，中国经济高速增长，人民财富迅速积累，中国实现了从农耕文明向工业文明、商业文明的转变；商业文化成为一种主流文化，创造性地颠覆了拥有几千年根基的传统轻商的伦理观，激发了全民的创富热情，中华民族也随之找到了一条伟大复兴的新路径；重新界定了个人与国家的本位属性，更明晰地框定个人与国家命运间的价值诉求边界；在制度建设上，力求将推动社会和谐的力量根植于制度范围内，保障各种思想最大限度地转化为生产力。

英国经济学家亚当·斯密认为："人的本能是追求财富，因此无须计划就促进了整个国家的崛起。"邓小平则用"致富光荣"的四字秘诀，将创造财富的权力和钥匙交给了人民，从而把中国这列巨大的列车推上发展的轨道。

改革开放 40 年，浙商走过了一条非常不平凡的道路，可以把浙商的发展分为三个阶段。

第一个阶段是自发冲动期（1978—1991 年），这一阶段也是无中生有阶段和原始积累阶段。改革开放伊始，中国计划经济体制开始松动，个体经济与乡镇企业迅速发展，众多浙江商人采取的是家庭作坊、"前店后厂"的方式，走的是市场先导、模仿创新之路，就这样完成了原始积累，浙江经济出现了第一次腾飞。

第二个阶段是政策推动期（1992—2000 年），也是二次创业阶段。1992 年邓小平在第二次南方视察时，发表了重要讲话："计划多一点，还是市场多一点，不是社会主义与资本主义的根本区别""发展才是硬道理"。随着政策的进一步明朗化，浙江的非公有制经济迎来了大发展的关键时期，一部分优秀浙商扬长避短，通过完善内控体系，加强公司治理，制订战略规划，通过苦练内功和合作创新建立起了现代企业制度，浙江经济异军突起。到了 1996 年，由于连续几年的经济狂飙，中国经济从贫穷经济、短缺经济变成了相对的过剩经济，伴随着相对过剩，经济格局从原来的卖方市场转为买方市场，从原来的供方为王变为营销为王，中国开始了宏观调控。浙江商帮凭借着自己的商业模式和创新优势一下子超越了广东商帮，奠定了在中国新商帮中的地位。

第三个阶段是浙商转型期（2001—至今），也称为全球化运营阶段。2001 年中国加入了 WTO，开始了经济全球化、区域一体化。这个阶段政府继续鼓励并加强对经济的引导，优秀的浙商通过整合国际、国内市场，采取并购重组，依靠自主创新、整合资源，实现了企业转型、产业升级。这个阶段，"浙商"这个说法开始在官方出现，商会组织全面开花，商帮终于复兴。

上述三个阶段的划分，是编者根据专家的观点，然后结合自己的研究而得出的结论，可以说是划分合理且比较通用的、常见的浙商成长阶段论。这三个阶段，浙商通过建市场、除壁垒、立规范、搞集群、创联盟，当之无愧地成了当今中国的第一大现代商帮。

二、浙商崛起的四个因素

（一）改革开放带来机遇——时势造英雄

改革开放是我国的一项基本国策，是我国社会主义建设的一项基本方针，是邓小平理论的重要组成部分。改革开放的实质，是解放和发展社会生产力，推进社会主义现代化建设。邓小平率先提出要在我国实行改革开放，被誉为中国社会主义改革开放和现代化建设的总设计师。

对内改革，是环境所迫。新中国成立后我国模仿苏联建立起来的高度集中的计划经济体制，已严重阻碍了我国生产力的发展。特别是“文化大革命”期间生产力发展缓慢，人民温饱没有解决，科技教育落后……这种局面不改变不行。怎样改变，答案只有一个：改革。改革主要包括经济体制改革和政治体制改革。经济体制改革是把高度集中的计划经济体制改革成为社会主义市场经济体制；政治体制改革，包括发展民主，加强法制，实现政企分开，精简机构，完善民主监督制度，维护安定团结，等等。我国的对内改革主要是经济方面的改革，这一改革首先从农村开始，安徽省凤阳县小岗村率先实行的“家庭联产土地承包责任制”，拉开了我国对内改革的大幕。

对外开放，是形势所需。中国改革开放初期，世界经济已经获得了长足的发展，特别是第二次世界大战后，短短的20多年间，世界人均GDP就翻了一倍多，同时，工业技术、交通运输、通信技术、贸易秩序等方面也发展迅速。这样，世界便为中国提供了一次巨大的、前所未有的发展机遇，这便成为中国经济的“后发优势”。

敏感度极高的浙商，自然不会错过这千载难逢的大好时机，浙商率先充分利用这个“后发优势”，少数人领先创新，多数人跟随模仿。首先，他们创造了许多全国第一的市场组织；其次，充分利用块状经济和产业集群获得小商品、大份额。因为在工业化的早期，社会对价格低廉的产品尤其是生活消费品有着巨大的需求和潜在的市场，浙商无疑是紧紧抓住了改革开放的机遇，牢牢把握住了市场经济的商机。

（二）资源贫瘠且生存环境相对艰难——穷则思变

浙江资源少、人口多、土地少。“七山一水二分地”是浙江自然地理环境的概括。耕地少，多丘陵，不便于机械化作业，造成浙江过去生产方式比较落后。浙江人日出而作，日落而息，辛苦劳作，还解决不了最基本的温饱。为了生存，为了活命，浙江人不得不经商。商帮皆出现在生存环境相对艰难的地区，这一点，几乎从所有商帮的发展历史中都可得到印证。

浙江背山面海，自然环境虽然恶劣，但海岸线长，是中国海岸线最长的省份。这意味着浙商做贸易有其独特的优势和有利条件，随之也成为他们成功的一个主要原因。

（三）经商的优秀传统和区域文化的影响——文化基因

改革开放是新商帮兴起的逻辑起点，那为什么同样的政策环境，浙江的商业活动最为活跃？显然，这与浙江的人文地理环境有关，即与浙江的经商传统和区域文化有关。浙江有着优秀的经商传统和创业的历史记忆，有着非常适应商业活动的区域文化的浸润。

改革开放之前，虽然公开的、有组织的、民间自主的商业活动几乎绝迹，但实际上浙江的商业活动只是处于“休眠”状态，从来没有真正中断过。因为浙商的商业意识和商业技能，并不是通过书本等正式的教育渠道获得的，也不是依赖官方组织有计划地传播的，而是人们耳濡目染、口耳相传。从新中国成立后禁绝民间自主的商业活动到1978年允许创业，差不多也就20多年，浙江人的创业偏好和经商传统的代际传播却并没有停止过，只是迫于政策的原因，有着强烈的商业冲动和致富欲望的浙商们，在计划经济时代一直潜伏着，在“地下”隐藏着，等待着破土的机会。这种代际传承已有数百年的价值观和行为规范，终于在休眠20多年后，随着改革开放被率先激活，从“地下”喷涌而出。

（四）浙商特有的精神气质——性格特征

商帮的形成有一些共性因素，例如生存环境相对艰难，有经商的便利条件和机遇，有经商的优秀传统，有区域文化的影响，等等。但浙商的崛起一定不能忽视一个重要的个性因素——浙商特有的精神气质。这种精神气质表现为能及时把握机遇的悟性灵气、与时俱进的锐气胆识、甘为人先的创新精神（“吃螃蟹”与“闯市场”)、以小致大的经营理念以及浙商特有的思维模式。

“人无头不走，鸟无头不飞”“先有非常之心，才有非常之人，再有非常之事”。浙商之所以能在事业上纵横驰骋，靠的是对机会的敏感和把握，靠的是对需求的运筹帷幄，靠的是一种充满灵性的思维和智慧。在市场经济和科技创新浪潮的洗礼中，浙商面对同一机遇、同一困境、同一变化所表现出的与众不同的创新思维与决策能力，以及锲而不舍持续学习的能力与用人的思维方略，是浙商崛起并持续创新进取的重要原因之一。

三、浙商崛起的七条经验

浙商到底是靠什么取得如此巨大的成就的呢？浙江大学管理学博士柳宏志归纳了七条浙商成功的经验：市场先发、浙商思维、民营机制、创新模式、内外匹配、结构转换、综合创新。

(1) 市场先发：浙商抓住改革开放的先机，率先走上创新创业道路，这点已被大家所认可。浙商首先抢占的是流通领域，这是成本最小、收益最大的环节，通过贸易积累资产，攫取第一桶金，然后投入其他生产领域等。

(2) 浙商思维：浙商优秀的创业家们整体的素质，尤其是独特的浙商思维是其成功的终极源泉。浙商思维（认知水平、知识结构、决策模式）决定了浙商企业历史、现实与未来发展的方向。

(3) 民营机制：决策的高度自主权＋资产的高度支配权＋用人的高度选择权＋利益分配的高度调控权。

(4) 创新模式：模仿创新与产学研合作创新是浙商突破技术壁垒、摆脱技术引进陷阱、防止技术边缘化的关键。

(5) 内外匹配：内部运行机制与外部动态环境相匹配，是优秀浙商企业发展壮大的根本原因。

(6) 结构转换：由“创业型结构”向“发展型结构”适时转换，是优秀的浙商企业从不规范到规范、从规范到优秀、从优秀到卓越，并不断取得持续竞争优势的关键。

(7) 综合创新：浙商的成功不是靠单个的创新力量，主要靠思维创新、技术创新、管理创新、制度创新与文化创新的综合实力。其中，思维创新是起点，制度创新是前提，技术创新是动力，管理创新是保证，文化创新是土壤。思维创新是引领一切创新的根本出发点，技术创新与管理创新的综合集成和协同效应是企业发展的核心环节，而制度创新与文化创新是企业繁荣的土壤。由于浙商靠的是综合创新力量，使得浙商能够不断完善家族企业治理结构、建立起现代企业制度；不断提高人力资源素质，建立有效的激励约束机制；不断加强信息化水平，建立起组织要素之间协同创新的态势。

在浙商创新创业成功的七条经验中，最为重要的是浙商思维，过去把浙商的成功经验总结为“四千精神”，其实是不准确的。创新创业的成功并不是靠比谁能吃苦或者比谁胆子更大，这里面有许多商业奥秘需要挖掘。浙商一路走过来，无论是在原始积累阶段，还是在第二和第三阶段的成功，并不主要靠能吃苦和胆量大。浙商之所以能成为现代第一大商帮，最关键的还是靠浙商思维。

为了研究浙商的思维结构，柳宏志博士曾经专门做过一个大课题：“浙商思维研究——浙商创业成功的终极奥秘”，通过对众多浙商样本的实证研究，揭示了浙商的思维结构与思维模式。他的研究结论是：浙商思维结构包括三个层次，最核心的层次是商哲，即浙商的伦理哲学，这是浙商思维结构的内核，代表着浙商的处世原则，属于稳态结构；次核心的是商谋，即浙商的思维模式，代表的是浙商做人处事的方式方法，属于半稳态结构；最外围的表现是商策，即浙商经营之道中的策略技巧，是浙商创新创业过程中众多的商业智慧与运营策略，属于瞬态结构。如果你只学了浙商的皮毛，即商策，而学不来商谋和商哲，那么你依然不能真正有效地学到浙商的内核与灵魂。向优秀的企业家学习，应该是学习他们的商哲和商谋，这才是浙商经久不衰领导商业的关键。企业在不同的阶段、不同领导人的治理下，其商策都有所不同，即使是同一家企业，如果领导者不同，在不同的发展阶段、不同的商业环境和商业机会下，其商策也可能有很大不同。所以，商策是千变万化的，不能只学商策，更重要的是学习商谋和商哲。

成功的浙商思维典型特征有以下几点。

第一，在战略思维上，浙商注重快立快改、不断调整。第二，在投资决策上，浙商注重先而不偏、万事求中。许多人认为浙商很疯狂，到处挖掘第一桶金，胆子大、很狂野，其实并不是这样，浙商在具体操作中往往非常注重控制风险，他们不但看是否有良好商机、投资价值，也很注重规避风险，至少在风险即将到来之际，浙商会悄然全身而退，把接力棒交给那些倒霉的最后接棒者。第三，在管理风格上，浙商注重简单实用、小处下手，不搞大而全的虚的东西。第四，在绩效管理上，浙商非常注重结果导向，而忽视过程管理。第五，在用人思维上，浙商是秉承“用人要疑，疑人要用”的思维理念，大胆选拔和使用人才，给人才创造机会、平台和环境，但浙商对人才使用也带有质疑的思维倾向，在公司制度和政策上对管理人员的职责权限进行约束，尤其是在财务审批权限、用人调配权限等方面进行控制，一旦觉得不合适了，就彻底将其扫地出门，毫不留情。第六，在信息处理方面，浙商是多方学习、未雨绸缪。第七，在创品牌方面，浙商也具有非常独特的思维模式，他们在创区域品牌方面秉承“小舢板组成大舰队，大力发展集群品牌”的理念；在创优秀品牌方面，则秉承“诚信为本，质量至上，品牌与客户共成长”的理念；在创国际品牌方面，浙商又秉承“以自主创新为动力，以民族文化为依托”的理念。

浙商成功还有一点很关键，那就是具有灵活的民营机制。所谓民营机制就是在决策上有高度的自主权，在资产上有高度的支配权，在用人方面有高度的选择权，在利益分配上有高度的调控权。正是由于浙商具有充满活力的民营机制，所以取得了非常大的成功。另外，浙商虽然在自主创新能力方面较弱，但是模仿创新和合作创新能力却非常强，通过这两大创新模式，有效弥补了自主创新能力的不足。此外，浙商在每一个阶段都能够审时度势，实现内部的运行机制和外部的动态环境相匹配，这是优秀浙商不断发展壮大的根本原因。一些优秀的浙商能够把企业从创业型结构不断向发展型结构转变，这使得许多浙商企业能够不断地从不规范到规范，从规范到优秀，从优秀到卓越。而且，浙商还非常注重发挥综合创新的力量，从思维创新到管理创新，到技术创新，到制度创新，乃至文化创新，依靠综合创新来弥补自主创新能力的不足。

总之，浙商成功的七条经验中，与众不同的思维方式、充满灵性的商业智慧和破釜沉舟的创新勇气，奠定了浙商第一大商帮的地位，这也是浙商企业从不规范到规范，从规范到优秀，从优秀到卓越的根本原因。

第二章

浙商的文化传承

本章的教学目标和要求

1. 熟悉浙商的历史渊源。
2. 了解十大商帮的基本情况。
3. 能够简单分析浙商的文化基因。

思考题

1. 文化是如何影响经济发展路径的？
2. 浙商是怎样传承区域文化的？
3. 如何理解商帮文化？

经济的发展受多种因素的影响，诸如政治制度、自然资源、科学技术、地理位置、传统文化等，而文化无疑是这众多因素中最重要的一个。文化是有遗传基因的，所谓“一方水土养一方人”，说的就是这个道理。

在现代社会，传统文化影响经济发展的路径是：传统文化对工业化的作用主要是通过影响人的观念来实现的。传统文化通过长期积累形成的观念，对生活在本区域内的人们产生潜移默化的影响，从而塑造出具有不同文化禀赋的人群。而这些具有不同文化禀赋的人群，适应现代经济的能力是不一样的，这就决定了各区域的经济选择是不一样的，也决定了地区经济发展的状况。

区域经济的长远发展归根到底靠的是源远流长的文化传统和深厚的文化底蕴。浙江文化除了拥有“东南功利文化”的基因外，还有自己独特的以“经世致用”为核心的浙东文化的基因。这种文化是浙商创业精神的源头，是浙商崛起的内在根源。

第一节　浙商的历史渊源

浙商崛起为现代第一商帮是有其历史渊源的。浙江历史悠久，早在5万多年前的旧石器时代，就有原始人类“建德人”活动。境内已发现新石器时代遗址100多处：有距今7000多年前的河姆渡文化，6000多年前的马家浜文化，5000多年前的良渚文化。就行政区域而言，春秋时浙江分属吴、越两国；战国时属楚；秦分属会稽、闽中等郡；汉属扬州刺史部；三国时入东吴版图，富阳人孙权建立吴国，但仍属扬州；南朝分属扬州、东扬州；唐初先后属江南道、江南东道，唐中叶江南东道下分置浙江东道、浙江西道两节度使，浙江作为行政区域名称始于此，渐成省级建制雏形；五代时为吴越国地，临安人钱镠（liú）建立吴越国；北宋属两浙路；南宋建都临安；元代时浙江属江浙行中书省；明初改元制为浙江承宣布政使，省界区域基本定型，辖境与现在基本一致；清初改为浙江省，省名正式确立沿袭至今。

浙江的文明，特别是商业文明，在不同时期都有体现，而且渐趋成熟。

一、春秋时期的商业文明

中国历史是一部漫长的封建史，重义轻利的儒家文化和以农耕经济为主流的经济模式，使市场经济之花迟迟难以萌发。可事实上，人类社会一直就未曾离开过商人的活动，中国人其实很早就学会了经商。

据考证，商人（或商业）的商，最初是个原始部落的名字，其部落位于今河南省商丘的南部地区，其部落始祖名叫契。因契跟随大禹治水有功被封于此。契的第十代孙名叫王亥（hài）（公元前16世纪），王亥从事牧业而擅长经商。他的第四代孙子汤灭了夏（公元前1551），又迁都于殷，故商又称殷，而商人仍自称为商。后来，周灭殷以后，周公（姬旦）告诉殷的遗民，要求他们继续经商。殷商之人善于经商，东奔西跑地做买卖，日子一长，便形成了一种固定的职业，周朝人便将从事这种行业的人称为商人。

春秋战国时期，整个中国官府控制商业的局面被打破，商业开始出现生机，商品市场和有名商人也开始在各地出现，春秋时期著名的大商人有弦高、子贡、范蠡等，战国时期则有白圭、吕不韦等。

当时，浙江的文明已经呈现出相当高的水平。春秋战国时期，浙江境内大多属于越国，在越王勾践时期国家相当富强，酿酒业、纺织业粗具规模，冶炼业和制陶业已相当发达，其中原始青釉瓷器的烧制，揭开了中国青瓷生产的历史，而以龙泉青铜宝剑为名的青铜文化则是当时浙江经济文化的集中反映。

浙江的商业文明与范蠡的出现是分不开的，范蠡可以说是浙江历史上最早的一位大商人。范蠡是春秋战国时期的越国大夫，著名的政治家、军事家、思想家，也是经商有术的大实业家，有“一代名相，千秋商祖”之美誉。范蠡推崇经济治国，极力发展商品经济，主张“农末俱利”，要“与时逐利”，认为这才是生财富国之道，这在当时是相当了不起的。浙江由于“民众地狭”，人多地少，且地又窄、小、分散，以个体家庭为单位的劳作方式是越国主要的生产方式，这就注定了浙江的商品生产比其他地区要早，商品生产的发展自然也就促进了商品理论的发展。计倪就是当时商品理论方面的专家，他提出“时用则知物”（《史记·货殖列传》），即预测什么时间需要商品，事先应做好准备，按照需求来生产产品。计倪对价值规律也做了论述：“贵上极则反贱，贱下极反贵。贵出如粪土，贱取如珠玉”。范蠡等人的经济思想不仅在当时对越国的发展产生过极大的影响，就是在现在，对整个社会经济的发展也具有极其深远的意义。

范蠡对浙江人最大的贡献，就是给浙江人树立了一个榜样，灌输了一种理念：要获得你人生的价值不一定只有做官一条道，做生意照样有前途、有价值。这种影响穿越了千年的时空，直到2500年后的今天，浙江商人继承了这种务实的精神，他们没有官本位的思想，而是把商业看作是一项事业，孜孜以求、奋斗不息。

二、唐宋时期的商业繁荣

秦始皇统一中国后，采取了一系列有利于商业发展的措施，比如统一货币，这一举措对后世影响深远。两汉时期，伴随着国家统一局面的形成和巩固，农业、畜牧业、手工业发展迅速，特别值得一提的是，两汉时期还开通了海陆两条丝绸之路，极大地促进了中外贸易的发展。

秦汉至南北朝时期是浙江文化异彩纷呈的开始，特别是六朝以来，浙江相对安定的社会环境，为浙江经济的迅速发展创造了良好的契机。

隋唐宋时期，中国封建社会异常繁荣。隋朝大运河的开凿贯通南北，扩大了商品流通的范围；唐朝出现了飞钱和柜坊，飞钱类似于后来的汇票，柜坊专营货币的存放和借贷，是我国最早的银行雏形，比欧洲金融机构出现要早六七百年。飞钱和柜坊的出现，既是商品经济发展的结果，反过来又极大地促进了商业的繁荣。

隋唐时期浙江的经济更是出现了勃勃生机，浙东地区被称为“财赋之上腴”。五代时，曾以贩卖私盐为生的钱镠（liú，852—932），在兵荒马乱中建立了自己的王国，成为吴越国开国君主，吴越国建立后他崇尚和平，以民为本，大力发展经济，采取“保境安民”的基本国策。钱镠还积极发展丝织业，推行一系列优惠政策，吴越国的丝织业在当时的中国可谓首屈一指。确实，也只有在和平的环境中，才有经济的繁荣；有经济的繁荣，才有文化的昌盛发达。吴越国为我国经济重心的南移和江南经济的繁荣，为后来两宋经济的发达，起了积极的促进作用，为两宋经济文化的高度发展奠定了基础，可以说为“上有天堂，下有苏杭”局面的开拓做出了历史性的巨大贡献。

到了宋朝，尤其是南宋，随着中国政治经济重心的南移，浙江逐渐成为中国封建社会最繁华富庶的地区之一。南宋都城临安（今杭州市），全盛时期人口达百万，是当时世界上最大的都市，城内店铺林立，集市昼夜相连，贸易兴隆。宋代的瓷器、漆器、印刷、冶炼、建筑等手工业产品具有非常鲜明的浙江特色，尤其是杭州的丝绸、温州的漆器、处州（今丽水）的瓷器、明州（今宁波）的草席，这些是当时浙江对外贸易的重要商品。明州与日本、朝鲜及南洋诸国已建立了通商关系，成为当时对外通航的主要港口，金华为浙东重镇，小商品经济尤为发达，有“小邹鲁”之称。

宋朝浙江的经济盛况，与当时出现的浙东学派有关。浙东学派是中国最有影响力的学派之一，它的发展可以分为四个阶段。第一阶段是北宋时期，这是浙东学派的草创时期；第二阶段是南宋时期，主要有：以吕祖谦为代表的金华学派、以叶适为代表的永嘉学派、以陈亮为代表的永康学派；第三阶段是明代，以王阳明为代表；第四阶段是清代，这是浙东学术的全盛时期，以黄宗羲为代表。

浙东学派对浙江当时及以后的发展产生了非常巨大的影响。特别是以叶适为代表的永嘉学派最早提出了“事功”思想，主张利义统一，反对传统的“重农抑商”政策，质疑“重义轻利”的观念，主张“通商惠工，以国家之力扶持商贾，流通货币”。叶适认为应该大力发展工业和商品经济，并指出雇佣关系和私有制的合理性，他还进一步为工商人士争取政治权益，认为古人在入仕用人方面“虽工商不敢绝也”。王阳明则主张建设“商贾往来，渐将贸易”的“富庶之乡”。黄宗羲更是明确提出了“工商皆本”“经世致用”的思想。

三、明清时期的商业伟绩

明清时期，世界经济结构发生了变化，并引发了一场“商业革命”，形成了“近代资本主义萌芽”之说。这一时期，中国经济同样发生了很大的变化：小农经济与市场的联系日益密切，农产品商品化得到了快速发展，城镇经济空前繁荣，农村商场也很繁华。全国性的商贸城市不断出现，这里汇集了四面八方的特产。全国各地涌现出了许多地域性的商人群体，这些群体被称为商帮。最著名的有十大商帮，其中晋商和徽商势力最大，影响最远。当然，浙江的宁波商帮和龙游商帮也不逊色。

龙游商帮形成时间较早，最早出现于南宋，兴盛于明朝中叶，经营行业有珠宝、古董、文物业、造纸业、印书贩书业、药材业等。明万历年间，与晋商、徽商角逐商场，称雄一时，故有“遍地龙游”之说。

到明朝中叶，随着海禁政策的放松，无论是农村还是城镇，浙江东部沿海一带受到西方工业文明的影响已相当显著。这种影响在农村，主要表现为随着农业生产的快速发展，分工不断扩大，生产的商品化倾向不断增强，农村雇用劳动者的队伍也日益壮大，贫富差距加剧，阶级日益分化，货币地租日渐取代实物地租。农产品市场的扩大，不仅推动了商业的发展，而且还极大地刺激了手工业的发展，从而促进了市镇经济的繁荣。大批的农村无产者为寻求生机，不断涌入市镇，人员的流动，不仅为市镇经济的繁荣增添了力量，同时又进一步促进了贸易的发展。据统计，明朝以后，浙江的市镇数量迅速增加，杭州、湖州、温州等地均辖有几十个市镇。小者千户，大者万家以上，成为商业、手工业的集聚地。在这些市镇中，手工业作坊、工场林立，有的规模大得惊人，浙东地区出现了具有资本主义萌芽性质的“机户”和“包买商”，这可能是中国最早的个体工商户。此外，还出现了各种商行，这些商行不仅控制了商业，而且利用资本不断影响和控制着生产，这标志着商业资本已经逐渐向产业资本转化。

鸦片战争后，宁波、温州等地相继被辟为通商口岸，贸易活动非常频繁，我国近代民族工商业得以发展，宁波商帮开始迅速崛起。浙江商人本来就有经商传统，加上浙东学派代表人物的影响，浙江商人往往思想解放、善于思考、敢于超越、兼容并蓄，他们在重商的西方文化的影响下，大做生意，经商传统得以继承并被极大地发扬，浙江经济迅速发展，浙江手工业和商业空前繁荣。尤其是宁波帮，对中国近代工商业的发展，作用巨大，当时大都市上海的工商业巨子多为宁波人。据史料记载，1948 年在上海的宁波人就达 100 万以上，占当时上海人口的 20%，他们兴办实业，闻名一时的“浙江财团”更是一度把持着上海的金融业。

浙江还有一支商业劲旅也曾辉煌，其实力之强、财力之雄并不逊于晋商、徽商，而且他们比晋商、徽商发家更快、财富更集中，这就是靠辑里湖丝发家的浙北南浔商帮，他们主要从事缫丝业、盐业、钱庄、典当业。南浔商帮中财力最盛者称为“四象”，之下还有“八牛”和“七十二金狗”，为首的刘家在鼎盛时聚财 2000 万两。这些“象”“牛”还有“金狗”们的财富总额约为 8000 万两白银。而在 19 世纪 90 年代，大清帝国一年的财政收入也不过 7000 万两白银，这是名副其实的富可敌国。

吴承明先生认为：“16 世纪即明嘉（靖）万（历）年间（1522—1620）大商帮的兴起是一个信号。”经济学界一些学者称之为“现代化的因子”，是当时经济繁荣的一个显著标志，它说明商业、市场、商品经济的发展进入了一个崭新的阶段，“标志着中国开始走上近代化或者现代化的过程”。

中国传统十大商帮中浙江商帮就占了两成，南浔商帮虽然没能进入十强之列，但其财富也是相当可观的。浙江当时的商业成绩由此可见一斑。

可以这么说，一方面，浙江人的经营具有优秀的、浓厚的工商文化传统，自春秋范蠡以来，浙江文化就形成了蓬勃的尚利文化，当时虽无这个说法，但“工商皆本”的思想几乎是自始至终一以贯之的；另一方面，以永嘉学派为代表的浙东学派对浙江的影响是极其深远的。浙江或者浙商的成功，即便不完全源于此，也在很大程度上主要得益于宋朝以来浙东学派所积淀下来的思想意识和文化观念，以及由此而形成的群体性思维模式与行为习惯。这种思想为浙江经济的发展提供了坚定的理论基础，正是在这个思想的指导下，浙江在改革开放的初期就率先走上了市场经济的道路，并且其发展的速度一直处于全国领先地位。

第二节　浙江的商帮演变

一、浙江的传统商帮

在某种程度上，商帮代表了中国经济发展的脉络和走向。所以，综观中国或者浙江的商业发展史，就不能忽略中国商帮历史上和传统商帮中浙江商帮的宁波商帮和龙游商帮。

张海鹏教授在《中国十大商帮》中指出：“商帮，就是以地域为中心，以血缘、乡谊为纽带，以‘相亲相助’为宗旨，以会馆、公所为其联络、计议之场所的一种既‘亲密’，又松散的自发形成的商人群体。”简单地说，商帮就是以地缘为基础，以地缘、亲缘、血缘（三缘）为纽带的商人组织。商帮一般可以这样分类，即传统商帮和新商帮。

传统商帮已有定论，指大致崛起于明清时期的中国古代十大商帮，分别是：山西晋商、徽州（今安徽黄山地区）徽商、陕西商帮、福建闽商、广东粤商（潮商）、江右（江西）赣商、洞庭（今苏州市西南太湖中洞庭东山和西山）苏商、宁波商帮、龙游商帮（浙商）、山东鲁商等。

研究明清时期中国商帮，必须考虑当时世界经济的大背景。在明清之际，不管是世界经济还是中国经济，都出现了商业革命的标志，这一标志体现为：一是国际市场的形成；二是货币与商品数量比例变化引起的价格革命；三是企业组织制度的一系列创新；四是适应商品交易扩大和企业扩张的金融革命；五是重商主义的出现。商业革命从13—14世纪就开始酝酿，在中欧及地中海沿岸的意大利城邦首先发展起来。随着地理大发现，国际贸易路线的转移，欧洲进入了商业革命阶段，这一阶段一直延续到工业革命及工业社会的产生。

中国的一些城市，如长安、开封、并州、杭州等，在唐、宋、元时商业同样很活跃。15世纪以后（明、清时期），北京、广州、平遥、汉口、苏州、杭州等城市商品活动达到了很高的水平，这一时期被经济史学界认为是中国资本主义的萌芽阶段，实际上也是中国的商业革命，它与欧洲商业革命是平行发展的。

当时，商品经济趋于活跃，商品行业繁杂，商品数量增多，商人队伍日渐壮大，商业繁荣、行业会馆普遍设立，竞争日益激烈……有学者认为商帮是具有中国历史特色的商人资本集团，它是随着商业的发展而逐渐产生的，主要是为了站稳脚跟以求发展，以共同利益为基础，结成的一种团体。商帮往往以“××地域”为名称，随后订立章程，兴建聚会议事的场所——会馆，推举有声望的里人做首领（徽商称祭酒）。大约于明中叶各地的会馆在商业发达的城市或市镇被普遍建立了起来，“十大商帮”就这样形成了。

前面已经提过，浙江有两支商业劲旅跻身于中国“传统十大商帮”之列，探寻浙江的商业渊源，梳理浙江的商帮发展，分析新浙商的成功崛起，有必要对这两支对浙江经济、中国经济产生过巨大影响的浙江传统商帮做些介绍。

（一）龙游商帮海纳百川，称雄一方

当徽商、晋商在商场争雄之时，浙江也崛起了一个颇有影响的商帮，历史上称之为龙游商帮。龙游商帮实际上是衢州府商人集团，其中以龙游县商人人数最多，他们经商手段最为高明，故冠以龙游商帮。龙游商帮是中国传统十大商帮中唯一一个以县级单位为区域的商帮群体，足见其影响之巨大。龙游商帮点燃了浙江人商业精神的第一把大火，是浙商血脉的源头和浙商的精神之父。在儒学氛围中崛起的龙游商帮，有较高的文化水准，这是龙游商帮与当时众多商帮的最大区别。龙游商人的素质从他们从事的行业，比如珠宝业、古董业、书画业等也可看出来，没有一定的文化水准是无法从事这些行业的。

龙游商帮虽地处偏僻，却有着开放的心态，在观念上也比较新潮。这一特点主要表现在两个方面，即投资上“敢为天下先”的精神和海纳百川的肚量。明清时期，许多商人将经营商业所赚得的资金用来购买土地或者经营典当、借贷业，以求有稳定的收入。而龙游商人敏锐地意识到，要获得更多的利润，必须转向手工业和工矿产业上。他们果断地投资于纸业、矿业的商品

生产，或者直接参与商品生产，使商业资本转化为产业资本，给当时封建社会注入了带有雇佣关系的新的生产关系的活力。龙游商人不排斥外地商帮对本乡的渗透，他们和外地商人相处和谐，龙游商帮还吸收了不少外地商人，推动了自身的发展。龙游商帮的形成虽然最早基于血缘地缘的关系，本质上具有排他性，但龙游商人却能容纳其他商帮商人，足见其胸襟之宽大。

龙游商人“敢为天下先”的精神和海纳百川的肚量，是他们良好的经商心态的反映。他们虽然出身于偏僻之地，既无官府支持，又无强大的宗族势力作为坚强后盾，但他们却能在强手如林的各大商帮中崛起，自立于商帮之林。

（二）宁波商帮异军突起，后来居上

宁波商帮，是指宁波府的商人，以血缘姻亲和地缘乡谊为纽带连接而成的商业集团，是一个盛行于国内和海外的商帮。宁波商帮是中国近代史上最为富庶、最为庞大、最具生命力的商帮，“无宁不成市”的说法充分证明了宁波商帮在当时的地位。

宁波商帮形成的时间较晚，是中国商帮中的后起之秀。但其发展势头却非常之快，从它形成之时起，便显露出它的见识不凡和卓尔不群。宁波商人虽然外出经商历史悠久，但大规模经商，并且结成商帮则为时较晚。

在中国漫长的现代化进程中，宁波商帮的贡献是有目共睹的，这主要表现在大上海的崛起和香港的振兴。有人做过调查，19 世纪末到 20 世纪初，移居上海的最有影响力的工商界人物，广东帮占一成，其他帮占两成，宁波帮则占了七成。从中国的第一家火柴厂、第一家毛织厂到中国的第一个商业社团、第一家华人银行、第一家证券交易所……宁波商帮在不断地创造着奇迹。宁波商帮涉足各行各业，在上海创下了至少 50 个第一。后来大批宁波商人移居香港，并迅速在香港的各个领域占据了“首领”的位置。包玉刚、董浩云、邵逸夫等宁波商人已成为世界级的商业巨子。香港的 10 大富豪中，宁波人占有 3 位，可以这么说，香港经济是靠宁波商人托起来的。

宁波商帮不仅善于开拓活动地域，还善于因时制宜地开拓经营项目。他们的致富之道非常有特点，也非常实用：以传统行业经营安身立命，以支柱行业经营为依托，以新兴行业经营为方向，往往一家经营数业，互为补充，使自己的商业经营在全国商界中居于优势地位。

二、新浙商再铸辉煌

改革开放以后，中国经济的发展又出现了新的转折，上了一个新的台阶，出现了许多新的商帮，例如浙商、粤商、苏商、鲁商、京商等。到底哪些商帮能有实力成为真正的新商帮，也是说法很多，有“新十大”说、“新五大”说、“新三大”说等，但不管哪种划分，浙商都是当之无愧地列居第一，这不能不说是浙江的骄傲。新商帮的时间划定基本一致，那就是以改革开放为界线，是改革开放以后崛起的在中国有相当影响力的商帮。

如果说，昔日的晋商、徽商等诞生于封建社会向资本主义社会的转型期，那么现代的浙商、粤商等则是崛起于由计划经济向市场经济的过渡期，是改革开放的天时地利，赋予了现代商帮产生的巨大时机。明清时期，我国社会经济领域出现了地方商帮和大商人资本兴起的现象，那么改革开放以后，市场经济的发展又一次催生了大量的家族企业和富豪。基于地缘关系的学习效应，以及企业集群的内生机制，新一代以区域地缘为特色的现代商帮又形成了，并日益成为支撑中国经济增长的动力引擎。

改革开放初期，浙商又一次当仁不让地走上了历史的舞台。一群出身“草莽”的小人物烘托起了一个火热的创业时代。他们文化水平不高，没有任何资源，但是，他们的“无知”使得他们在处理任何商业问题时都能够用最简捷的办法直指核心。他们的“冷酷”，使得他们能够迅速掀开一切道德的含情脉脉的面纱，而直接回到利益关系的层面；他们不畏天命，所以能够百无禁忌地去冲破一切的条框和障碍；他们对金钱的欲望，使得他们敢于采用一切手法编织最美丽的商业神话。

在任何一个国家的财富原始积累时代，都出现过这些人，而且必然会出现这些人。浙商无疑是当之无愧的新商帮典范。浙商成为新商帮典范，是与浙江的商帮演变、商业传承分不开的。

龙游商帮虽未能超越区域主流人文观念的桎梏，其可贵的商业精神也最终淹没于强势的农耕文化中，到民国时期“遍地龙游之说”渐成绝唱。但是，浙西龙游点燃的商业之火从来没有在浙江大地上熄灭过。

和龙游商帮相比，宁波商帮的演变历程则是相当完整和清晰的，这在所有商帮中是独一无二的。从初显风流到创业上海到开拓香港再到改革开放，尤其是邓小平同志“要把全世界的‘宁波帮’都动员起来建设宁波”的讲话发表以后，新的宁波商人作为新浙商的一支重要的生力军，再次焕发出勃勃生机，并与其他浙系商帮并肩作战，一起再创新辉煌。

无论是龙游商帮的暂别舞台，还是宁波商帮的一脉相传，浙江人的商业精神从来没有间断过，浙江商人有着旺盛的生命力，不管遇到什么样的困难，只要有机会，他们都能冲在最前面，进而大展宏图。所以，浙商，绝不可能错过改革开放这样一个千载难逢的历史机遇。

马克思《资本论》中的一段话，可以很好地用来描述浙江商人：商人可以存在于任何社会微小的缝隙中，为自己开辟出一个活动的大天地，这种顽强的生命力遇到适当的机会便会勃发出旺盛的生机，以致在一定的历史时期里，商人可以产生压倒一切的影响。

浙江经济是“草根经济”，浙江商人是“草根英雄”。草根好养活，生长条件再恶劣，它也会不屈不挠地寻找生存空间。野火烧不尽，春风吹又生。冬去春来，那些埋在土里的草“一有土壤就发芽，一有阳光就灿烂”。浙江经济靠的就是这种自强不息的“草根精神”，正是这些“草根英雄”创造了一个又一个的商业奇迹。

历史往往有惊人的相似之处：当年的宁波人，苦于生计拿起了菜刀、剃刀、剪刀，远离故乡创业；改革开放之初，温州人不也是靠着饮食业的菜刀、理发业的剃刀、缝纫业的剪刀、修理业的螺丝刀、皮革业的劈刀走遍全国开始创业的吗？当年涌入上海滩的宁波人，白手起家，从最卑微的苦力活做起，如学徒、伙计、挑伙、裁缝等，这与后来的南存辉、周晓光、邱继宝、李书福等新浙商们的创业经历不是如出一辙吗？

宁波商帮、龙游商帮善于发现商机，把握机遇；敢于冒险，敢为天下先；头脑灵活、富于机变，具有创新意识；以诚为本，讲究实效；清清白白做人，老老实实做事……这些浙商前辈们的商业优点，现在不正在新浙商身上得到很好的继承和发扬吗？改革开放以后浙江商人的这种开拓进取、不畏艰辛的精神不就是浙江传统商帮创业精神绵延不绝的历史明证？

20 世纪 70 年代初，在全国都在“割资本主义尾巴”的年代，浙江那些十来岁的孩子，就知道用废罐头盒敲打成小煤油炉，然后拿到大街上去推销。这样的情境，在当时的其他城市几乎是不可能看到的。该用什么样的词汇来阐释这种特有的浙江现象呢？浙江人天生好经商、会经商，如同蒙古人天生会骑射、巴西人天生会踢足球一样，这就是土壤的孕育，这就是基因的神奇，这就是传统的影响，这就是文化的力量。

无论是传统商帮中的浙江商帮还是新商帮中的浙商，他们都是中国社会经济发展到一定阶段的产物，是具有中国特色的独特的社会现象，他们在特定的阶段发挥着特别的作用，他们在影响和改造着中国，用他们巨大的力量推动着中国经济的快速发展。

第三节　浙商的文化传承

一、浙商的文化基因

曾任教浙江财经大学的张佑林教授认为：从人文地理学角度出发，可将中国文化划分为“中原传统农业文化区”和“东南功利文化区”两大类。

中原文化是中国传统文化的发源地和传播中心，其辐射范围遍及中西部广大地区。由于深居内陆地区，自古以来，这里长期以农耕经济为主，小农思想根深蒂固，人们的观念比较保守。这种传统文化之所以抵制现代化，不仅因为它是一种僵化的价值观念、思维定式，制约着人们想什么，怎样想，还因为它是一种生活习惯、行为模式，会制约人们做什么，怎样做。在它的长期熏陶和习惯的作用下，一切与之不符的说法和做法、倡导和实践，都是不自然的，都是可疑的，甚至都是邪恶的，这些说法和做法要么受到温柔的冷遇，要么受到严厉的封杀。这种思维机制最终会使人们思想僵化、观念保守、不思进取、害怕创新。

“东南功利文化区”主要集中在我国东南沿海一带，其主体构成是吴越文化，其范围包括江浙及其附近地区。远在六七千年前的新石器时代，这里就有了河姆渡文化和良渚文化。春秋战国时期，吴越文化独具异彩。自唐宋以来，随着我国的经济政治中心从黄河流域转向江南地区，文化中心也随之移向吴越，其间还经历了吴越文化与中原文化的三次大融合。近代以来，东部沿海一带一直受到西方工业文明的熏陶，形成了本地文化与西洋文化的广泛交流，吴越文化终于从传统的农业文化，转化为商业气息浓厚的商业文化，并在我国各文化领域中冠领群雄，水平最高。

吴越文化从纵向上看，是在传统与现代的反复碰撞中发展的；从横向上看，吴越处在我国传统的大陆文明与西方现代文明两大板块的交锋地带，这就使得其文化具有海陆两种成分，并进而发展成传统的伦理本位主义与现实功利主义两种文化性质的交流和融合。

作为吴越文化的主要构成部分，浙江文化除了拥有“东南功利文化区”的基本因素外，还有自己的独特性，那就是以“经世致用”为核心的浙东文化。

黄宗羲是明清时期“经世致用”新学风的开创者。以黄宗羲为代表的清代浙东学派，不仅对宋明理学流弊进行了批判和反思，还对源于北宋的浙东学派进行了创造性的继承和发展，提出“经世致用”“工商皆本”的经济思想，倡导发展“切于民用”的手工业和商品流通业。这种思想源远流长，成为浙商创业精神的源头，也体现了“经世致用”思想的现实意义。

有人认为浙商的文化表现形式具有“水性”特征，这与浙江临海的地理位置有关。水的生命在于水的流动性，水的风韵在于水的灵性，水的魅力在于水的柔性。水的流动性，给予浙江文化以自强不息、开拓创新的文化力量；水的灵性，养成了浙江文化敢于冒险、重利事功的文化个性；水的柔性，赋予浙江文化以柔慧智巧、开放兼容的文化魅力。浙江文化的“水性”特征千百年来深深影响着浙江人的品格生成与劳动创造，不断丰富着中华文化的内涵。从河姆渡文化、马家浜文化到良渚文化；从吴越文化到浙东学派；从大禹治水、王充“论衡”到王阳明“致良知”；从叶适的“义利统一”、黄宗羲的“工商皆本”到蔡元培的“兼容并包”……底蕴丰厚的浙江文化彰显出鲜明的“水性”特征，即柔慧智巧、开放兼容，自强不息、开拓创新，敢于冒险、重利事功。

总之，以“经世致用”为核心的浙东学派思想，也许就是浙商普遍活跃的最根本的深层次的文化基因。

二、浙江区域文化的滋养

区域经济的长远发展归根到底靠的是源远流长的文化传统和文化底蕴。

浙江区域文化的主要特征表现在：

第一，具有鲜明的“善进取、急图利”的功利主义色彩。

第二，具有“富于冒险、开拓进取”的海派文化传统。

第三，具有浓厚的工商文化传统。

第四，具有“崇尚柔慧、厚于滋味”的人文情怀。

浙江文化尊重人欲，重视家庭和家族的血缘亲情关系，这与“存天理，灭人欲”的儒家文化导向很不一样，浙江文化与我国古代占统治地位的儒家文化在很多方面都是有区别的。

浙江傍海，出海而航的生活、生产环境，培育出了浙江人顽强的生命力和开拓冒险的精神，所以浙江文化具有内在的创新冒险特征，其总体特征可以归纳为八个字：“勇于创新，注重功利”。创新冒险精神是浙江文化最显著的特征，巨大的生机和创造力是其文化的生命能量；功利主义和自然人性观构成了浙江文化的人生观基础；讲究实际、注重功利的价值取向，构成了浙江人致力于经济发展的内在动力；自主创新、敢为天下先的思维品格，构成了浙江人在经济改革中致力于制度创新，实现体制外增长的精神动力；善于经营、富于机变的文化性格，赋予了浙江人在市场机制中胜人一筹的素质和优势。

浙江文化蕴涵的自主创新精神与现代经济具有内在的兼容性，它对浙江企业家阶层的形成具有内源性的影响。正是这些潜藏在浙江人意识深处的独特的传统文化精神和价值取向，一旦条件允许，比如改革开放这样的历史机遇，在很短的时间内，就使浙江大地涌现出成千上万具有创新精神的农民企业家，他们都是民营经济发展的极好的人力资源。以浙江温州为例，当时温州市总人口为600多万，其中有200多万人在办企业或从事市场交易活动，他们的足迹遍及世界各地，以至形成了“凡是有华人的地方就有温州人”的说法。“温州模式”的形成，正是温州上百万民间企业家勇于创新的杰作。改革开放以来，正是在大批企业家的主导下，形成了浙江“制度创新”的浪潮，从而推动了浙江工业化的进程。

由此可见，浙江传统的商业文化，即工商皆本、义利兼顾的思想，通过对本区域人们长期的熏陶和潜移默化的影响，使民间积淀了一大批具有创新开放意识的高素质人群。在改革开放的大环境下，他们挣脱了政治束缚，迅速转化为具有创新精神的民间企业家。正是在他们的带动下，形成了经济活动中制度创新和技术创新的浪潮，并最终推进了浙江区域经济的成功转型。

三、浙商对文化的创造性传承

传统文化优势能够成就一个个商业奇迹，这在中国的商业发展史上已得到了很好的证明，但如果对传统文化不能加以改良吸收，那么接下来，传统文化可能会成为桎梏并阻碍商业发展的脚步，商业的发展注定走不了太远。这在龙游商帮的发展过程中已得到印证。

龙游商帮有较高的文化水准，这是它与当时众多商帮的最大区别。明代与唐寅（唐伯虎）、文徵明齐名的一代名士李维祯，曾为龙游商人李汝衡立传，题为《赠李汝衡序》；龙游商人童佩、胡贸也与一代名士王世贞、归有光等成莫逆之交。龙游商人能与这些以清高自诩的名士结交，若非气质相近是很难解释的。龙游商人“贾而好儒”之风可见一斑。

然而浙西人深受儒学影响，他们从内心深处还是很鄙视商业和商人的。这种思想主要表现在两个方面：一是重农抑商，二是重仕轻商。在这样具有很强宗法色彩的偏文化观念的支配下，龙游商人大多未能培植出对商业的忠心。龙游商人中从商而终的极少，多数人无论是发了家或是赔了本，最终还是叶落归根，返回到以农为本的老路上来。一些富有的商人则把精力和财产投入官场竞逐，还有的如龙游叶氏家族将经商所得悉数投入叶氏建筑群，而很少有人去投资产业以扩大再生产。

而温州、金华等浙东南地区，则批判地继承了朱子理学，形成了有别于传统儒家文化的——“永嘉学派”和“金华吕学”“永康之学”等区域文化流派。文化传统决定人们的价值选择。讲究实效、注重功利的思想及其价值取向和逐利追求，又有力地塑造和强化了温州、金华等地的民间心理和区域文化传统，构成了区域经济发展中不可或缺的“遗传因子”。而龙游虽然历史上因缘际会出现了龙游商帮这样大规模的商人群体，但龙游文化却未能与这种商业文化相结合，产生充满活力的重商文化，反而使浙西地区承受了太多儒家思想中中庸保守文化传统的沉重负荷，使人们的思想和行动受到了限制，以至几次与经济腾飞的契机失之交臂。

现代社会中，区域传统文化对经济发展之所以重要，是因为现代工业社会与传统农业经济对人力资源的要求具有本质上的差别。一般来说，传统的小农经济要求的是那种“日出而作，日落而息”的农民，只要做到循规蹈矩就行；而现代工业社会要求的是具有创新意识的人力资本和企业家，没有创新意识要想在市场竞争中立足简直是不可能的。

美国经济学家英格尔曾经尖锐地指出：“当今任何一个国家，如果它的国民不经历这样一个心理上和人格上向现代性的转变，仅仅依赖外国的援助、先进技术和民主制度的引进，都不能成功地使其从一个落后国家跨入自身拥有持续发展能力的现代化国家的行列。”

浙商其实是中国最富文化底蕴、最具文化涵养的一个经商创业群体。虽然浙江商人（特别是第一代）文化水平不高，但他们本身所形成的那种气质、修养、理念却让你刮目相看。从他们身上，从他们的言谈举止和经商思路以及制订的宏图大略中，你定能感受和发现他们与众不同的文化背景。文化，已经如影随形，成为浙江商人的一种共性，同时，也是研究和解读浙商不得不着重了解的因素。

浙商对文化的传承很有特色、很有个性。浙商是最能打破文化传统，扬弃文化糟粕的一群商人。他们敢于反传统。因为在中国的传统文化里，对中庸之道是推崇备至的，万事讲究中庸，不冒进，不冒尖，不“冒天下之大不韪”。然而，浙商恰恰相反，很多时候就是敢“冒天下之大不韪”，敢为天下先。对文化的传承也是如此，从尊文化到反文化。当然，这并不矛盾，浙商的这种打破和扬弃，本身就是一种“以文蕴商，以商养文”的文化表现。文化和商业一样，在一定历史阶段和空间范围里，总是要推陈出新的。分析浙江商帮的发展路径，从宁波帮、龙游帮到改革开放以后的新浙商，梳理浙江商帮的形成机理，就能清晰地感受到其背后的文化基因和基于这个基因而形成的作为支撑的传统文化。商帮是商家为谋求利益组织而成的聚合体，它植根于当地共同的商业气质和文化脉络中。商帮文化是商帮这个特定群体所形成的一种文化现象，主要包括特有的商业理念、思维方式、行为风格、经商习俗、从商策略等等。浙商，受浙东文化影响较大，重“经世致用”，强调个性、个体、能力，善于吃苦耐劳，有着强烈的事业心。最典型的是温州商人，温州的原始积累靠的是勤奋吃苦，敢为天下先，在体制和意识形态的边缘完成了资本积聚，并逐渐从分散的家庭作坊过渡到现代私营企业。

曾经辉煌500年的晋商、徽商最终走向衰落，龙游商帮也退出了历史舞台，而传统的宁波帮则一脉相承，并以崭新的形象纳入“新浙商”系列，重铸辉煌。为什么？

其实，最根本的原因是看他们有没有与时俱进，是不是创造性地前进。当资本主义商品经济登陆中国时，由于外国经济势力的侵入以及中国缓慢地迈开近现代步伐，晋商因为固守传统而日渐式微，没能与时俱进，因而错失良机。

徽商，与一门心思做生意的晋商相比，追逐财富只是手段，做官求功名才是归宿。从乾隆初年到嘉庆十年的70年间，同样在两淮经营盐业，徽商子弟有265人通过科举入仕，而晋商仅区区22人。因此，尽管徽商把生意做得很大，却做得三心二意。因此，“官本位”的徽商同样没能实现商业与产业的有机结合而获得新生。

能够海纳百川的龙游商帮最终也因深受儒学影响，内心深处重仕轻商而风光不再。

宁波商帮是中国传统商帮中的后起之秀。形成之初，便显露出它的不凡见识和卓尔不群。鸦片战争后，尤其是民国时期，宁波商帮中新一代商业资本家脱颖而出，把商业与金融业紧密结合起来，从而使宁波商帮以新兴的近代商人群体的姿态跻身于全国著名商帮之列。宁波商帮不仅善于开拓活动地域，还善于因时制宜地开拓经营项目。他们的致富之道非常有特点，也非常实用：以传统行业经营安身立命，以支柱行业经营为依托，以新兴行业经营为方向，往往一家经营数业，互为补充，使自己的商业经营在全国商界中居于优势。

宁波商人头脑活络，思想超前，有胆有识，有抱负有活力，勤于思考，善于学习，有将之勇、帅之谋。所以，宁波商人不但在传统商帮中后来居上，而且在新商帮组成的浙商军团中也独占鳌头。改革开放的号角一吹响，他们便马上踏上了跌宕起伏的创业征程，穿着皱巴巴的西服，戴着拉链领带，操着宁波式的普通话开始走南闯北。

在宁波商帮身上，我们看到了传统文化的创造性传承，他们把传统文化与近代商业文化进行了有效的融合与创新。宁波商帮为什么能够经得起历史的考验，自古至今不间断地发展并能在今天继续谱写新的辉煌，答案也就不言而喻了。

浙商总能在有意无意中，剔除中国传统文化中的陋习和痼疾，打破中国重文轻商的旧观念和旧传统。他们辩证地学习，有选择地继承，对文化的遵循和应用，以及与商业的结合，总是那么并行不悖、把握得当、高屋建瓴。浙商确实很有魄力。这种魄力不仅仅是在商业领域方面，还在于人文和人性方面，而且是浑然一体。他们虽是逐利的商人和创业者，但是他们能活学活用。所以，浙江商人总能成功。

商帮在更迭，但商道却在不断地演绎、传承，并深深地扎根于新生代商人的血脉之中，最终流入到养育我们的土壤里，成了商业精神的重要因子，给后人以无限的启示和滋养，值得后人不断地学习和探索下去。

当然，随着社会经济的高速发展，市场竞争的残酷激烈，商帮的地域性正在逐渐淡化，应该说，现今的商业是“市场不分东西、商人不分南北”，传统被打破，互通互融性更强。商帮不应画地为牢，不宜过分强化“商帮”概念，而要不断丰富与发展“商”的内涵，弱化“帮”的区隔色彩。在今天的中国，商人应有更大的胸襟和气度，要当心陷入血统论。如果一味地以商帮为荣，以商帮自居，往往会因传统文化的枷锁束缚了自己的手脚，于发展有百害而无一利。如果说培养一个贵族需要三代换血，那么，培养一个商业贵族更是如此。因而，各商帮文化之间的融合，培养具有杂交优势的“商业混血儿”，就显得格外迫切。事实上，中国各商帮文化之间，有过一次很好的融合。20 世纪 30 年代，上海的繁荣，就是一个各地商帮文化融合的结果。正是大量来自外地的商人，把上海建设成“冒险家的乐园”。

对中华传统商业文化精髓的继承和发展，是社会进步使然。一股“商业新力量”究竟能否引领新一轮的中国商业“革命”，已成为我们关注的核心和焦点。

文化的力量是无穷的，集智慧、精神、道德为一体的和谐统一的商业文化正在新商帮中创造着神奇。我们有理由相信，过不了多久，世界商业舞台上将拥有更多中国商人的身影，中华古老的商业文明，必将给世界商业文化注入新的活力，并将在世界各个角落开花结果。

在全球化的背景下，我们本着发展经济的精神和态度来研讨区域文化，剖析区域文化与区域经济的内在联系，探讨区域文化的个性，批判地传承区域文化，以促进区域融合，这一做法具有深远的意义。

小知识

千秋商祖范蠡

范蠡，字少伯，春秋战国时期著名的政治家、军事家、思想家，也是经商有术的大实业家，有“一代名相，千秋商祖”之美誉。《史记》载：“范蠡事越王勾践，与勾践深谋二十余年，竟灭吴，报会稽之耻。”后来范蠡以为“大名之下，难以久居”“且勾践为人可与患难，难与同安乐”，遂“弃官经商”“耕于海畔……居无几何，致产数十万”“止于陶……居无何，则致资累巨万”“十九年之中三致千金”“故言富者皆称陶朱公”。

中国古代管理及经营思想是一笔丰厚的文化遗产。范蠡乃商家鼻祖，其经济思想更有可求索之处。解析、归纳范蠡经济思想，主要有以下七个方面。

第一，“农末俱利”。即今日所称“多元相济”或综合经营。古代中国以农业为本，商业及其余各业为末。春秋末期至战国已有改观，认为“以贫求富，农不如工，工不如商”（《史记·货殖列传》），“耕田之利十倍，珠玉之利百倍”（《战国策·秦策》）。无论“居国”还是“居家”，范蠡都不忘农末并举。范蠡“居国”而谏勾践曰：“农伤则草木不辟，病末则货不出”（《越绝书·卷四》），主张农末相得益彰。以此为导向，范蠡从“耕畜”到“煮盐”到“养鱼”到“居货”，可谓农、牧、商诸业结合，多元相济，“致资累巨万”。

第二，“与时逐利”。即把握时机，随时以行。范蠡认为“时不至，不可强生；事不究，不可强成”“从时者犹救火，追亡人也”“得时无怠，时不再来”（《国语·越语下》）。商机转瞬即逝，则要求“能敏捷，犹豫不决，终归无成”，关键时刻应该当机立断，出手迅捷。再如“贵出如粪土，贱取如珠玉”，在他人奇货可居时，范蠡却将货物抛出如粪土，反之收购货物如珠玉而不厌其多，可谓“能知机，售贮随时”，这种放得开、收得拢的大家气派洵属可敬。

第三，“平粜齐物”。即平抑物价。范蠡之后2400年，美国在第二次世界大战后方推行的“平价补贴”政策之实质，仍不出其左右。范蠡经营重视宏观调控，协调了生产与流通两方利益关系。《史记·货殖列传》载：“夫粜，二十病农，就是病末，末病则财不出，农病则草不辟矣。上不过八十，下不减三十，则农末俱利，平粜齐物，关市不乏，治国之道也。”

第四，“积著之理”。即储货诸原则。范蠡主张务必合理贮存货物（质量、品类、时间等各有其要求），以此加速货币周转，从而增加商业利润。范蠡还一再告诫商家“财币欲其行如流水”，意即避免货币资本停息，今人所语“货不停留利自生”便是这个道理。

第五，“待乏之理”。即有备无患，适时获利。“预则立，不预则废”，范蠡则以“预”而著称于世。他倚重自然规律，预谋在先，尔后获得成利。他主张“夏则资皮，冬则资絺，旱则资舟，水则资车，以待乏也”，购贮货物以将来所需而今无需者最为佳，当物价处于波谷时买进，而处于波峰时抛出。

第六，“逐什一之利”。即薄利多销。人称范蠡从商，出不抬价，进不压价，当买即买，当卖即卖。“逐什一之利”而“无息币”，自然加快周转。陶朱公商训称“能办货，置货不苛，饴本便经”，意指进货时价格宽松，出货时稍赚即卖。

第七，“富好行其德”。即超然物外，而非为富不仁。范蠡经商卓尔不群，以济世疏财、皆善天下而为人称道。“十九年之中三致千金，再分散与贫交疏昆弟”，或“尽散其财，以分与知友乡党”，正可谓“富好行其德”。另有史料记载范蠡“宁昂穷汉，不去行贿养贪”，此事于民间广泛流传，彪炳千秋，深得人心。

中国传统十大商帮

1. 晋商学而优则贾

晋商是明清时国内最大的商帮。十大商帮中最早崛起的就是山西商人（晋商与陕西商帮又合称“西商”），绵延繁荣达500年之久（最长），商路踪迹遍布全国和近邻俄罗斯、日本、蒙古等国（最广）。从晋商中产生的金融机构——票号，执晚清中国金融牛耳百余年，号称“汇通天下”（最牛），完全可以与世界著名的威尼斯商人和犹太商人相媲美。

晋商的真正崛起应该是在明代洪武年间，当时为了保证北部边防粮食供应，政府实施了纳粮中盐的“开中制”，山陕商人凭借地理之便迅速崛起。至清乾隆、嘉庆、道光时期已发展到鼎盛，特别是到了清朝中叶，山西商人逐步适应金融汇兑业务的需要，由经营商业向金融业发展。咸同时期，山西票号几乎独占全国的汇兑业务，成为执全国金融牛耳的强大商业金融资本集团，并形成山西北号（票号）南庄（钱庄）两大晋商劲旅。

点评：晋商学而优则贾的理念没有多少文字记载，而是深深隐藏在晋商的心中，融化在他们的血液中。正因为如此，晋商的文化程度相对于其他商帮要高，他们的经营模式也是最先进的，股份制、资本运作等现代经营方式，已经在他们身上萌芽。晋商的成败，可以品出晋商的文化哲理：一个经商世家之所以经久不衰，是因为这些晋商不仅是商人，也是有学识之人，他们言传身教，治商有方，并在家族内形成重教之风。

2. 徽商贾而好儒

徽商与晋商齐名，是中国商界的另一支劲旅。明朝中期，盐业政策由“开中制”向“折色制”转化。所谓“折色制”，即盐商不必再运送粮食等物资到指定的边境地区以领盐引，而是直接用银子来换取盐引。如果说“开中制”成就了山西商帮，那么“折色制”则促进了徽州商帮的兴起。

明清时期徽商控制长江、淮河水运要道，“无徽不成商”开始叫遍天下，道尽了当时徽商势力之旺盛。其商业资本之巨、从贾人数之众、活动区域之广、经营行业之多、经营能力之强，都是其他商帮所无法匹敌的，在中国商界称雄数百年。

徽商与其他商帮的最大不同，就在于“儒”字。徽州是南宋大儒朱熹的故乡，被誉为儒风独茂，因此徽商大多表现“贾而好儒”的特点。与一门心思做生意的晋商相比，追逐财富只是徽商的手段，求功名做官才是其归宿。

到19世纪末，资本主义商品经济登陆中国之时，“官本位”的徽商没有把资金投入实业，实现商业与产业的结合，因此徽商渐趋衰落。

点评：大凡称之为儒商的人，理所当然是一个睿智的人。在他们身上，既有优秀传统文化的烙印，又有和时代发展相适应（或超前）的道德水平与文化素质。他们懂得市场经济的运行规则，有驾驭市场变化的能力。他们集传统文化和现代文化于一身，恪守做人第一、经商第二的准则。商人的务实和精明，加之厚重的历史使命感和责任感，使得他们处处体现着儒家理想人格的魅力。总之，儒商是属于有知识、有道德、有谋略、会赚钱的人。

3．福建商帮亦盗亦商

福建商帮的兴起，一开始就与封建政府的官方朝贡贸易和禁海政策针锋相对。他们通过走私进行商业贸易，具有海盗和商人的双重性格。

内外勾结的贸易方式是福建海商最常见的经商方式，他们广泛联络沿海居民，建立了许多据点，利用据点收购出海货物，囤积国外走私商品，以利销售。他们不仅在海营商，还有许多也是陆地商，水陆两栖，海上贸易也做，陆地贸易也做。明清福建商人，把国内与国外的贸易紧密地结合起来，努力经营，进行多种形式的贸易，从而形成了中国封建社会晚期一个很有影响的地方商帮。

点评：随着封建社会的消亡，福建商帮却在南洋、中国台湾等地区开辟出新的商业场地。福建商帮中的许多商人，正是以自由商人的身份，大无畏地开拓市场，终于在福建商帮这棵枯树上长出了新枝，使福建商帮的商业精神在海外华人和中国台湾地区的福建籍商人身上得到延续。

4．广东商帮内涵丰富

道光十年（1830），英国议会对曾在中国做过商业贸易的英国商人进行一次调查，最后得出的结论是：绝大多数在广州进行贸易的人都一致声称，在广州做生意几乎比世界一切其他地方都更方便、更好做。海外流传着这么一句话：太阳无时不普照粤人社会。

粤商的辉煌时期，还是在近现代。在近代，由于外国经济势力的侵入以及中国缓慢地迈开近现代步伐，晋商、徽商等因为固守传统而日渐式微，而粤商却伴随着近代广东商品流通的扩大、商品经济的发展、海外移民的高潮而崛起，广东商人发迹于东南亚和中国香港、潮汕地区。第二次世界大战期间，广东商人虽然曾一度沉寂，但经过战后若干年的苦斗，又终于在20世纪70年代后崛起于中国南部、香港及东南亚地区。

点评：近代粤商发扬了古代广东商人冒险开拓、独立进取的商业精神，而在参与国际商业贸易的过程中，近代粤商又具有了某种开放的心态。在近代广东商人身上，我们看到了传统文化与近代商业文化的某种有效的结合与融合。而这种文化的发展与融合，也许才是粤商继晋商、徽商衰落之后仍能发展，并进一步成长的原因。

5. 陕西商帮行道多多

在明代的商业界里，山西与陕西商人因对抗徽商及其他商人的需要，常利用邻省之好，互相结合，人们通常把他们合称为“西商”或是“山陕商帮”。西商在明代前期的势力很大，他们从经营盐业中获得了大量的厚利，可惜利益的原因使他们内部开始分化，陕西盐商与山西盐商分道扬镳，最终陕西盐商到四川独立发展，这也为陕西商帮的最终形成奠定了基础。

陕西商帮生财的行道较多，在这一点上他们与江西商帮相似。陕西商帮是一个综合性的商帮，他们对财富的追求与一般商帮相同，尽可能追逐厚利，如果不行，就退而求其次。陕西商帮以盐商最为著名，经营布业、茶业和皮货业也是陕西商帮盈利的重要途径。

点评： 虽然贵为中国十大商帮之一，且民风习俗与山西商帮相近，但在外人看来陕西商帮见识短浅，在各方面都无法与晋帮相比。而对于商业资本的使用上，陕西商人采取的是土财主方式，很少有人投资手工业，这与江南地区商人积极发展手工业的情况形成鲜明的对比。

6. 山东商帮全民经商

山东商帮由山东人组成，自然具有山东人的特点：质朴单纯、豪爽诚实。正因为如此，与别的商帮相比，山东商帮的致富之道显得单纯，直截了当。山东商帮的致富之道，概括起来就是：长途贩卖和坐地经商的商业经营方式，讲求信用的商品道德以及规范的商业行为。同时，山东商帮里面，主要是大官僚、大地主兼大商人，因此大部分是封建性的商人，这也决定了山东商人所走的道路及商业资本的流向是以末致富，以本守之。虽然山东商帮的致富之道，相对其他商帮来说实在是没有什么高明的地方，但他们的这些经验和经营方式非常实在，生意做起来踏实。

点评： 山东人经商，是经济发展好的地区的人要经商，经济发展不好的地区的人也要经商。一个省份的人，经商的动机和条件相差甚多，仿佛是中国十大商帮的综合缩影。这在中国是少见的。

7. 宁波商帮后来居上

宁波商帮是中国商帮中的后起之秀。从它形成之时起，便显露出它的不凡见识和卓尔不群。

宁波商帮，是指宁波府的商人，以血缘姻亲和地缘乡谊为纽带连接而成的商业集团。宁波商人外出经商历史悠久，但大规模经商，并且结成商帮则为时较晚。鸦片战争后，尤其是民国时期，宁波商帮中新一代商业资本家脱颖而出，把商业与金融业紧密结合起来，从而使宁波商帮以新兴的近代商人群体的姿态跻身于全国著名商帮之列。他们所经营的银楼业、药材业、成衣业、海味业以及保险业，也是闻名遐迩。

点评：宁波商帮形成的时间较晚，但其发展势头却非常之快。他们的活动区域不断拓展，最终形成四处营生、商旅遍于天下的局面。宁波商帮不仅善于开拓活动地域，还善于因时制宜地开拓经营项目。他们的致富之道非常有特点，也非常实用：以传统行业经营安身立命，以支柱行业经营为依托，以新兴行业经营为方向，往往一家经营数业，互为补充，使自己的商业经营在全国商界中居于优势地位。

8. 龙游商帮海纳百川

当徽商、晋商在商场争雄之时，冷不防在浙江中西南部崛起一个颇有影响的龙游商帮。历史上所称的龙游商帮，实际上是衢州府商人集团，其中以龙游县商人人数最多，经商手段最为高明，故冠以龙游商帮之名。

在儒学氛围中崛起的龙游商帮，有较高的文化水准。这是其与当时众多商帮的最大区别。这从他们重视的行业（珠宝、书画等）中也可看出来，没有一定的文化水准是无法从事这些行业的。

龙游商帮虽地处偏僻，却有着开放的心态，在观念上也比较新潮。主要表现在两个方面上，即投资上的敢为天下先的精神和海纳百川的肚量。明清时期，许多商人将经营商业所赚得的资金用来购买土地或者经营典当、借贷业，以求有稳定的收入。而龙游商帮敏锐地意识到，要获得更多的利润，必须转向手工业和工矿产业。他们随后将资金果断地投入纸业、矿业的商品生产中，使商业资本转化为产业资本，给当时的封建社会带来了具有雇佣关系的一种新的生产关系。龙游商人不排斥外地商帮对本乡的渗透，并且和他们相处友好，吸收外地商人于己帮，推动了龙游商帮的发展。龙游商帮的形成虽然也是基于血缘地缘关系，本质上具有排他性，但他们却能容纳其他商帮的商人，足见其胸襟之宽大。

点评：龙游商人敢为天下先的精神和海纳百川的肚量，是他们良好的经商心态的反映。他们虽然出自一个偏僻之地，既无官府支持，又无强大的宗族势力作为坚强后盾，但他们却能在强手如林的各大商帮中崛起，自立于商帮之林，可见有其独特的优势。

9. 洞庭商帮善于审时度势

几乎就在龙游商帮兴起的同时，另一个商帮——洞庭商帮在中国的洞庭湖上不知不觉地兴起。

当年范蠡财色尽得，泛舟五湖，引起多少人的艳羡。他经商成功，一定给太湖、洞庭湖流域的人们留下深刻印象。

洞庭商帮在明万历年间才初步形成。审时度势，把握时机，这是聪明的商人的做法，而洞庭商人就是这样聪明的商帮。洞庭商人没有与徽商、晋商在盐业和典当经营上争夺市场，而是扬长避短，稳中求胜，利用洞庭湖得天独厚的经商条件贩运起米粮和丝绸布匹。他们还不断更新观念，开拓经营新局面，向外部世界发展。尤其是鸦片战争后，在作为金融中心的上海，洞庭商人利用自己的钻天之术，开辟了买办业、银行业、钱庄业等金融实体和丝绸、棉纱等实业，在新的历史背景下，从事着不同于以往的商业活动，由此，洞庭商帮产生了一批民族资本家，走上了由商业资本向工业资本发展的道路。

点评：洞庭商人十分讲究具体的经营手段，而这些手段看起来非常符合现代经商的要求。洞庭商人非常注意市场信息，时常预测行情，在经商过程中，洞庭商人会根据市场行情与商品交换的情况变化而改变自己的经营策略，不拘于成见，只要有利就行。洞庭商人还会根据当地实际情况，比如商人资金和民风特点，因地制宜地采取独特的经营方式。

10. 江西商帮讲究贾德

江西商人绝大多数是因家境所迫而负贩经商的，因此，小本经营、借贷起家成为他们的特点。他们的经商活动一般是以贩卖本地土特产品为起点，而正是江西商人这些独特的背景，使其具有资本分散、小商小贾众多的特点。除少数行业如瓷业比较出众外，其他行业与徽商、晋商等商帮相比经营规模就相形见绌了，商业资本的积累也极为有限。当代著名作家沈从文在他的作品中，曾经这样描述江西布商：一个包袱一把伞，跑到湖南当老板。另外，江西商人浓厚的传统观念、小农意识也影响到他们的资本投向，只求广度，不求深度。所以，尽管江西商人人数众多，涉及的行业甚广、经营灵活，但往往在竞争中容易丧失市场。

点评：江西商人讲究贾德，注重诚信是江西人质朴、做事认真的性格的一个外在反映，也是江西人头脑中中国传统儒家思想的自然流露。江西商人还善于揣摩消费者心理，以迎合不同顾主的要求。总之，以销售掉手中的商品和捕捉商机为原则，这是江西商人发财致富的经验总结。

第三章

浙商的典范

本章的教学目标和要求

1. 了解具有代表性的浙江名企。
2. 学习浙商的奋斗精神。
3. 学习浙商的成功之道。

思考题

1. 简要分析胡雪岩的生意经。
2. 阿里巴巴何以“芝麻开门”?
3. 简要分析方太的企业文化。

浙商人数众多，每一个浙商身上都有着丰富的故事和经历，都有着自己的成功和失败。限于篇幅，我们无法对众多浙商做一一介绍，只能选择其中的一部分代表人物来展示他们的从商故事。

这些代表人物分成两类：一是张小泉、胡雪岩等传统浙商，二是宗庆后、马云等现代浙商。

第一节　传统名商

一、张小泉及张小泉剪刀

（一）发展历程

据相关史料记载，明以前杭州的剪刀制作工艺并不发达。那时杭州的民间用剪，大多是从安徽南部贩运过来的。明万历年间，曾在安徽芜湖拜师学得一手制作剪刀好手艺的张思家（徽州黟县会昌乡人）与儿子张小泉在黟县开设了一家名为“张大隆”的剪刀铺，前店后家。

明崇祯年间，张小泉抱着闯世界的想法，带领儿子张近高来到杭州，在城隍山（今吴山）北麓大井巷新开设了一家“张大隆”剪刀铺。在杭州，张小泉潜心于工艺革新，他借鉴龙泉宝剑的铸造工艺，选用浙南龙泉、云和的优质钢嵌于剪刀刃口，创造了独树一帜的嵌钢制剪技术，并且专用江苏镇江特产的泥砖磨剪开刃。利用新工艺精制的剪刀，刀口锋利、开闭自如、经久耐用，各地客商用起来得心应手，因此深受欢迎，很快成为畅销的名牌产品。产品出名以后，其他人见制剪有利可图，也纷纷开设剪刀铺，并打出“张大隆”招牌以招徕顾客，一时之间真假难辨。清康熙二年（1663），张小泉毅然将“张大隆”招牌改用自己的名字“张小泉”。“张小泉”品牌成名的历史，由此开始。然而，更名后仿效冒牌者依然众多。

张小泉辞世后，他的儿子张近高继承父业。他恪守“良钢精做”的祖训，并在招牌“张小泉”三字之下加上了“近记”字样以示真传。近高之后，其子张树庭继业。乾隆四十六年（1781），乾隆皇帝钦点“张小泉”剪刀为“贡品”，并御笔亲题“张小泉”三字，赐予张小泉近记剪刀铺。张树庭立即勒石刻碑，恭立于店内。从此，“张小泉”品牌更是享誉全国。

此后，“张小泉”剪刀品牌代代相传，“张小泉”三字几乎成了剪刀的代名词。经过几代张氏传人的发展积累，张小泉剪刀的名声越来越大。范祖述在其《杭俗遗风》中提到了杭州的手工业小商品——“五杭”，即杭剪、杭扇、杭线、杭粉、杭烟。其中扇、线、粉、烟都形成了相应的市场竞争格局，只有“剪刀店则唯张小泉一家而已”。可见，张小泉剪刀在当时杭州著名手工业产品中已经占据了一席之地。据说，当时邻近地区如嘉兴、湖州、绍兴等地的香客或商人但凡来到杭州，都会将张小泉剪刀当作特产采购并运回本地使用或转售。

由于生意兴隆，利润较为丰厚，张小泉剪刀假冒现象愈演愈烈。当时，吴山脚下大井巷、清河坊一代冠以张小泉名的剪刀铺众多，有“老张小泉”“真张小泉”，或在“张小泉”三字下加上“琴记”“井记”“谨记”等，诳称百年老字号。当时，由于传人张永年年纪尚小，店铺由其母亲孙氏掌管，孙氏为了维护张小泉品牌的声誉，曾于光绪十六年（1890）向钱塘县正堂哭诉饱受侵权之苦。官府于是批准在招牌上加上“泉近”二字，并下令“永禁冒用”。宣统三年（1911），张永年以“海云浴日”商标注册（商标上仍加“泉近”字样）。但是同音异字的招牌很快又出现在市场上。张小泉传人对维护品牌做出的这些努力既是形势所逼，同时也体现了他们对祖传品牌的重视和珍爱。

张小泉传人的悉心经营使张小泉剪刀不仅深得百姓喜爱，还赢得了多项殊荣。它在 1910 年南洋劝业会上赢得银质奖，在 1915 年巴拿马万国博览会上获得二等奖，在 1919 年获当时北洋政府农商部第 68 号褒状。张小泉剪刀随着声誉的远播，其产品在内畅销到江西、安徽、四川等省，在外远销至欧美一带。

但是，由于种种原因，张小泉剪刀店在 20 世纪 20 年代开始走下坡路，只在 1929 年的“西湖博览会”上获得特等奖，此后张小泉剪刀店更是开开停停，到 1949 年 1 月，张氏后人张祖盈将张小泉剪刀店全部产业以 19 根金条的价格卖给了一位名叫徐子耕的商人。张氏产业由此易主（其后又数易其主），但张小泉及其后代却给人们留下了精湛独特的剪刀制作工艺。当时总结出来的 72 道工序，是一代又一代张小泉制剪劳动者的智慧和心血的结晶。其中两个精湛独特的制作工艺历经磨炼被延续并保留了下来，一个是剪刀表面手工刻花工艺，即在锻打民用剪上刻上西湖山水、飞禽走兽，栩栩如生，使剪刀表面的装饰日臻完美；另一个则是张小泉首创的锻制技艺，即在打制剪刀中运用了“嵌钢”工艺，选用好钢材镶嵌在生铁上千锤百炼，制作成剪刀刃口，并采用镇江特产——质地极细的泥砖精心磨制。

1949 年 10 月，新中国的成立为张小泉剪刀品牌的再次崛起提供了新的机遇。为了让“张小泉”这个传统的民族品牌保存下来，从1953年开始，在政府有关部门的组织下，相继成立了五个张小泉制剪生产合作社。为了在社会主义手工业改造运动中更好地保护民族传统手工业技术，1956年毛泽东主席在《加快手工业的社会主义改造》一文中指出：“提醒你们，手工业中许多好东西，不要搞掉了。王麻子、张小泉的刀剪1万年也不要搞掉。我们民族好的东西，搞掉了一定都要来一个恢复，而且要搞得更好一些。”毛泽东主席的指示无疑为张小泉剪刀店的发展起到了保驾护航的作用。同年，张小泉等32家剪刀店实行公私合营，成立了张小泉近记剪刀总厂。1958年6月，又改名张小泉近记剪刀厂，同年8月1日，杭州市政府正式授牌成立地方国营杭州张小泉剪刀厂。历经300年岁月沧桑的张小泉剪刀由此又获得了新生。

新时代的张小泉人提出要告别“一只风箱一把锤、一块磨石一只盆、一把锉刀一条凳”的历史，实现用机器制造剪刀的理想。1959年以来，工厂开始使用各种生产机器，在技术上取得了极大的进步。1962年，工厂开设了第一家门市部。1964年，“张小泉”商标正式获得注册。1965年，张小泉在全国第一次87家剪刀厂质量评比中荣登榜首，次年在河北保定第二次102家剪刀厂评比中再次夺冠……在以后的评比中，张小泉剪刀更是拿下了中国剪刀业唯一的一次“五连冠”。从此，张小泉剪刀无可争议地登上了中国制剪业领头羊的位置，享誉海内外。

然而，接下来的“文化大革命”让张小泉的传统工艺遭到了严重破坏，其招牌和诸多相关文物相继被毁。1976年，“文化大革命”结束后，在时任国务院副总理李先念同志的关怀下，张小泉剪刀厂才恢复了招牌。1978—1979年间，张小泉剪刀厂成立了档案信息中心、测试中心和专门开发刀剪新品的研究所，成为工厂的“三大秘密武器”。1979年，张小泉剪刀厂被评为全国先进企业，并获得国家优质产品银质奖；1989年，荣获首届北京国际博览会金奖。其产品销往60多个国家和地区，而张小泉剪刀厂成为我国制剪行业唯一一家国家二级企业。1997年，“张小泉”被评定为中国驰名商标称号。2000年12月，杭州张小泉集团有限公司宣布成立，企业通过转制，向现代企业制度迈出了关键的一步。

新世纪以来，许多百年老字号品牌面对激烈的市场竞争显得力不从心，纷纷败下阵来。2003年，与张小泉剪刀走过300多个年头的竞争对手——王麻子剪刀厂宣布破产，这对中国传统制剪业产生了巨大影响。张小泉剪刀厂在此关键时刻不负众望，支撑起了中国制剪行业的天下。2002年，张小泉剪刀获得了世界原产地注册保护。2006年，张小泉首创的锻制技艺项目入围第一批国家非物质文化遗产名录。如今，张小泉公司相关负责人透露他们有了新的梦想——一个超越德国“双立人”的梦想……300多年的辛酸和沧桑赋予了张小泉人千锤百炼的坚韧与刚强。2018年8月，杭州老字号张小泉即将迎来390岁的生日。2018年上半年，张小泉公司的外贸订单总额已经是2016年全年的10倍。平均下来，单月的订单比2016年的都要多。接下来，张小泉的计划是在产品上做进一步的提升，研发更出众的产品，真正与国际一流品牌比肩。

（二）张小泉剪刀铸就百年辉煌的原因

通过对张小泉剪刀发展历程的追溯，我们不禁要问，张小泉剪刀何以领跑中国制剪业达300多年之久？毋庸置疑，答案有两个。一是技术层面要归功于张小泉及其后人对工艺孜孜不倦的追求，一把看似简单的张小泉剪刀，实际上制作过程非常复杂。但是一代代“张小泉”的制剪者并没有因此放弃先辈的手艺，他们不仅继承了祖传的手艺，并在此基础上不断革新、改良。从早期张小泉首创的锻制技术，发展到更为先进的锻造和热处理技术、镀镍技术、表面刻花技术，进而过渡到采用自动化生产流水线的机械化生产。起初的张小泉制剪72道工序随着技艺革新这一过程逐渐缩减至24道，而如今生产工序最少的只需9道。对制剪技术的精益求精，无疑是张小泉人与时俱进、锐意进取的体现，更是其长盛不衰的一大法宝。二是非技术层面应当归功于其生产方式、品牌建设等因素。

第一，顺应市场需求，适时更新生产方式。张小泉创业之初采取的是独立的手工业生产经营方式，注重提高内部的生产管理水平；但随着资本主义的萌芽与发展，张氏传人开始意识到新的资本主义生产方式的先进性，于是开始采用资本主义性质的雇佣劳动方式来降低成本、提高利润；到了新中国成立，尤其是改革开放以后，张小泉剪刀逐渐建立了现代企业制度，使企业适应社会主义市场经济的发展。由此可见，张小泉剪刀生产方式的更新始终是以市场为导向，并通过采取符合市场的生产方式来为自己注入新的发展活力，这种与时俱进的态度无疑是张小泉剪刀成就辉煌的重要原因之一。

第二，重视品牌建设。良好的品牌效应无疑是张小泉剪刀制胜市场的又一法宝。从张小泉剪刀的发展历程，可以看出张小泉人一贯具有的品牌培育和维护意识。张小泉剪刀创建初始就饱受冒牌之苦，为了保护自己的招牌，张小泉人先后采取过更换招牌、诉诸衙门、申请商标等措施。到了近代，张小泉人继续着品牌维护活动，其中与上海张小泉剪刀总店多年的官司纠纷充分体现了张小泉人维护品牌和知识产权的决心与信念。在做好品牌维护的同时，张小泉剪刀也不忘为自己的产品做好宣传推广工作。据相关史料记载，张小泉剪刀店早在清同治年间，就已使用粘贴广告的方式来宣传自己的产品及进行相关促销活动；如今，张小泉剪刀更是通过企业内外各种渠道来进行广告宣传，例如张小泉集团有限公司创办了自己的报纸（《张小泉报》），开辟了自己的网站，在报纸、杂志等媒体上做广告等。与此同时，张小泉剪刀非常注重品牌文化内涵，并在品牌文化建设方面做了一系列努力。例如于1993年在公司内成立了中国第一家剪刀博物馆；2000年为西博会制造剪彩剪——“张小泉龙凤金剪”；2006年以张小泉锻制技艺项目申报中国第一批国家非物质文化遗产名录推荐项目，并成功入围；等等。

可见，张小泉剪刀之所以能铸就300多年的辉煌，固然与其不断完善的工艺技术密不可分，但同时还在于它能始终紧跟时代的步伐，不断更新生产方式，大力开展品牌建设。

二、都锦生与都锦生丝织厂

（一）发展历程

都锦生，字鲁滨，1897年生，世居杭州茅家埠。都锦生1917年考入浙江省公立甲种工业学校（浙江大学工学部前身）织机科，由于其聪颖好学，成绩优异，1919年毕业后学校将其留任当副管理员，任乙种工业（艺徒班）教习。都锦生通过执教实践，掌握了从设计到制造丝织工艺的全过程。

小时候的都锦生经常牧羊于湖畔、山间，爱好自然风光。他时常想，如果能将西湖美景像绘画一样织入绸缎，成为一幅幅美丽的风景画，该有多好。于是他在教学之余，开始了大胆的尝试，用丝织成风景、人物。虽说用丝织风景、人物同织一般的绸缎一样在基本原理上没有太大的区别，但在织锦技术上却是一种独特的复杂过程，非一般图案性花纹所能比拟。如果按一般制造绸缎规范去做，则根本无法把景色如实表达出来。经过半年多反复的研究和试验，都锦生终于找到一种33个层面的画法，画出了一张较为理想的意匠图，达到了细致、生动、逼真和富有立体感的效果。意匠图可谓是丝织工艺的第一步，接下来就需要根据意匠图来轧花版。在这道工序上同样也遇到了一些问题，经过都锦生的不断研究和改进，才把全部所需的几百张花版完成了。准备工作完成后，都锦生亲自动手织出了中国第一幅5英寸宽、7英寸长的丝织西湖名景《九溪十八涧》图。清澈流水、曲折小道、片片白云，无不跃然于丝织的经纬之间，观看的人赞不绝口，都锦生也欣喜异常。这项发明，在我国丝织技术上实现了巨大的突破，展示了广阔的前景。

丝织风景画试制成功，使都锦生萌生了自己开办织造厂的念头，并得到了家人的支持。他的妻子宋剑虹从湖州女子中学辞职回家，与丈夫一起投身新的事业；都锦生的母亲对儿子办厂的想法予以支持和鼓励，还将积蓄多年的私房钱拿出来资助儿子的事业；父亲则专门腾出一间房子给他使用。1922年，都锦生购进一台手拉织机，雇请拉机师、轧花工各一名，在茅家埠的家门口挂上了“都锦生丝织厂”的招牌，正式开机织造。茅家埠是西湖游客必经之地，都锦生在家门口挂出样品，招揽游客。由于织品价廉物美，受到了游客们的青睐。他还在西湖景区委托一些酒店、旅馆以及船夫代为推销其织品，并按成交价的10%作为酬劳（远高于当时推销绸缎3%的佣金）；他自己也经常到各家商店、饭店挨门兜售。

1923年，都锦生辞去学校的教职，专心致力于丝织风景画的研究与丝织厂的管理，规模也随之慢慢扩大。1925年，他向银行贷款2000元，以土地做抵押，建起了一座新厂房，陆续购置手拉机百台，并聘请相关管理人员，形成了一个粗具规模的近代丝织企业。

但都锦生并不以黑白丝织风景畅销为满足，又开始研究五彩织物。经过反复琢磨，终于织造出第一幅五彩丝织花卉——蜻蜓荷叶。所谓五彩，并非都用五种颜色，少则三彩，多则七彩。五彩丝织工艺比黑白织锦无疑又前进了一步。

1926年，都锦生精选多件彩色丝织人物和西湖风景画，参加美国费城国际博览会，荣获金质奖章，引起轰动。其中一幅唐伯虎名画《宫妃夜游图》更是获得了“东方文明的美妙珍品”“东方艺术之花”的美名。此后，都锦生丝织品名扬海内外，都锦生则因势利导迅速扩大业务，先后在上海、南京、汉口、北平、广州、香港等大城市开设了13个商铺，产品还远销东南亚和欧美。

1928—1931年，都锦生为了学习借鉴外国的先进技术和理念，走出国门，东渡扶桑，南下吕宋，锐意进取，不断创新。在绸伞、领带缎、内衣料、织锦旗袍料、棉织画等方面开发出数百种不同规格的产品。然而，就在工厂兴盛之际，一场始料不及的空前大灾难降临了。

1931年，“九一八”事变爆发，东北沦陷，占都锦生丝织厂营业总额一半的东北市场丧失。都锦生对日本的侵略行径义愤填膺，和职工一起在工厂围墙外面贴出“宁为玉碎，不为瓦全”“愿做刀下鬼，勿做亡国奴”“抵制日货，可致日本鬼子的死路”等抗日标语，以表达自己抗日的坚强决心。与此同时，都锦生带头抵制日货，停止采用日本人造丝，选择价格更为昂贵的意大利和法国的人造丝。1932年，日本又在上海发动了“一·二八”事变，都锦生在上海的闸北分厂遭难，损失惨重，被迫停业。那年都锦生先后关闭了北平、香港两个商铺，虽然广州和上海商铺的营业状况甚好，但东北的重创仍让都锦生无法挽回大势。

1934年，西藏活佛班禅九世到杭州举办第六次“时轮金刚法会”期间，曾前往都锦生丝织厂参观。班禅对其织品赞不绝口，尤其对孙中山先生、罗斯福总统和泰国国王的丝织肖像爱不释手。他当场订制了18幅各世班禅的丝织像，这些班禅肖像原画出自西藏艺术大师之手，每幅都以各世活佛为主，四周围绕着光怪陆离的海兽妖魔，构成神奇般的仙境。这些画后经都锦生等人的精心设计和制作，得以在丝织品上重现，辉煌灿烂，光彩夺目，达到极高的工艺水平，成为都锦生丝织品中的精品。

然而在战火纷飞的年代，人们似乎无暇欣赏美妙的丝织品，从1934年起，都锦生每年都得向银行贷款数次借以周转。1937年8月，杭州遭到日军的狂轰滥炸，都锦生的工厂被迫全部停产。都锦生预感形势危急，就将12台手拉机迁移至上海法租界继续维持小规模生产。12月，杭州沦陷，日寇进城后，到处杀人放火抢掠。在杭州，都锦生是个有声望的商人，并且曾经到过日本，日本人因此希望他出任杭州伪政府科长，并登报公布，都锦生闻讯后气愤至极，举家避居上海。日军因其不肯效劳，就将都锦生在杭州的家洗劫一空。到上海后，都锦生以为租界内日本人不敢胡作非为，就借了4万元租地建屋，同时千方百计从杭州迁出20台手拉机，艰难地维持生产。可惜没过多久，上海的形势也恶化了，市场混乱，物价飞涨，丝织品开始滞销，都锦生面临的困难日甚一日。1939年，日军又用一枚燃烧弹焚毁了都锦生在杭州艮山门的厂房和全部设备，大火烧了一天一夜，都锦生闻讯后极为悲愤、肝胆俱裂。至此，都锦生丝织厂在各地的门市部除上海外全部被日军摧毁。面对半生心血毁于一旦，都锦生决意“精忠报国”。当时有人劝都锦生向银行贷款囤积生丝，但他断然拒绝，矢志不发国难财。

1941年，太平洋战争爆发，上海租界也被日军占领，都锦生丝织业难以维系，不得不全部停业。面对国仇家恨，都锦生忧心如焚、痛苦不堪。1943年5月，都锦生患脑溢血去世，享年46岁。

都锦生辞世后，他苦心经营的事业由他的内弟宋永基支撑下来。新中国成立后，在国家和政府的支持、帮助下，都锦生丝织厂如枯木逢春，欣欣向荣。都锦生继承人也发扬了都锦生先生创新、谨慎的作风，使都锦生丝织厂发展成为我国规模最大的丝织生产基地。目前生产的以像景织锦、装饰织锦、服用织锦为代表的花色品种已达1640余种，行销80多个国家和地区。1979年、1982年、1984年多次荣获国家金质奖、银质奖。都锦生丝织厂也于1990年被国家内贸部命名为“中华老字号”。

都锦生织锦是杭州丝绸的代表，以织工精致、色彩瑰丽、富于民族特色而闻名海内外，被列为中国名锦之一。1997年，都锦生织锦博物馆成立，该馆记载了都锦生织锦及都锦生丝织厂跌宕起伏的前世今生。2003年，在西湖综合保护工程中，都锦生故居得到了全面的修复，并开辟了名人故居纪念馆。《苏堤春晓》《西湖全图》《灵隐雪景》《颐和园全景》等一幅幅著名的风景织锦，似乎重现了20世纪都锦生为振兴民族工业所付出的心血。2005年，都锦生织锦被浙江省人民政府列入第一批浙江省非物质文化遗产代表作名录。

（二）都锦生的成功之道

一个品牌之所以有恒久的生命力，乃源于市场的需求和大众的喜爱。都锦生独辟蹊径，开创了艺术品产业化、日用品艺术化的创新之路，成功地在传统文化与现代产业、高雅艺术与大众需求之间寻找到了最佳结合点。

早在20世纪20年代，正值都锦生丝织厂声誉鹊起之时，都锦生就察觉到厂里的产品都属高档装饰品，与普通百姓的生活需求尚有一定距离，于是便想从日用品方面闯出一条新路，开始织造内衣布、翻领衫、内裤等日常生活用品。1928年至1929年，都锦生为开阔眼界，东渡日本考察，他看到日本的遮阳伞非常新颖，随即订购了一些伞钢骨带回国研究。起初，他采用法国织造的乔其纱做伞面料，但由于这种伞面只能遮挡太阳，不能防水，且价格高，而致销路不畅。随后他又以真丝织成经纬密度极高的伞面料，制成晴雨两用伞，但仍因价高而滞销。几经周折后，都锦生最终研发出一种竹骨遮阳伞。这种伞将竹子劈开，做成伞骨，再使用特殊工艺将喷以西湖美景的绸面粘在竹骨上，制成绸伞。这种绸伞名为“和平伞”，具有浓厚的乡土气息，每把仅售3元钱，一经问世就深受欢迎。与此同时，他还开发了手袋、扇子等产品。它们既是大众化实用的日常消费品，又是极具观赏价值的艺术品，深受国内外大众的喜爱。

但是，都锦生并未以此为满足，为了学习国外先进的织锦技术和管理理念，除日本外，他还远赴欧美各国考察，试图为传统工艺注入现代因子，达到源于传统又超越传统、卓然一家的水平。都锦生视野开阔，他对外国企业的经营之道向来有着浓厚的兴趣。早在新厂成立不久，他就注重企业管理，并大胆引进了美国企业的现代管理制度，对技术人员实现分级管理，有效地激发了技术人员的创造性和积极性。从日本回国后，都锦生对日本综合利用蚕蛹、对丝织产品深加工的做法感慨万分。1930年，他又开始研究法国棉织业的先进技术，带回大量法国棉织风景画；并以此为蓝本，研制出以突出油画质感为特质的新产品。都锦生同时还重金聘请留学生共同开发新产品；引进法国、日本、意大利、丹麦等国的新式机器，进口英国、意大利、日本等国的原料，以降低生产成本，提高生产效率和产品质量。在借鉴西方先进技术的基础上，都锦生生产出了《北海白塔》《西湖风景》等四幅油画感极强的棉织产品。现代技术与传统工艺的完美结合，不仅让都锦生自己的企业得以发展，也为中国民族工业的发展找到了新的路径。

三、胡雪岩与胡庆余堂

（一）发展历程

胡雪岩——晚清时期富可敌国、名震天下的商业领袖。他是胡庆余堂的创始人，被称为“一代巨贾”“红顶商人”。胡雪岩以其独特的风格昂扬人生60年，给后人留下了无限的遐思。

胡雪岩，本名胡光墉，字雪岩，1823年出生于安徽绩溪，卒于1885年。年幼时因父丧家贫，从小便在浙江杭州谋生，所以有很多人说他是杭州人。清时，徽州（今安徽歙县）一带在杭州经商做买卖的人特别多，杭州人称之为“徽州朝奉”。胡雪岩幼时家贫，无钱读书，很小就在杭州城里的一家钱庄做事。胡精明能干，又喜欢结识各方面人物，深得店主信任。有一次，他在吴山遇到一位落魄的士子。这位士子由祖上为其买了一个候补知县的虚衔，但他却没有财力上京活动以谋求一实职。胡雪岩见此人忠实谦恭，好学聪明，决心助其一臂之力。有一次，胡雪岩催得一笔欠款回来，即将银两交付此人，自己谎称债务人没有偿还而瞒过了店主。此人即是后来从知县一直做到浙江巡抚的王有龄。在王有龄的支持下，胡雪岩很快自开了阜康钱庄。由于他善于经营，加上有地方官府势力的捧场与支持，10余年间，阜康钱庄支店遍布全国29处，胡雪岩也成为拥有良田万亩、白银2000万两的东南首富。

1861年，太平军围攻浙江，王有龄命胡雪岩携带巨款购买粮食，以供军需。胡雪岩运粮归来，杭州已被太平军合围。胡雪岩粮船进城不得，遂将粮食全部献给在浙江和太平军作战的湘军左宗棠部，从此得到左宗棠的信任和提拔。1864年左宗棠克复杭州，令胡雪岩“主持善后诸事，设粥厂、难民局，设‘义烈’遗阡，继而设善堂、义塾、医局，修复名胜寺院，凡养生送死、服财恤穷之政，无不备举”，遂使胡雪岩成为当时最有知名度的一方士绅。

胡雪岩不仅头脑灵活，而且富有远见。左宗棠任闽浙总督期间，许多洋务皆出于胡雪岩的建议。1866年，左宗棠决心创办福建船政局，就是采纳了胡雪岩的献策。从建厂择地、谈判签约，到购买进口轮机，“凡一切工料及延洋匠、雇华工、开艺局等船局事务”，也“均由胡一手经理”。左宗棠在上海办军装局，在兰州办甘肃织呢总局，在肃州（今甘肃酒泉）开采金矿，在甘肃平凉开发泾河，这些企业所用机器均由胡雪岩向德商泰来洋行购买，外国技术人员也是由胡雪岩邀请来的。左宗棠兴办洋务企业，胡雪岩功劳不小。左宗棠西调陕甘，镇压陕、甘回民起义，平定新疆阿古柏叛乱，仍由胡雪岩主持东南补给线，负责上海转运局，兼照看福州船政局。胡雪岩积极设法为左宗棠部筹集军饷、购运新式武器，对左宗棠迅速平定阿古柏叛乱，赶走插手新疆事务的英俄两国军队起了决定性的作用。光绪四年（1878），新疆平定，左宗棠回京上奏皇上，称赞胡雪岩主持后方补给，“援其功绩，实与前敌将领无殊”。经左宗棠的保举，胡雪岩被晋升为一品顶戴，甚至破格奖赏穿黄马褂，成为显赫一时的红顶商人。

19世纪70年代，是胡雪岩一生事业的全盛时期，他一面辅佐左宗棠襄理军需，一面大力经营丝、茶、鸦片等贸易活动。同治十三年（1874），他开始创办胡庆余堂（雪记）国药店。最早在涌金门内设厂制胶，同时在大井巷买地盖房。光绪四年（1878），大井巷店屋落成，正式迁入此处营业。胡雪岩一边筹建店堂，一边聘请江浙名医以宋代皇家药典——《太平惠民和剂局方》为基础，收集整理各种古方、验方、秘方，应验有效的九散膏丹、胶油酒露共计432种，编印成《胡庆余堂雪记九散全集》，分送各界，并将研制成的辟瘟丹、诸葛行军散等中成药，派人在各水陆码头免费赠送，以广为宣传，大得现今商业广告之真谛。相传大井巷店堂开张之日，胡雪岩头戴花翎，胸挂朝珠，亲自在店堂内接客、处理事务。胡庆余堂的创立和发展，是胡雪岩的一大贡献，在我国医药发展历史上留下了不可磨灭的印迹。

光绪九年（1883），胡雪岩因反对洋商对中国农民的残酷剥削，和外国洋行展开了一场激烈的对抗。胡雪岩以相对高于洋行的价格全部收进了杭嘉湖一带的蚕茧，造成现金紧张，周转不灵。洋商以宁愿停产也不向胡购买蚕茧的方式来对抗。这时，刚好胡雪岩有一笔向外国人借的款子到期，为他担保的上海海关不肯为胡雪岩垫支本息，外商就向胡雪岩逼债，京沪等地在胡雪岩钱庄有存款的官吏听说胡雪岩周转不灵，担心其破产，便竞相提款，引发了全国性的金融风潮。阜康钱庄在北京、上海、宁波、福州、镇江等地的分号全部倒闭，胡雪岩遂陷入破产困境。清廷接到各地的报告，竟不由分说，下令“该号商江西候补道胡光墉，着先行革职，即着左宗棠饬提该员严行追究，勒令将方欠各地公私款项赶紧逐一清理，倘敢延缓不交，即行从严治罪”。经过两年清理，胡雪岩的绝大部分资产做了抵押。这时，左宗棠病逝，胡雪岩进一步失去靠山。清廷又一次下令“一面速将已革道员胡光墉拿交刑部严定拟治罪，一面将胡光墉家属押追着落，扫数完缴”。但不等朝廷的圣旨到，胡雪岩即于光绪十一年（1885）十一月一日在凄凉的境遇中悲惨地死去。

待到钦差前来宣旨，只见桐棺七尺，停放在堂，灵帏垂地，烛光如豆，四周除桌椅板凳等粗家具，已别无他物。胡庆余堂的全部财产和胡雪岩在杭州元宝街的整座花园住宅，抵给了刑部尚书协办大学士文煜。

文家接办胡庆余堂后，继续使用“胡庆余堂雪记”招牌上的“胡”和“雪记”三字，这是后话。

（二）胡雪岩的生意经

“做官要学曾国藩，经商要学胡雪岩”。这句流传民间百年的谚语，深刻道出了胡雪岩这位传奇商人在人们心中的地位。胡雪岩作为一个商业奇才，叱咤晚清商界，他的生意不仅遍布大江南北，还将触角伸到了国外，构筑起了自己的商业帝国。更令人称道的是，他“为富且仁”，乐善好施，做出众多义举，在赢得“胡大善人”的美名、黄马褂加身的同时，亦获得了更多的财富。当然，胡雪岩也并非圣人贤士。他的发迹在很大程度是依靠了当时的朝廷重臣王有龄和左宗棠。但他最后被朝廷抄家摘顶，未得善终，结局悲惨令人扼腕！如今胡雪岩已成为历史，我们所要做的，就是秉持中国人“前车之鉴”的精神，学习他成功的经验，吸取他失败的教训，对于今天那些想在商业界成就一番事业的人来说，胡雪岩的生意经是值得参考和借鉴的。

首先，不拘一格用人才。有才方可谋事，无才无力回天。胡雪岩生意众多，钱庄、药房、典当、丝行、漕运、地产无所不营。胡深谙“一人做不尽天下事”的道理，他每次创立一项新的生意后，从来不亲自去经营，而是选择有能力的人来经营，自己则抽身去拓展新的生意，这就是胡雪岩可以在生意场上左右逢源的秘诀之一。胡雪岩麾下人才济济，精英荟萃，如此多的优秀人才之所以能汇集于胡雪岩的门下，是因为胡雪岩拥有一套用人的绝招：一方面他不拘一格选用人才，以利激人，以情动人，发挥每一个人才的最大作用；另一方面他善于用人之所长，分工放权，鼓励下属大胆决策，精心扶植，栽培良才。正是这些各行各业的人才，为胡雪岩创造了巨大的财富。以古为镜，对于现代企业的管理，领导者能否选好人、用好人，最大限度地调动人的积极性、创造性和主观能动性，使管理团队形成合力同样十分重要。

其次，以诚为本，以信立人。诚信是中华民族的传统美德，是古代商人经营活动中严格遵循的一个信条，胡雪岩在这方面是个大行家。清朝末期，兵荒马乱，灾害频繁，瘟疫流行，伤病者不计其数，这让胡雪岩萌发了开设药房的想法。1874 年，他下定决心建造了胡庆余堂，自产自销各种中成药和草药，胡雪岩深知医药直接关系病患的性命，是容不得半点虚假的。因此，在胡庆余堂创建之初，便广邀著名医师收集古方良帖，筛选出 400 多种验方，用于制作成药。胡雪岩亲自写就“戒欺”“真不二价”两块匾额挂于店中，告诫店员：“凡百贸易均着不得欺字，药业关系性命，尤为万不可欺，余存心济世，誓不以劣品弋取获利，惟愿诸君心余之心，采办务真，修制务精，不致欺予以欺世人，是则造福冥冥……”正是胡雪岩“以诚为本，以信立人”的经营之道，使得胡庆余堂打响了金字招牌，同时也为胡雪岩本人赢得了可观的利润和百年的声誉。这也印证了我们今天反复讲的企业发展中的社会效益和经济效益互相促进的辩证关系。

最后，具备独到的眼光。胡雪岩是一个独具慧眼的商人，他认为一个人的眼光看得到一个省，就能做一个省的生意；看得到天下，就能做天下的生意；看得到国内外，就能做全世界的生意。18、19 世纪西方纺织工业迅速发展，对于生丝的需求日益增大，江南的生丝在其中占据举足轻重的地位。胡雪岩看到了其中的巨大商机，看到了赚取洋人银子的绝好机会。为了赚取尽可能多的利润，胡雪岩在生丝生意开始后，往返于杭州、湖州、上海三地，派人去各地收买生丝，江浙各州县无一遗漏，胡雪岩在控制丝行、控制市场、垄断价格上动足了脑筋，实现了对于生丝统一收购、统一外销的新生丝贸易方式，拿到了生丝出口定价的话语权。胡雪岩的第一笔生丝贸易，即从洋商手中赚到了 18 万两白银。经过多年的努力，生丝贸易成为胡雪岩仅次于钱庄、典当的第三个重要的商业领域。胡雪岩的成功之处就在于，他眼光独到，审时度势，准确地把握了市场的方向。同样地，在现今的商业社会中，如何通过敏锐的眼光在第一时间发现存在的商业机会，将决定你能否领先一步把握转瞬即逝的商机。

胡雪岩行商处事之道确实给我们带来了很多启示和帮助，但成功的背后也有其局限性，这是和当时封建专制的背景分不开的。在那样的环境下，商人无法成为一个真正意义上的独立阶级，只能成为官僚的依附者，当时的社会环境缺乏公平竞争的基础。现在，随着改革的深入和法律的健全，市场竞争朝着公平、公正、公开的方向发展，任何不正当竞争手段都将受到鄙视和法律的惩罚。因此，学习胡雪岩要取其精华，去其糟粕，将其真正的经营智慧为自己所用，推进自己的事业不断向前。

第二节 现代浙商

一、宗庆后和娃哈哈

（一）基本概况

杭州娃哈哈集团有限公司成立于1987年，前身为杭州市上城区校办企业经销部，现已发展成为中国规模最大的饮料企业。在全国29省（市）建有58个基地150余家分公司，总资产300亿元，拥有员工3万人，主要生产含乳饮料、饮用水、碳酸饮料、果汁饮料、茶饮料、保健食品、罐头食品、休闲食品等8大类100多个品种的产品。

2009年中国企业500强榜单上，2008年利润达46亿元的娃哈哈成为最赚钱的浙江企业；宗庆后荣登2009年福布斯中国富豪榜第三名，坐上浙江首富的宝座。2012年67岁的宗庆后及其家族以财富800亿元继2010年后再一次登上中国内地首富的宝座。与2011年相比，宗庆后家族财富增加120亿元，宗庆后家族第二次成为中国首富。同时，宗庆后也是自胡润百富榜开创14年来，第三位能两次登上胡润百富榜榜首的企业家。这样，娃哈哈已经连续10年在资产规模、产量、销售收入、利润、利税等指标上雄居中国食品饮料行业首位，连续10年成为中国饮料业霸主。2015年以103亿美元位列福布斯华人富豪榜第18名。2016年胡润富豪榜发布，宗庆后家族以1120亿元财富，位列第5名。

娃哈哈用战绩彰显着她坚不可撼的行业龙头地位！

公司董事长兼总经理宗庆后因其卓越的领导才能和经营能力，荣获全国劳动模范、“五一劳动奖章”、全国优秀企业家、2002 CCTV中国经济年度人物、优秀中国特色社会主义事业建设者、袁宝华企业管理金奖、中国最具影响力的企业领袖、爱国拥军模范等荣誉，并多少当选全国人大代表。2015年，被聘为浙商总会第一届理事会荣誉会长。

（二）娃哈哈的发展历程

创业伊始。1987 年，娃哈哈前身——杭州市上城区校办企业经销部成立，创始人宗庆后带领两名退休老师，靠着 14 万元借款，靠代销人家的汽水、棒冰及文具纸张赚一分一厘钱起家，开始了创业历程；第二年为别人加工口服液；第三年成立杭州娃哈哈营养食品厂，开发生产以中医食疗“药食同源”理论为指导思想、解决小孩子不愿吃饭问题的娃哈哈儿童营养口服液，“喝了娃哈哈，吃饭就是香”，产品一炮打响，走红全国。1990 年，创业只有 3 年的娃哈哈产值已突破亿元大关，完成了初步原始积累，发生在小学校园里的经济奇迹开始引起社会和各级政府的广泛关注。

历史转折。1991 年，仅有 100 多名员工却有着 6000 多万元银行存款的娃哈哈营养食品厂，以 8000 万元的价格兼并了有 6 万多平方米厂房、2000 多名员工的杭州罐头食品厂，组建成立了杭州娃哈哈集团公司，创下了“小鱼吃大鱼”的奇迹。从此娃哈哈逐步开始步入规模经营之路。

开发西部。1994 年，娃哈哈兼并涪陵三家特困企业，组建了娃哈哈涪陵分公司，以成熟的产品、成熟的技术、成熟的市场，辅以雄厚的资金实力及娃哈哈的品牌优势，使涪陵公司一举打开了局面，产值利税连年快速增长，成为三峡库区最大的对口支援企业之一。此后，娃哈哈再接再厉，在湖北、四川、吉林、沈阳等 26 个省（市）建立了 40 余家控股子公司，均取得了较好的经济效益。外地分公司的产值占到整个集团公司的近一半，不仅成为带动当地经济发展的“火车头”，同时也使娃哈哈集团公司实现了产销两旺，取得了“双赢”。

战略合作。1996 年，公司与位居世界食品饮料业第六位的法国达能集团合作，并坚持合资不合品牌，由中方全权经营管理，一次性引进外资 4500 万美元，先后从德国、美国、意大利、日本等引进大量具有世界先进水平的生产流水线，通过引进资金和技术，发展民族品牌，娃哈哈再次步入了高速发展的快车道。2009 年 9 月，达能公司最终同意将所持有的娃哈哈合资公司 51％的股份出售给中方合资伙伴，长达 10 年之久的“达娃合资”画上了句号，因“达能欲以 40 亿元低价并购娃哈哈”而引发的“达娃之争”也有了最后结果，股权转让价格为 3 亿欧元，大大低于最初达能向娃哈哈提出的至少 12 亿欧元的转让价格。至此，长达 3 年的“达娃之争”以娃哈哈回购股权告终。

挑战“两乐”。1998年，娃哈哈羽翼已丰，具备了与世界大品牌进行竞争的条件，经过精心研制，推出“中国人自己的可乐——娃哈哈非常可乐”，在饮料界主动扛起了向国际大品牌挑战的民族工业大旗。非常可乐异军突起，与可口可乐、百事可乐形成三足鼎立之势，打破了非常可乐推出市场时一些人的“非常可乐，非死不可”“非常可乐，非常可笑”的预言，鼓舞了广大民族品牌参与国际竞争的勇气和信心。

（三）娃哈哈的制胜秘诀

1. 敏锐的市场信息

娃哈哈在多年的发展历程中，始终坚持一切以市场为中心，强调先有市场后有产品的经营理念。20世纪80年代末期，随着人们生活水平的提高，人们的消费观念也从温饱型转向营养保健型，各类营养保健品充斥市场，令人眼花缭乱。然而，娃哈哈公司在经过细致的市场调研后却发现，市面上的30多种营养保健品中唯独没有专供儿童饮用的产品。随后，他们又对杭州市上城区属各学校的4006名小学生的身体状况进行调查，发现营养不良症患者竟高达四成，一个拥有3亿多人口的巨大商机就被娃哈哈人捕捉到了。娃哈哈儿童营养液一面世，便深受欢迎，销量飞涨，产品供不应求，企业也因此走出了建厂之初的困境。尝到了甜头的娃哈哈公司在以后的产品开发中，更是坚决贯彻这一产品源于市场的思想，之后推出的娃哈哈品牌系列产品，多能获得市场的肯定。

娃哈哈公司一方面根据市场需求开发新产品，另一方面对于市场上已经存在并且有发展前途的产品，则采取跟进、提高策略，努力提高技术含量。这样既减少了新产品开发的风险和投入，又使娃哈哈产品更胜一筹，消费者更愿意接受。

2. 独特的营销策略

产品——不断推陈出新。“没有自己的产品，企业的命运就无法掌握在自己手里。”创业之初，宗庆后就意识到原始创新的重要性。娃哈哈紧扣市场脉搏，不断创新，不断推出新产品，在市场竞争中牢牢掌握主动权，其含乳饮料、纯净水、八宝粥三个主导产品的市场占有率连年名列全国同类产品之首。

产品常新，企业常青。从儿童营养液开始，娃哈哈已开发了近百个新产品。其中，娃哈哈儿童营养液被评为“国家星火奖”、娃哈哈非常可乐被评为“2000年度国家级新产品”，营养快线等4个产品获得省科技进步奖，另外还有20多个新产品“填补了国内空白”或“处国内先进水平”，通过了省级鉴定。

渠道——首创联销体。联销体为娃哈哈建立了一个庞大而严密的市场网络。由开始的国有公司为主逐渐发展到有实力的个体经销商参与；由只派少量销售员发展到在各省建立销售分公司；由最初的代销方式发展到以保证金的方式结成联销体，娃哈哈营销网络的建立经历了一个不断发展完善的过程。如今娃哈哈的营销网络已经遍及全国各大城市和广大农村，形成了“农村包围城市”的具有娃哈哈特色的促销格局。

娃哈哈在全国首创的联销体渠道模式为娃哈哈的发展带来稳定的资金保障，也为联销体系内部的战略性合作系上了更牢靠的纽带。

销售——立体促销。娃哈哈采取大规模的立体宣传，形成强大的声势，电视、电台、报纸、杂志，全方位、多角度造成立体包围，使消费者无时无刻不在感受娃哈哈的强大冲击力。同时，各省（市）分公司结合主题开展各类促销活动，例如按照每个月产品的不同特点及销售季节确定每月主攻产品，使全年不同时期、全国不同地区均有娃哈哈的热点出现，保证了销售的不断扩大。

价格——大众价位。娃哈哈在产品推广中，采取快速渗透战略。以低价和促销来推出新产品，扩大市场占有率。娃哈哈所有销量全国第一的产品中，没有一个单瓶零售价超过5元人民币的，这使娃哈哈的产品能够很快赢得消费者欢迎。娃哈哈在产品大规模、低价位战略的运用中，形成了强大的市场威慑力。正是这种市场威慑力使它鲜有竞争对手，可以在某一领域独享其利。

3. 有效的成本控制

娃哈哈的每一个环节，每一个时刻，都始终坚持总成本控制战略。

生产成本控制。“发挥艰苦奋斗、勤俭治厂精神，开展节约一滴水、一度电、一厘钱活动，厉行节约，眼睛向内，苦练内功……”这样的标语随处可见。娃哈哈的成本控制近乎苛刻，始终坚持“二级管理，三级核算”。

配送成本控制。娃哈哈早期就提出了“产地销”战略，即在每个产品的主要销售区域直接设生产分厂，就地就近生产。娃哈哈已有近80个生产基地均匀分布在全国各地。

渠道成本控制。宗庆后在渠道建设上坚持永远不直营，坚持以经销商为中心的“联销体”政策，网罗并培养了大量资金实力雄厚、覆盖和配送能力强大的经销商群体。娃哈哈的渠道成本远远低于同类企业。

市场推广成本控制。娃哈哈的各类广告投放量位居央视所有广告客户的前三位，但这并不影响娃哈哈广告战略前提下的成本控制意识。娃哈哈就是有能力做到在指定时段播放并以最低价成交。

管理成本控制。娃哈哈很早就实施大宗原、辅材料招标政策。全国 150 余家分公司的大宗原材料必须由集团公司统一集中采购，以最大限度获得最优惠价格。

娃哈哈集团是传统行业中的佼佼者，在宗庆后的强势领导下成长为中国饮料行业的龙头老大，得益于掌门人宗庆后长期以来的敏锐市场判断力以及营销执行力。

（四）娃哈哈的代际传承

随着时间的推移，有关宗庆后接班人的问题越来越成为各方关注的焦点，宗庆后的女儿——宗馥莉普遍被视为接手娃哈哈的首要人选。宗馥莉出生于 1982 年，曾在美国主修国际贸易。

在媒体上一直很“神秘”的宗馥莉，从 2011 年下半年开始也有了些新变化，先是在央视财经频道的某档栏目上与父亲宗庆后一起录制了节目，后来在一些关于娃哈哈国际化、产业链上下游的多元化话题上，“宗馥莉”的名字陆续被一些媒体提及。

宗庆后是中年得女，对宗馥莉十分宠爱。从高中开始，她就被送到美国读书，2004 年从美国留学归来后，宗馥莉又在北京某著名高校攻读工商管理。2005 年 3 月起，宗馥莉进入娃哈哈管理层开始“熟悉业务”，如今在娃哈哈内部已身居要职。

娃哈哈内部对这位“掌门千金”的评价是：个性独立，工作努力，“工作狂”的劲头颇有宗式风格。在宗庆后眼里，女儿很勤奋，很负责，也有很多新思路。宗馥莉让公司员工叫她 Kelly 或馥莉，她的名片上不印头衔，但下定论的事“肯定还是我说了算”，举手投足间已被浸染了宗庆后的强势风格。她现在欣赏的人是美国国务卿希拉里·克林顿，因为在她看来，希拉里能成功地平衡好工作和家庭的关系。

尽管父女俩有着相似的强势，但在企业管理上却大为不同，就像两个人的早餐，明显存在“中西差异”。宗庆后喜欢大饼、油条，女儿更习惯牛奶、面包。

父亲比较强势，同时又深谙中国人为人处世的“人情”哲学，在他看来，最好的老板是让员工既怕又爱的。女儿却崇尚制度，认为制度是刚性的，员工理应服从并遵守。父亲对市场极度敏感，他有句名言“娃哈哈没有战略，我不会去考虑八九年之后的事情，只考虑明天的事情”。女儿却认为一个企业不可以没有自己的计划。

除了与父亲在管理方式上有分歧外，宗馥莉更希望改变娃哈哈的文化，改变“娃哈哈等于宗庆后”的文化，她希望“娃哈哈”代表的是一种生活方式，或者是一种很好的理念，应该有它自己的个性，有自己的品牌独特性，而不仅仅是以企业家本身来做宣传。

一贯强势的宗庆后，似乎对女儿的“挑衅”有着特别的“纵容”。“她负责的领域我都不管，放手让她去做。”“纵容”的背后某种程度上是宗庆后的期望，他和娃哈哈需要的不是驯服的职业经理人，而是要有独立思考和判断，勇于承担责任与风险的新一代企业领军人。

娃哈哈的一些新的产业开始由宗馥莉打理，比如童装，饮料生产上游的模具、机械、印刷、香精香料，以及娃哈哈的海外业务等。2010 年 5 月成立的娃哈哈进出口有限公司，承担着娃哈哈集团的进出口、国际化和海外并购任务，由宗馥莉担任总经理。

宗馥莉每次出国都会带回一些跟国外企业家的交流心得，逐渐与父亲宗庆后达成对“国际化”理念的一致看法，娃哈哈开始调整供应商合同，跟研究院校合作进行产品开发与市场调研。

2012 年 9 月，宗馥莉捐赠浙江大学 7000 万元，培养食品行业人才。此外，她还设立了“馥莉慈善基金”，重点捐助贫困大学生与小学生。

作为娃哈哈的传承人，宗馥莉堪称富二代，但她说“富不是我的光荣，我希望人们关注的是我做了什么”。自 2005 年回国以来，宗馥莉全力开拓创新，历经了种种磨砺。她从最基本的饮料生产基地车间现场管理学起，亲自考察投资项目，扩大生产，通过创新的财务管理主线，逐步学会集团化运作。2008 年到 2012 年短短 5 年间，秉承娃哈哈“专注主业”的传统，她又战略性地选择饮料机械磨具、天然食品添加剂、印刷包装等饮料上游产业进行新项目投资，大大提高了娃哈哈在专业领域的核心竞争力。在练好企业内功的前提下，宗馥莉兼任娃哈哈进出口有限公司的总经理，开始了她将娃哈哈品牌“国际化”的征途。进入 2012 年，宗馥莉担任了娃哈哈集团市场督导总监，带领一群年轻人奔赴一线调研市场，同时整顿娃哈哈集团公司各部门组织管理流程，她要为年方 25 周岁的娃哈哈抹上一笔浓重的青春色彩。

2013 年 1 月，宗馥莉以“杭州宏胜饮料集团有限公司总裁”的身份获 2012 年度风云浙商。2017 年 7 月，当选浙江省商会副会长。

二、鲁冠球和万向集团

（一）基本概况

鲁冠球（1945—2017），这是一位从田野走向世界的中国农民的儿子。1945 年出生于杭州萧山，从 20 世纪 60 年代开始做锻工，自办个体修车铺、粮食加工厂，1969 年创办萧山宁围农机厂，后发展为万向集团公司，曾任万向集团董事局主席兼党委书记。被冠为企业界“常青树”的鲁冠球，不但在实践中走出了致富新路，而且在理论上也很有建树，为香港理工大学荣誉博士，获得了高级经济师和高级政工师职称，撰写的大量理论文章，已有 60 多篇在《求是》《人民日报》《光明日报》《经济日报》等全国和地方报纸杂志上发表，被誉为“农民理论家”。

鲁冠球先后获得全国优秀企业家、全国劳动模范、中国经营大师、中国乡镇企业功勋人物、中国改革风云人物、“紫荆花杯”中国杰出企业家、CCTV 中国经济年度人物、国际优秀企业家等荣誉，还曾担任中国企业联合会副会长、中国企业家协会副会长、中国机械工业联合会副会长、中国乡镇企业协会会长、机械工业发展规划审议委员会委员、浙江省企业联合会会长、浙江省企业家协会会长等职务，并曾当选为党的十三大、十四大代表和九届全国人大代表、十届全国人大主席团成员。

万向集团致力于汽车零部件产业，实力雄厚，综合规模 2007 年为中国企业 500 强第 127 位，制造业第 58 位，机械行业第 15 位，汽车行业第 8 位，汽车零部件业第 1 位。

面对国际化趋势，万向已在全球市场建立了服务网络，为全球主机及大众客户提供仓储、配送等服务。万向接轨国际主流市场，引进国际先进技术和跨国公司运作模式，建设先进的制造业基地，并逐步建成了按国际惯例运作的跨国集团和拥有先进理念的现代化公司。

（二）企业的发展历程

万向集团始创立于1969年，现位于国家级经济开发区——杭州市萧山区经济技术开发区。当年鲁冠球受宁围公社领导邀请，管理宁围公社农机修配厂，主要靠作坊式生产，拾遗补阙，生产犁刀、铁耙、万向节、失蜡铸钢等五花八门的产品。他的这种“多角经营”，在一无足够资金、二无人才、三无管理经验的情况下，为他完成了最初的原始积累。1979年是关键的一年，企业调整战略，放弃次要产品，集中力量专业化生产汽车万向节。因此这10年可以说是万向集团的初创阶段。

1980年，他的工厂在全国万向节厂的整顿检查中，以99.4的高分居全国同行业之首，因此被列入全国仅有的3家万向节定点生产专业厂之一。从1980年至1989年，在钢材平均提价1.3倍，煤平均提价5倍的情况下，鲁冠球的万向节产品价格基本不变，经济效益年均增长达40%以上，职工年收入递增6倍。1988年，鲁冠球以1500万元向宁围镇政府买断万向节厂股权。1980年至1989年，是万向集团“生产专业化、管理现代化”的成长阶段。

1990年至1999年，是万向集团的第三个发展阶段，也称之为“企业集团化、经营国际化”的发展阶段。鲁冠球提出“大集团战略、小核算体系、资本式运作、国际化市场”的战略方针，调整产业、产品结构与市场结构、人员结构、资本结构，谋求跨行业、跨国界发展，取得良好效果。1990年4月，美国《时代》周刊以“中国农民的希望”为题，发表了对鲁冠球的专访。1991年5月，鲁冠球成为《新闻周刊》封面人物，轰动一时。

1990年，企业正式更名为万向集团公司，开始向集团化发展。

1993年11月，万向集团所属万向钱潮股份有限公司“万向钱潮”股票在深圳证券交易所上市。

1997年对万向来说是具有历史意义的一年，万向集团生产的万向节正式敲开世界汽车业巨头美国通用汽车公司大门，成为美国通用汽车公司的配套产品。中国的万向节开始走出国门，走向世界。

2002年，万向集团研制的万向空间太阳能硅片被“神舟五号”载人飞船采用。国际上也因此新增了一家全球最大一级供应商，万向集团取得了为“百年老店”福特公司和美国历史最悠久的轴承生产企业之一GBC公司两家国际零部件巨头供应商品的机会。2007年，万向集团开发朝鲜惠山青年铜矿，整合国际资源；收购美国AI公司，使万向集团形成了跨国公司雏形。目前，万向集团在全球10个国家建立了涵盖汽车零部件制造、矿产资源开发、有色金属贸易、远洋捕捞、投资等多个领域的22家公司，真正做到了从田野走向世界。近50年来，万向集团从一家名不见经传的乡镇农机修配厂发展成为全国闻名、实力雄厚的现代企业集团。

鲁冠球是一个稳健中带有冒险气质的人，素有商界常青树的美誉，是中国最受尊敬的第一代企业领袖之一，只有初中文化的鲁冠球向我们展示了一个农民传奇般的成长故事。2017年10月25日，鲁冠球病逝，享年72岁。鲁冠球的儿子鲁伟鼎，这位经过长期多岗位锻炼和不断学习进修的创二代正式接棒万向集团。

（三）成功战略赢先机

万向集团的成功在很大程度可以归结为战略的成功，这种战略的成功主要体现为以下四个方面。

第一，目标明确。“奋斗十年添个零”，是万向集团前董事局主席鲁冠球为企业制订的奋斗目标，其意是每10年日创利润增加10倍。日创利润从20世纪70年代的1万元，80年代的10万元，90年代的100万元，到2009年达1000万元……

“奋斗十年添个零”，有了目标，就有了自信，而自信是一种昂扬向上的精神。万向精神是：“艰苦创业，大胆创新，克难攻坚，勇往直前。”近50年来，万向成就了3件事：一是从作坊起家建立了规模企业；二是从田野走向世界，发展成跨国集团；三是从世界飞回田野，反哺农业。在万向创业之初，由于原材料紧缺，鲁冠球到杭州各个废品收购站收集自己能用的废旧钢铁，解除小作坊无米之炊的难题。正是这种艰苦创业的精神，为万向的发展奠定了坚实的基础。

第二，付诸行动。有了目标，就不会停留在思考阶段，就会有实实在在的行动。要实现新的“十年添个零”，万向从现在开始就布局10年后的发展，瞄准了三件事：一是坚持“实业”与金融的结合；二是坚持“走出去”“引进来”，通过联合、融通，提高企业的素质和国际竞争力；三是坚持发展新能源。通过10年的有效积累，万向集团拥有两条产业链布局：一条是1999年起步的电动汽车产业链，另一条是起步于2000年的清洁高效能源太阳能产业链。

第三，培养能力。万向集团通过控制型整合、协同性整合来壮大自己的实力。首先，在产业扩张中，万向集团实行由近及远、与自身的控制能力相匹配方针；由小到大，与自身的发展规模相匹配；从本行业到其他行业，采取与发展中抗风险能力相匹配的谨慎产业扩张战略，其中，近处的、投资规模小的、本行业的投资，基本上采用控制型整合策略，如浙江万向机械有限公司（下称万向机械）、浙江万向特种轴承有限公司、浙江万向汽车轴承有限公司、万向钱潮滚动体有限公司、许昌万向钱潮中亚有限公司等公司的投资整合。其中最为典型的是万向机械与许昌万向钱潮中亚有限公司的整合。其次，万向集团在汽车零配件领域得到良好的发展，并在拥有充沛的经营现金流之后，也尝试进行多元化发展，开始进军农业、纺织业等。

第四，支持体系的建设。比如人才体系，除了改造农民工，万向集团广泛招聘各方人才，还在自己的企业里建立了“博士后科研流动站”，为吸引高层次人才搭建了又一个好的平台。万向的用人观很有特色：有德有才者，大胆聘用，可三顾茅庐，高薪礼聘；有德无才者，委以小用，可教育培训，促其发展；无德无才者，自食其力；无德有才者，坚决不用，如伪装混入，后患无穷。再比如科技研发，万向根据企业的发展战略和自身实际，有选择、有重点地培育有良好市场潜力的高技术产业领域进行自主研发，以抢占技术制高点，拥有自主的知识产权，提高自身未来的核心竞争力。

三、马云和阿里巴巴

（一）基本概况

阿里巴巴全称是阿里巴巴网络技术有限公司，是全球国际贸易领域最大、最活跃的网上交易市场和商人社区，集团有阿里巴巴（B2B）、阿里软件、阿里妈妈、支付宝、淘宝、天猫、聚划算、全球速卖通、阿里云、蚂蚁金服、菜鸟网络等多个子公司，公司总部在杭州，中国香港和美国等设有分公司。

阿里巴巴多次入选哈佛大学MBA案例，在美国学术界掀起研究热潮；

连续5次被美国权威财经杂志《福布斯》选为全球最佳B2B站点之一；多次被相关机构评为全球最受欢迎的B2B网站、中国商务类优秀网站、中国百家优秀网站、中国最佳贸易网；被国内外媒体、硅谷和国外风险投资家誉为与Yahoo、Amazon、eBay、AOL比肩的5大互联网商务流派代表之一。

阿里巴巴创始人、首席执行官马云被著名的“世界经济论坛”选为“未来领袖”，被美国亚洲商业协会选为“商业领袖”，是新中国成立50年来第一位成为《福布斯》封面人物的中国企业家，并曾多次应邀为全球著名高等学府麻省理工学院、沃顿商学院、哈佛大学讲学。

（二）阿里巴巴的发展历程

1999年9月，以马云为首的18位创始人在杭州的公寓中正式成立了阿里巴巴集团，集团的首个网站是英文全球批发贸易市场阿里巴巴，同年阿里巴巴集团推出专注于国内批发贸易的中国交易市场（现称“1688”）。

2000年1月，阿里巴巴集团从软银等投资机构融资2000万美元。

2001年6月，推出“诚信通”；12月，阿里巴巴注册用户数超越100万。

2002年12月，阿里巴巴集团首次实现全年正现金流入。

2003年5月，购物网站淘宝网创立；10月，推出交易软件“贸易通”。

2004年2月，阿里巴巴集团融资8200万美元，成为当时中国互联网界规模最大的私募融资。

2004年6月，阿里巴巴集团首次举办网商大会，期间举行首届十大网商颁奖典礼。7月，淘宝网发布PC版通讯软件阿里旺旺。12月，推出第三方网上支付平台支付宝。

2005年8月，阿里巴巴与雅虎签署合作协议，阿里巴巴收购雅虎中国全部资产，同时获雅虎10亿美元投资，并享有雅虎品牌及技术在中国的独家使用权；雅虎获阿里巴巴40%的经济利益和35%的投票权。10月，阿里巴巴集团接管雅虎中国。

2006年7月，淘宝大学课程推出，向买家和卖家提供电子商务培训及教育。10月，完成对本地化生活社区平台口碑网的战略投资。

2007年1月，阿里巴巴集团旗下公司阿里软件正式成立；11月，阿里巴巴网络有限公司在香港联交所主板挂牌上市。同月，阿里巴巴集团成立网络广告平台阿里妈妈。

2008年4月，淘宝网推出专注于服务第三方品牌及零售商的淘宝商城。9月，阿里巴巴集团宣布旗下淘宝网和阿里妈妈合并发展。11月，推出新一代出口产品“出口通”。

2009年7月，阿里巴巴宣布旗下阿里软件公司与原先隶属阿里巴巴集团的阿里研究院正式合并，合并后的公司名称仍为阿里软件。9月10日，阿里巴巴集团庆祝创立十周年，同时成立阿里云计算。

2010年3月，阿里巴巴更改其中国交易市场的名称为“1688”，同月，淘宝网推出团购网站聚划算。4月，推出全球速卖通，让中国出口商直接与全球消费者接触和交易。5月，阿里巴巴宣布会将每年收入的0.3%拨作环保基金，以促进全社会关注环境问题并支持保育活动。7月，阿里巴巴集团推出合伙人制度，以保存其使命、愿景及价值观。8月，手机淘宝客户端推出。11月，阿里巴巴宣布收购国内的一站式出口服务供应商“一达通”。

2011年6月，阿里巴巴将淘宝网分拆为三家公司：一淘网、淘宝网、淘宝商城。10月，聚划算从淘宝网分拆，成为独立平台。

2012年1月，淘宝商城正式更名为“天猫”，同月，阿里巴巴集团成立阿里巴巴公益基金会并向该会拨款，以支持不同范畴的公益活动。6月，阿里巴巴网络有限公司在香港联交所退市，市场瞩目的阿里巴巴私有化落幕。7月，阿里巴巴集团宣布将调整公司组织架构，从原有的子公司制调整为事业群制，把现有子公司的业务调整为淘宝、一淘、天猫、聚划算、阿里国际业务、阿里小企业业务和阿里云七个事业群。9月，阿里巴巴集团完成对雅虎初步的股份回购，并重组与雅虎的关系。

2013年1月，阿里巴巴集团宣布旗下的阿里云与万网合并为新的阿里云公司，合并后“万网”品牌将继续保留，成为阿里云旗下域名服务品牌。同月，阿里巴巴集团宣布现有业务架构和组织将进行相应调整，成立25个事业部，由各事业部总裁（总经理）负责。

2014年2月，作为天猫平台延伸方案的天猫国际正式推出，让国际品牌直接向中国消费者销售产品。6月，阿里巴巴集团完成收购电影及电视节目制作商文化中国传播（现称“阿里巴巴影业集团”）约60%股权。7月，阿里巴巴集团与银泰成立合资企业，在中国发展O2O业务，同月，完成对数字地图公司高德的投资。9月19日，阿里巴巴集团于纽约证券交易所正式挂牌上市。10月，阿里巴巴集团关联公司蚂蚁金融服务集团（前称“小微金融服务集团”）正式成立。同月，淘宝旅行成为独立平台，并更名为“去啊”。

2015年1月，阿里巴巴集团战略投资并控股易传媒，易传媒仍保持独立运营，与阿里巴巴集团旗下营销推广平台阿里妈妈一起，推动数字营销程序化在中国的发展，并逐步实现大数据营销能力的普及化。2月，战略投资魅族科技，同月，阿里巴巴集团宣布与蚂蚁金服集团完成重组，蚂蚁金服为支付宝的母公司。4月，阿里巴巴集团宣布和香港上市的阿里健康信息技术有限公司达成最终协议。根据协议，阿里健康将成为阿里巴巴集团的子公司。5月，阿里巴巴集团联手云锋基金对物流快递企业圆通进行战略投资。6月，阿里巴巴集团与上海文广集团（SMG）联合宣布，将共同把SMG旗下的第一财经传媒有限公司打造成新型数字化财经媒体与信息服务集团，开拓数据服务领域。7月，阿里巴巴集团宣布成立阿里音乐集团，高晓松出任董事长，宋柯出任CEO。8月，阿里巴巴集团与美国百货零售巨头梅西百货共同宣布，双方正式达成长期独家战略合作。梅西百货将入驻天猫国际。9月，阿里巴巴集团与德国最大的零售贸易集团麦德龙宣布达成独家战略合作，麦德龙官方旗舰店入驻天猫国际。9月，阿里巴巴集团荣膺2015年世界零售大会（World Retail Congress）最高奖项“年度最佳零售商”（retailer of the year）。同月，斯坦福商学院校友会宣布，2015年ENCORE奖授予阿里巴巴集团。这是ENCORE奖第一次颁给中国公司，阿里巴巴集团是ENCORE奖历史上第38个获奖的公司，也是全球第一个获奖的非美国本土公司。阿里巴巴入选MSCI中国指数。

2016年2月，阿里巴巴集团与国家发展和改革委员会签署结合返乡创业试点发展农村电商战略合作协议。4月，阿里巴巴集团加入国际反假联盟（IACC），成为该国际组织的首个电商成员。5月，阿里巴巴集团成为国务院首批双创“企业示范基地”。12月，国家发改委与阿里巴巴集团签署关于推进商务领域诚信体系建设合作备忘录。双方在数据共享、联合奖惩、试点示范、研究共创等方面展开一系列的合作，提升商务领域诚信意识。

2017年12月，阿里巴巴投资中国电动汽车创业公司小鹏汽车。

2018年2月，阿里巴巴集团、文投控股股份有限公司与万达集团签订战略投资协议，阿里巴巴、文投控股分别成为万达电影第二、第三大股东，万达集团仍为万达电影控股股东。4月，阿里巴巴集团联合蚂蚁金服以95亿美元对“饿了么”完成全资收购。

（三）阿里巴巴何以芝麻开门

1. 激情与梦想

马云最大的特点是喜欢梦想、富有激情，并善于把自己的梦想传递给别人。可以说，激情与梦想是马云或者说阿里巴巴成功的首要因素。因为激情，孙正义选择了马云。2000年，正值互联网行业的冬天，许多企业倒闭，软银集团主席孙正义仅用6分钟的时间，就做出了成就一个伟大企业的决定，2000万美金，不仅帮助阿里巴巴活下去，更重要的是帮助阿里巴巴在这个寒冬里储备好开春后勃勃发展的能量，赢得明天赛跑的先机。

阿里巴巴用以激励阿里人的利器就是它的激情与梦想，通过阿里这个平台，年轻人可以获得成长的机会，实现人生的价值。所以，现在阿里巴巴已经成为年轻人最想加入的公司之一。阿里人因为激情与梦想团结在以马云为首的阿里巴巴旗下，共同创造着阿里巴巴的传奇。

2. 快乐文化

2006年，阿里巴巴被央视评为2005年度“最佳雇主企业”，有人说企业文化就像人的基因，无时不在，无处不在。一个员工、一台机器、一笔资金、一车原料……从进厂、进公司的那天起，就被植入了这个企业的基因，它们按照什么逻辑运转，要看这个企业的文化。那么阿里巴巴的企业文化又是怎么样的呢？

阿里巴巴的企业文化与众不同。首先是重视，在阿里巴巴成立初期，马云就开始用文化为企业打下根基。然后是执行，阿里巴巴的价值观不仅仅停留在宣传教育的层面，而是落实在管理制度中。“独孤九剑”“六脉神剑”“九阳真经”，正是阿里巴巴在不同时期对员工价值观提出的具体要求。其中，“永不言弃的激情”和“快乐工作的心情”都贯穿于所有这些“真经”之中。

阿里巴巴的办公环境，说得上五彩缤纷。主色调是橙色，“这是温暖而快乐的颜色，精彩纷‘橙’是阿里人的文化符号”。

马云认为，“没有笑脸的公司其实是很痛苦的公司”，判断一个人、一个单位是不是优秀，不是看他是不是哈佛、是不是斯坦福毕业的，不是看单位里面有多少名牌大学毕业生，而是看这帮人干活是不是像发疯一样，看他们每天下班是不是笑眯眯地回家。

快乐不是一个概念，概念永远不是一个企业的核心竞争力。任何一个创业者，永远要记得把自己的笑脸露出来，快乐是需要展示的。马云一直是一个幽默乐观的人，也十分善于制造气氛来逗员工开心。在阿里巴巴与雅虎中国的杭州联欢晚会上，他就把自己打扮成维吾尔族姑娘，戴着面纱，穿着民族服装，跳起了新疆舞。在阿里巴巴十周年的庆典上，马云头戴鸡冠花，穿着奇特，演唱歌曲。这些不拘一格的行为，都让员工感受到了在阿里巴巴工作的快乐。

正是阿里巴巴这种快乐工作的氛围，使员工对公司有着少见的忠诚度和幸福感。连续数年，阿里巴巴的跳槽率远低于一般企业的人才流动率。

阿里巴巴的愿景有三个方面：成为一家持续发展102年的企业；客户第一；关注客户的关注点，为客户提供建议和资讯，帮助客户成长。

团队合作：共享共担，以小我完成大我。

拥抱变化：突破自我，迎接变化。

诚信：诚实正直，信守承诺。

激情：永不言弃，乐观向上。

敬业：以专业的态度和平常的心态做非凡的事情。

3. 社会责任

在马云之前，全球B2B市场中还没有一个成功的故事，也没有一家中国互联网公司能独创一个商务模式。

马云成功地讲述了一个电子商务理想——阿里巴巴的B2B“互联网第五模式”——不同于以谷歌为代表的搜索模式、雅虎为代表的门户模式、eBay为代表的C2C模式、亚马孙为代表的B2C等四大互联网模式。

马云当时的判断是，中国99%的企业都是中小企业，市场经济环境与美国迥然不同，这就决定了中国要发展电子商务就只能为中小企业服务。

马云的另一个算盘是，中国加入WTO只是时间问题，通过互联网建立商务网站，不仅可以帮助中国企业出口，也可以帮助国外企业进入中国；另外，中小企业和民营经济是推动中国经济高速发展的重要力量，中小企业使用电子商务是一种趋势。

正是基于这两点，阿里巴巴的建立开始承载马云“帮助中小企业成功”

这一最初设想的使命。在马云看来，一家中小企业是弱小的，但几百万家合到一起将是一股非常强大的力量，正所谓“蚂蚁雄兵可以打败大象”。

阿里巴巴区别于欧美的大企业服务方向，选择只为中小企业服务，就是要为中小企业搭建这样的平台，让中小企业能在这个平台上公平竞争，推销产品，并通过网络支付系统，进行线上交易，为全球数百万买家和卖家进行贸易配对，摆脱空间和地域的限制。他豪气地说：“我要让天下没有难做的生意。”“天下生意”“不难做的生意”——这就是马云的大梦，这就是马云的责任。

2008年8月2日，第二届ABAC亚太中小企业峰会在杭州举行。就在峰会召开前，马云向阿里巴巴员工发布了一封叫作“冬天里的使命”的内部邮件，提出阿里巴巴“肩负着比以往更大的责任，不仅不能让自己倒下，我们还有责任保护我们的客户——全世界相信并依赖阿里巴巴服务的数千万中小企业不能倒下”“此时此刻，非我莫属”。

随后不久，阿里巴巴就宣布“援冬”计划，实施帮助中小企业过冬的一系列措施，如投入3000万美元开展空前规模的海外推广计划，推出最大“援冬”产品——出口通，与浙江、广东、天津、四川、福建及江苏等地政府合作开展大规模电子商务工程等。

在帮助中小企业融资方面，阿里巴巴与建设银行、工商银行等合作，在国内首创“网络联保贷款”“纯信用贷款”等深具电子商务特色的融资模式，帮助中小企业从银行获得贷款。

2009年9月11日，以“小企业、大梦想”为主题的APEC中小企业峰会再次在杭州召开，马云在开幕式上首次对世界经济体驱动力量做出预测——未来20年是属于中小企业的时代，谁不去关注中小企业，谁就是不关注自己的未来。

在全球经济危机的严寒中，阿里巴巴一直和中小企业一起抱团取暖，马云已经不再把对中小企业所做的事情，看成是一种“行侠仗义”之举，而是把中小企业看成是“生死与共”的弟兄。

2007年阿里巴巴B2B在香港华丽上市，融资17亿美元，创下自google以来互联网第二大融资额度，成为中国首家市值近200亿美元的互联网公司，这是阿里巴巴的里程碑事件。阿里巴巴不仅完成了从蚂蚁到大象的转身，还注定成为互联网界同时也是国内中小企业海外上市的经典案例。

马云在阿里巴巴上市的时候曾经说过一句很经典的话，“阿里巴巴客户第一、员工第二、股东第三”。

“客户第一，因为客户给了我们钱；员工第二，因为员工是让这些目的变成了现实；股东利益第三，因为股东利益是个结果，公司不是慈善机构，它必须挣钱。如果一家公司不挣钱，那这家公司是不道德也不负责任的。但一家公司为了挣钱而活着，我觉得这样的公司意义不是太大。”

马云将员工分为三类。“野狗”型：业务做得很好，但没有组织纪律，没有团队精神；“小白兔”型：业绩不好，但有团队精神，关系融洽；“猎犬”型：业绩好也善于合作。“野狗”型的员工如果不能改变价值观，就会被“杀掉”，坚决清除，不予录用。“小白兔”型的员工将会得到公司的帮助，培养使用，争取让他们早日成长起来。但是，如果“小白兔”没有长进的话，也要逐渐被淘汰。“猎犬”型员工才是阿里巴巴需要的，他们将受到公司的重用，有机会接受最好的培训。

2011年马云挥泪斩将。2011年2月21日，阿里巴巴B2B公司CEO卫哲、COO李旭晖引咎辞职。阿里巴巴B2B公司发布公告称，阿里巴巴B2B公司有近百名（2%）销售人员及部分主管和销售经理，为了追求业绩，故意或是因为疏忽，让一些骗子公司绕过阿里巴巴的诚信体系而加入中国供应商。在2009年和2010年两年间，共有2326家骗子公司（约占1%）加入了阿里巴巴中国供应商。2010年公司清理了约0.8%逾千名涉嫌欺诈的“中国供应商”客户，公司CEO卫哲、COO李旭晖因此引咎辞职。马云表态：为了维护公司客户第一的价值观和诚信原则，不得不“刮骨疗伤”。卫哲离职是因为要承担他应该承担的责任，也是自己在阿里巴巴11年来最大的痛，是自己给了兄弟一道伤疤。

2012年马云再次挥刀斩将。2012年3月8日，聚划算总经理阎利珉被免职，一同遭到辞退的还包括三名员工。他们与两名前淘宝员工成立一家名为“爱婚婚”的生活服务公司，却从未报备。该公司与聚划算关系密切，公司成立后多次参加活动，一度创造过全国团购业单次活动销售单数纪录，短短三个月营业额突破千万。阿里集团表示，自2011年年中起，针对招商过程中不规范、“小二”牟取不当利益的举报接连出现，部分“小二”存在严重违规问题，甚至触犯法律。作为负责人，阎利珉负有重要管理责任，需对此负责。

马云认为：企业的社会责任应内生于商业模式，并与企业发展战略融为一体。只有使社会责任成为企业内在的核心基因，才能具备恒久性和可持续性。

阿里巴巴是一个有着强烈社会责任感的企业，应当勇于承担责任，为社会、企业、股东、员工创造价值。

4. 变革

2011 年是阿里巴巴集团第一个本命年。这一年，用阿里巴巴集团董事长马云的话说，“从来没想过会这么痛，这么苦。我其实已经有预感，第十二年是一个本命年，本命年麻烦多，但我没想到会有这么多”。

本命年在民间也被称为“坎儿年”，年初爆发的阿里巴巴 B2B 平台欺诈事件，成为阿里集团本命年的第一道坎儿。随后，淘宝网维权事件、支付宝所有权转移事件、围攻淘宝商城事件接踵而至。

第一道坎儿：2011 年 2 月 21 日　B2B 2000 多家商户涉嫌欺诈

事由：在阿里巴巴 B2B 平台上，2009、2010 年两年间分别有 1219 家和 1107 家的“中国供应商”客户涉嫌向国外买家行骗。有迹象表明 B2B 公司直销团队的一些员工，故意或者因为疏忽而导致一些涉嫌欺诈的公司加入阿里巴巴平台。

结果：CEO 卫哲、COO 李旭晖引咎辞职，集团首席人力官邓康明辞职、降级另用。欺诈账户被全部关闭，被认为负有直接责任的近百名销售员工受到包括开除在内的多项处理。

第二道坎儿：2011 年 4 月 23 日　淘宝网消费者买到假货后维权

事由：央视《焦点访谈》播出节目，列举了消费者自淘宝网购买假皮包后维权受阻，部分经销商称淘宝网未经授权即销售他们代理的品牌商品等案例。

结果：淘宝网有关人士回复称，在节目播出前，买到假皮包的消费者已经获得了假一赔三的赔付。马云公开面对媒体，逐条反驳或澄清该期节目中的案例，并就淘宝面临的猖獗造假现状大吐苦水。

第三道坎儿：2011 年 5 月 10 日　支付宝所有权转移引道德争议

事由：雅虎提交的公开文件显示阿里巴巴集团已经将支付宝的所有权转

让给马云控股的一家纯内资公司。支付宝随后表示这是根据央行有关第三方支付牌照的规定，为了保证支付宝获得牌照而做的安排。

结果：阿里巴巴集团三大股东阿里巴巴、雅虎、软银宣布达成协议，支付宝的控股公司承诺在上市时给予阿里巴巴集团一次性的现金回报。回报额将不低于20亿美元且不超过60亿美元。

第四道坎儿：2011年10月11日　淘宝商城新规引发小商户围攻

事由：淘宝商城2011年10月10日推出2012年度新招商办法和规则调整公告，大幅提升了进驻商家的技术服务费和保证金。由于认为该规定人为拉开了大卖家与小卖家的差距，10月11日晚间开始，淘宝商城一些大卖家开始遭遇“订单潮攻击”。组织攻击的语音频道中最多时曾聚集五万人。

结果：马云宣布淘宝商城的新规对大部分老卖家推迟一年执行。他同时表示，这次推出新规则的过程中沟通出了问题，他愿意道歉；但不接受以攻击别人店铺的方式表达的意见，“原则问题决不妥协”。

面对这四道坎儿，麻烦缠身的阿里集团欲寻求变革和突破，比如将淘宝一分为三、联合国外资本尝试部分或全部收购雅虎股份、淘宝商城更名，以及推出独立购物搜索引擎一淘网等。这些变革与上述麻烦密切相关，甚至就是一体两面。

马云对此总结称：“无论是支付宝事件，还是年初阿里巴巴的诚信问题，跟别人去辩论没有用。要改变自己，完善自己，我想这就是我们所认为的建设性破坏。”

2016年10月，杭州·云栖大会召开，马云发表演讲：新零售、新制造、新金融、新技术、新能源等将深刻影响中国，影响世界，影响未来所有人，并将对各行各业带来巨大冲击。虽然五“新”理论有待检验，但马云认为这五大变化必将引领未来整个世界的变革。马云认为要把握住未来世界的发展趋势，从知识驱动走向智慧驱动，从原来的规模驱动和标准化驱动，走向灵活和定制化驱动，大学教育也会发生翻天覆地的变化。大学必须改变原来的教育体系，未来的大学应该多关注的是创造力和想象力的培养，因为21世纪以来，核心词是创新，是想象力，是变革。未来机器比人聪明的时候，不要沮丧，因为人类比机器更厉害的是对文化的把握，对愿景的思考，想象力这一方面是人类巨大的机会所在。对于未来，互联网带动的第三次技术革命，人类是可以获得的，因为互联网文明不是从外星来的，它是人类文明自己诞生的成果，是人类科技的发展。只要去把握它、学习它，就不会被淘汰。相反，谁去抵触未来，谁不把握未来，谁不改变自己的今天，谁就一定会被历史所淘汰。

四、徐冠巨和传化集团

（一）基本概况

1961年，徐冠巨出身于浙江萧山的一个农民家庭，浙江这块热土孕育了大量成功的商人，徐冠巨的父亲徐传化，就是千万个具备商业头脑的浙江普通农民之一。在徐冠巨的心中，父亲徐传化勤劳、乐观且富于韧性，是自己最崇拜的，也是影响最大的人。徐冠巨的商业启蒙来自父亲，“我从小就喜欢跟在我父亲后面转，看他在外面和人交流，做些小生意”。“在‘文革’期间最苦的时候，邻居家有的吃不上大米，但我们家总能吃上大米。相对来讲，我父亲的努力，让我们家比同类家庭都要好过一些。”

“敢吃头口水”是萧山话，意思就是思想灵活，敢于追求新事物。20世纪70年代末80年代初，徐传化敏锐地发现了浙江苗木的种植机会，当时由于害怕风险，很多农村家庭不敢贸然进入，但徐传化带着小儿子徐冠巨，先后种植了黄杨、龙柏，并借了当时被视为“巨款”的4000元进行大面积种植。在家人的反对和周围人的怀疑中，徐传化“敢吃头口水”的性格为他取得了成功。由于提前进入市场，徐家的苗木卖出了好价钱，并较大程度规避了随后的大规模种植后导致的跌价风险。

除了源自父亲的商业头脑外，勤奋加上好学不辍，也让徐冠巨这个高中毕业生，做成了别人认为不可能的事情。

1978年，徐冠巨参加了“文革”后恢复高考的第二次考试，可惜连续两次均名落孙山。1980年，正在准备第三次高考的徐冠巨，同时参加了当时还是乡镇企业的万向节厂招工考试，600人中最终录取了49个，19岁的徐冠巨正是其中之一，并从此进入万向担任会计。1985年，一场可怕的疾病降临到了年仅24岁的浙江萧山农村青年徐冠巨身上，他患上了一种在血液病中难以治疗的重病——溶血性贫血。徐冠巨被医生断定“休养得好大概可以活10年”。这场突如其来的疾病，也改变了徐冠巨的人生轨迹，如果不是身患重病，最终世界上可能多了一个好学的“徐会计”，少了一个化工大王。

徐冠巨回忆，当时可谓祸不单行。就在同一年，由于供应过剩引发了苗木价格暴跌，徐家的苗木开始卖不出去，而父亲徐传化工作的磷肥厂也倒闭了，父亲只能退休并拿着 50 块钱一个月的退休工资，这也断绝了徐家主要的经济来源。到了 1986 年底，为了给徐冠巨看病，徐家已经欠债 2.6 万元。同时，由于生病，原来在鲁冠球的万向节厂当会计的徐冠巨只能回家静养。徐传化在和徐冠巨商量之后，做出了一个大胆的决定——通过创办企业摆脱家庭的经济困境，同时继续筹集治病资金。当时的背景是，国家刚刚开始允许个人开办商店，个人开办企业，父子俩可以说是“敢为天下先”。

徐传化凑了 2000 元的启动资金，买下了倒闭的磷肥厂和用来铺路的部分磷肥，自己把这些磷肥经过加工后再出售。即便如此，2000 元的启动资金，也无法创办一家像样的企业。正好，这时徐传化的一个朋友建议，做液体皂不需要太多资金，只需要采购原料的钱，还有一口反应锅。徐家听从了这个朋友的建议。就这样，1986 年底，传化集团的前身——徐家简陋的家庭作坊正式开业。一口自家的水缸和从生产队借来的一口大铁锅成了创业的全部设备。没有反应锅就用水缸和铁锅，没有锅炉就用几块砖头搭炉灶烧，没有搅拌机就用人力搅拌。

不可否认，徐冠巨是不幸的，溶血性贫血几乎将他逼入绝境，但徐冠巨也是幸运的，计划经济时代的物资短缺，使他们忐忑不安进入的液体皂市场，没有遭遇太大的市场竞争。1986 年 12 月，徐家的第一桶液体皂出炉了，当时一桶液体皂的成本是 8 元，售价 14 元，每桶可以获得 6 元的净利润，走家串户一天能卖 10 到 20 桶，也就是一天可以赚 60 到 120 元。

徐家父子的分工是，徐冠巨主内、徐传化主外。具体来讲就是，需要在家养病、当过会计的徐冠巨负责财务、电话联络买家，以及和工商等政府主管部门联络等工作，徐传化则负责销售。

刚开始徐家是夜里生产、白天销售，做一缸卖一缸。但很快液体皂的走俏就让他们的货供不应求了，到了第二年，通过和萧山 600 多个供销社网点达成合作，液体皂的销售额达到了 33 万元，利润 3 万多元，还清了所有欠债并支付医药费后，还剩余 1 万多元。至此，徐家开始走出绝境，重病青年徐冠巨也开始乐观起来。

虽然“徐氏作坊”的经济效益不错，但因为没有技术，徐家人常常有种挫败感。当时作坊里的技术活主要依赖从外面请来的“星期日工程师”。每次在液体皂的工序快完成时，“星期日工程师”就会拿出一包粉末倒入配料中，液体皂就会变得黏稠；但是没有这包粉末，液体皂就会又清又稀，无法出售。但出于“商业机密”，“星期日工程师”一直拒绝告诉徐冠巨粉末是什么东西。受制于人的徐传化开始到处寻觅答案，这时一个同行提出 4000 元出售这个“商业机密”，最终，徐家以全部家当 2000 元买下了这个机密。该同行告诉徐传化，这个高深莫测的东西，实际上就是徐家天天都要吃的、再普通不过的一勺食盐。

2000 元买了一勺盐，让徐家父子备感挫折。被父亲骂“花钱供你们读书有什么用”的徐冠巨，开始刻苦自学化学知识，研究配方。自此以后，徐冠巨就成了自家企业的研发经理兼唯一的研发人员，许多液体皂的配方都由徐冠巨调制。

在生产出液体皂后，徐传化在偶然中获悉，纺织印染厂需要一种去油污的洗涤助剂，用来去掉印染坯布上的污渍，这种洗涤助剂的基本原料和液体皂比较相似。这时候徐冠巨的哥哥已经辞职回家负责财务，从财务领域脱身的徐冠巨则通过自学研究化工，成了自家企业的第一个“工程师”。通过不断地实验，徐冠巨造出了两种洗涤助剂——105 和 209，并分别卖出了两吨和一吨给一家印染厂，这也使徐家的家庭作坊，第一次可以和企业“做生意”。

不过，由于技术水平导致的去污能力差，1990 年，国内去污能力强的印染洗涤助剂市场几乎完全由外资企业占据。徐传化和徐冠巨决定开发去污能力强的洗涤助剂，打造自己的“拳头产品”。必须打造“拳头产品”的现状和受“2000 元买一勺盐”的激励，使徐冠巨下了狠心。1990 年，经过 1000 多次实验，徐冠巨发明了“901 特效去油灵”。1991 年，“901”在杭州通过省级鉴定；1992 年，“901”获得了北京国际发明与专利展览会金奖，并在随后几年内连续获得 11 个国家级和省级发明或产品奖。一位化工权威感叹地说：“没想到这东西被一个高中生搞成了。”“2000 元买一勺盐”事件同时也坚定了徐冠巨引入技术人才的决心，从 1992 年开始，徐冠巨就开始引入大学生和社会人才，建立自己的实验室。

创建于 1986 年的传化，现如今已经是一家多元化产业集团，主要产业包括化工、物流、农业和投资；是“中国企业500强”“中国民营企业500强”“中国最具价值品牌500强”企业。

跟随父亲创业的徐冠巨也自1995年开始担任浙江传化集团有限公司总裁，2001年，徐冠巨正式成为传化集团有限公司董事长。徐冠巨曾获全国五一劳动奖章、优秀中国特色社会主义事业建设者、中国优秀民营企业家、全国关爱员工优秀民营企业家、浙江省劳动模范、首届世界浙商大会杰出浙商奖、首届“风云浙商”评选、2010风云浙商资深贡献奖等荣誉；曾任中国民间商会副会长，浙江省第九届、十届政协副主席，第九届、十届、十一届、十二届全国政协委员，第八届、九届、十届、十一届全国工商联常委。2003年当选浙江省政协副主席后被媒体誉为“民企高官第一人”。2015年10月24日，被聘为浙商总会第一届理事会顾问。2018年1月30日，当选为浙江省出席第十三届全国人民代表大会代表。他被认为是浙商的代表人物。

（二）传化产业

传化化工是传化事业的起源，坚持以科技创新践行绿色、低碳、节能、环保的理念。现有“传化智联”（002010）和“新安股份”（600596）两家上市公司、六家国家高新技术企业、两家浙江省创新示范企业，产品覆盖全球主要国家与地区。传化化工是中国系列最全、品种最多、规模最大的专用化学品系统集成商，其应用领域涉及纺织印染、造纸、塑料、皮革、建材、农业、水处理、洗涤、新能源等。传化化工现已涵盖专用化学品、煤化工、石油化工等领域。依托产业链与产业平台的深化发展，致力于成为全球领先的专用化学品系统集成商和国内领先的合成材料供应商。

传化物流是国内领先的公路物流行业平台运营商，致力于构建“中国公路物流网络运营系统”，通过线上“互联网物流平台”与线下“公路港实体网络”，系统性解决中国公路物流短板问题，提升公路物流效率，降低公路物流成本，打造“物流＋互联网＋金融服务”为特征的中国公路物流新生态。传化物流紧紧围绕“物流价值链”与“增值服务价值链”，线下构建以“实体公路港”为核心的公路港实体网络，线上打造以“易配货”“易货嘀”“运宝网”为核心的互联网物流平台，通过线下与线上融合联动的运营方式，为货主企业、物流企业及个体货运司机等公路物流主体提供综合性物流及配套服务，形成“高效的货物调度平台”“优质的货运生活服务圈”以及“可靠的物流诚信运营体系”，发展公路物流 O2O 全新生态。

传化农业以浙江杭州萧山国家农业高科技园区为依托，业务范围涵盖现代设施农业系统集成服务、种子种苗、农产品流通、室内园艺工程等领域，形成了产学研结合的技术创新体系，吸引了大批企业、高校和科研院所共同为现代农业服务，是国家重点高新技术企业、国家星火计划龙头创新企业。

萧山科技城（核心区）由萧山区人民政府、传化集团与上海陆家嘴金融发展有限公司合作共建，以“政府主导、企业主体”为开发模式，将萧山科技城核心区规划打造成为以生命科学、新能源新材料、高端装备制造为主导产业的集总部办公、星级酒店、特色商业、精致住宅、滨水社区、主题公园等于一体的产城融合的新型城市板块，形成宜业、宜居、宜行的杭州南部科技新城，大幅度提升区域品质与价值，带动萧山科技城整体的开发和服务升级，迅速成为萧山发展创新型经济的重要平台。

传化控股立足于上海，是借助上海的人才、资本与信息高地优势而设立的综合型投资管理平台。传化控股以“成就增值服务，创造卓越价值”为核心投资理念，推动金融资本与产业资本有效融合，打造具有独特竞争优势、在中国大型民营企业中领先的综合投资平台，并助力中小企业的转型升级。公司业务涵盖基金管理、产业投资、资产管理等领域。公司围绕集团整体发展战略，通过产融结合、以融促产，在输出传化的投资理念与战略价值的同时，整合员工、股东、企业与社会多方的资源和智慧，实现共赢共荣。

（三）企业文化

1. 传化使命

传化集团始终以“幸福员工、成就客户、引领产业”为企业的文化使命。为员工打造可持续发展的事业平台，让员工通过勤奋工作实现个人价值和人生幸福；为客户提供优质的产品、服务和系统解决方案，与客户共同成就事业；顺应国家产业发展导向及社会发展趋势，推动产业转型升级和区域经济全面发展，促进社会进步。传化员工始终保持创业的心态，始终保持创造的激情，秉承“追求卓越，永不满足，勇于创新，开拓进取”的传化精神。

2. 和谐企业

传化以诚信为企业发展的立身之本，以创业创新为企业发展的不竭动力，以员工的激情和活力为企业发展的重要基础，积极构建和谐企业生态，努力成为优秀企业公民，以优秀的企业文化促进所在社区乃至中国社会的和谐发展，推动社会文明的进步。

在推进和谐企业建设上，传化率先示范。传化积极为员工搭建立体的学习平台，丰富员工的职业发展体系。在非公企业党建工作上，传化也率先探索。传化党建受到胡锦涛同志的高度肯定，并曾做出重要批示：传化党建工作“不仅对浙江有现实意义，对全国也有积极作用”。2000 年，江泽民同志专程到传化考察党建，2011 年，传化党组织被推荐为全国先进基层党组织。2010 年，习近平副主席就传化和谐劳动关系建设做出重要批示，王兆国、刘云山等中央领导也相继做出重要批示，传化集团被评选为“全国模范劳动关系和谐企业”，成为全国样本。

3. 社会责任

传化立足于具有发展潜力的事业领域，在化工、物流、农业、投资等领域均进行前瞻性地探索和创新实践，致力于为客户和合作伙伴的可持续发展创造价值，引领所在行业为转型升级而持续努力。例如，传化一直倡导绿色化工和低碳物流：传化化工以低碳环保为理念，实现了清洁生产，开创了循环经济的发展模式，在国际上首创草甘膦—有机硅两大产品链之间的氯元素循环，积极助力客户节能减排，提升资源综合利用效率，推动化工产业的可持续发展；传化公路港通过提升物流配货效率，大幅度降低了货车空载率，并有效缓解了周围公路由于货车产生的拥堵状况，方便市民出行。传化公路港平台的运营，每年可减少碳排放 3 亿吨，相当于 156.25 亿棵树一年二氧化碳吸收量。传化心系“三农”，始终致力于产业链创新，通过“抓两头，带中间”（做好研发与市场推广，带动农户生产）的经营理念，创造了“企业＋基地＋农户”的模式——公司在引进产品和技术的基础上进行自主研发和集成创新，并不断把经过许可的或具有自主知识产权的畅销产品和技术转让给广大种植户、经营户，提供配套的系统解决方案，保障广大农户增产、增收。

4. 公益慈善

传化投身的事业与产业的技术进步和区域经济的全面发展息息相关，取得了显著的社会效益。与此同时，传化还通过赈灾济贫、兴教助学、结对共建以及参与新农村建设和乡村振兴战略等多种形式，积极回报社会。

早在创业初期，传化拿出企业利润的三分之一，资助所在村修建自来水和农田灌溉水利设施建设；积极投身光彩事业，帮助建设希望小学，并在穷困地区积极开展扶贫项目；1998年，第一时间向长江抗洪抢险一线捐助救灾物资；2003年，向浙江省万余所中小学和350个高考考点赠送共计101.8万元的物资，用于SARS的防治工作；2008年，“5·12”汶川大地震发生后，传化集团在积极救援的同时，与新安化工分次向灾区共捐款3366万元，帮助灾区人民抗震救灾，恢复生产。

5. 传化艺术团

传化艺术团由传化集团董事局主席徐传化于1995年亲手创办。20多年来，艺术团创作了大量结合党的方针政策、贴近生活、喜闻乐见的文艺节目，走遍了浙江省各个地区的乡镇村落，并辐射到上海、安徽、江苏等省市。这不仅丰富了职工的业余文化生活，还把党的思想、方针、政策以丰富多彩的节目形式带给了广大群众。其演出的节目包括曲艺、小品、歌舞、戏曲、音乐快板等。

2018年，已经84岁的徐传化依然热衷于传化艺术团的文化下乡活动，还经常到浙江、安徽、江苏一带农村参加公益演出，平均一年要参加200多场演出。

传化首开民营企业发展青少年素质教育先河，创立传化青少年教育基地，自成立以来，积极传播“善思乐学，知行合一”的教育理念，并通过打造精彩的校外课堂，培育广大青少年的创造精神。

五、郭广昌和复星高科

（一）基本概况

郭广昌出身于浙江东阳的一个农民家庭，先后取得复旦大学哲学学士学位和工商管理硕士学位，毕业后留校任教。1992年成立广信科技，1994年成立上海复星高科技（集团）有限公司。复星高科目前拥有医药、房地产开发、钢铁及零售业务投资4个具有竞争优势和增长潜力的主导产业板块，此外，还战略性投资了其他行业，包括金矿开采及金融服务。郭广昌现任上海复星高科技（集团）有限公司董事长，是中国资本市场中最活跃的企业家之一，第九届全国政协委员，民盟第十届中央委员，同时多次当选全国人大代表。

复星高科目前已经是中国最大的综合类民营企业，整体呈现“一个中心、五个基本点”的发展格局。一个中心指复星的母公司复星国际，已于2007年7月在香港联交所主板整体成功上市；五个基本点是医药、地产、钢铁、流通和投资平台。

子公司复星医药成立于1994年，1998年8月在上海证券交易所上市，在中国医药行业上市公司中处于领先地位，2007年被评为中国上市百强企业。复星医药制药业务领先，已取得肝病、糖尿病、妇科药物、临床诊断产品等细分市场的领先地位；复星医药销售渠道业务领先，旗下零售连锁药店达1539家；在面向全球的成品药出口方面，复星医药也已成为抗疟药物等领域的领先者，是中国迄今唯一的世界卫生组织直接供应商；在医药分销领域，复星医药投资的国药控股市场占有率超过10%，在中国药品分销领域保持绝对领先。

子公司复地创建于1994年，是在香港联交所主板上市的大型房地产开发公司，同时也是由中国建设部认证的一级开发资质企业，“中国蓝筹地产企业”、上海地区“中国杰出雇主”。截至2008年12月31日，复地共拥有总建筑面积约685万平方米的土地储备，分别位于上海、北京、南京、无锡、杭州、天津、武汉、重庆、西安、成都和长春11个城市，总量足够满足未来3—5年的发展需要。

复星控股、参股的钢铁企业主要包括南钢联合、建龙钢铁等多家大型钢铁联合企业。控股企业南京钢铁联合有限公司，是集采选矿、焦化、烧结、钢铁冶炼及轧制于一体的综合生产企业，是中国主要的中厚板生产商之一，旗下拥有上交所上市公司南钢股份。2008年，南钢联合成为中国第3大中厚板、第4大石油管线钢、第5大造船板钢生产商。

复星的流通业务包括零售、服务业及战略投资业，拥有永安保险、豫园商城以及友谊复星控股大型综合类商业上市企业友谊股份，其业务包括联华超市、“好美家”建材中心、友谊百货等，是联华超市的第一大股东。

复星在投资平台上包括产业投资公司、矿业公司等，控股海南矿业——中国最大的富铁矿企业，参股招金矿业——中国最大的黄金冶炼商，合资企业五麟煤焦是国内前五大单体焦煤矿。

复星的主要业务均长期受益于中国巨大的人口带来的消费需求、投资需求，持续的城市化、服务全球的制造业带来的持续增长的中国动力。

复星向巴菲特学习价值投资理念，向 GE 学习人才培养和文化建设，向李嘉诚学习全球化管理，向凯雷学习资产管理，向保德信学习企业风险控制。通过学习，形成指导复星思考和运行的现代企业制度。将规范透明的理念设为一切制度的基础。为此，复星在民营企业中首创了税务总监的岗位，并请来国内一流的税务专家担任，确保在税收上做到应缴尽缴，不在纳税问题上栽跟斗。

（二）企业的发展历程

复星集团发展的过程，就是对中国变化中的发展动力的判断和把握的过程。中国发展动力从 1992 年大致有三个阶段。第一阶段是从 1992 年到 1998 年，主要是政府政策的开放准入和流动性的增加。流动性包含三个方面：其一是农村富余劳动力的流动性，其二是资金的流动性，其三是土地的流动性。所以这个阶段和这几个因素相关的如劳动力密集型行业、房地产、中小金融机构等行业快速发展。第二个阶段是从 1998 年到 2008 年，这是中国重化工业腾飞的阶段。第三个阶段是从 2008 年起至今，是中国内需和金融服务快速成长的阶段。

所以复星的发展，也是高度契合这三个阶段。比如第一阶段，复星从市场调查进入医药健康和房地产行业，成立了复星医药和复地。第二阶段复星投资了钢铁和矿业，参控股的企业如南京钢铁、海南矿业、招远黄金、唐山建龙、金安矿业等。第三阶段复星的主要投资方向则为消费及消费升级、金融服务、能源资源和制造业升级，并积极“走出去”，创新性地提出“中国动力嫁接全球资源”模式，与美国保德信金融集团、凯雷集团合资成立基金，投资法国地中海俱乐部和希腊 Folli Follie 集团等。

第一阶段：创业及资本积累阶段。

从 1992 年复星开始创业，即成立“广信科技发展有限公司”，到 1998 年其第一个产业公司——复星医药（原上海复星实业有限公司）上市，是复星集团的创业和资本积累阶段。

复星集团的第一阶段的产业布局，选择了两个具有可持续性的产业：复星医药和复地，到现在也还是复星非常重要的两个产业公司。他们在创业之初快速发展所带来的稳定利润，为复星接下来的高速发展带来了最初的资本积累，随着复星医药和复地的先后上市，也为复星进入资本市场，利用资本魔力进行产业整合、资本运作培育了稳定的融资渠道，奠定了坚实基础。

第二阶段：快速发展及重化工业布局阶段。

从1998年复星医药上市，到2007年7月16日复星国际香港成功上市，是复星集团的快速发展及重化工业布局阶段。

1998年，复星敏感地捕捉到了中国重化工业发展的机遇。在1998年到2008年这10年中，复星准确判断中国制造业的发展、成熟为中国重化工业（原材料、装备、物流）发展创造了良好的机遇。所以复星踩准重化工行业的发展节点，做出了一系列重要的投资。比如钢铁和矿产，在复星投资之前，中国钢铁行业已经连续多年亏损或微利，2001年开始逐步进入发展快车道，而复星正是在2002年投资钢铁的。投资矿业也大致相同，像黄金，复星是2004年投资招金矿业，而在2004年复星投资之前的多年里，金价长期在250到340美元一盎司的低位徘徊。复星投资后的2005年年底，金价开始腾飞，一直到现在1500美元一盎司。

从复星创立到涉足重化工业领域，复星越来越清晰地看到了一条企业发展的主线，那就是不断发现并紧跟中国成长动力。所谓中国动力，就是中国经济赖以增长的根本动力，它在不同的经济发展阶段是不同的，复星要做的就是准确判断并牢牢抓住每一阶段的中国成长动力。

对于复星来说，成长过程中最重要的就是对中国动力的准确把握，对行业的领先判断和迅速进入。这是复星的发展实践反复证明了的核心优势。正是在不同阶段，复星自觉地反复运用发现“中国动力”的投资路径，为后来提出更进一步的全球发展版本——“中国动力嫁接全球资源”发展模式奠定了深厚的实践基础。

第三阶段：全球领先的专注中国成长动力的投资集团。

很长一段时期里复星的成长常被外界认为是“多产业公司”、甚至“多而不专”。其主营业务包括了医药健康、房地产、钢铁、矿业、零售、文化产业、服务业及其他投资，涵盖非常之广。但从复星明确要做“世界一流的投资集团”开始，这种议论似乎就戛然而止。用投资模式的定位重新梳理公司脉络，让一切有本可循，复星就此将多元和专业成功地结合在了一起。发展至今，复星对其利润来源描述为三块：产业利润、投资利润、资产管理收益。

——内需成为新一轮的中国动力。2008年次贷危机引发全球金融风暴，世界经济遭遇重挫，在这个大背景下，复星把握中国经济向内需转变的发展动力，调整投资方向，积极布局消费及消费升级、金融服务、资源能源及制造业升级等高度受益于中国内需发展的行业，以分享中国经济的高速成长。

——扎根中国，成为中国专家。经济危机为中国企业带来了“走出去”的好机遇。受欧美经济停滞影响，很多很好的欧美企业价值被严重低估。同时，中国市场的快速发展对国外企业有很强的吸引力。欧美企业的低估值为中国企业海外并购提供了良机，对中国市场的渴望又为中国企业与其合作创造了便利。

为推进全球化战略，复星提出了“中国专家、全球能力”的明确要求。中国能力，最重要的就是应该成为中国的消费市场尤其是升级消费市场的专家。如果不能成为这样的专家，外来的资源跟你没有什么好谈的。中国专家需要具备几个能力：第一，就是协助扩大销售的能力。要具有在国内分销渠道、网点、包括开店各方面的优势；第二，就是知识产权的保护能力；第三是宣传和品牌塑造能力。很多外资品牌中国人还不了解，如何用比较巧的方法将新引入的品牌快速定位、准确推广就显得格外重要。而复星在这些方面都具有非常强的实力。比如说开店扩大销售的能力，复星投资的企业里，有7000多家连锁超市、百货商店，有2000多家连锁药店，有1300多家金银珠宝店，这些连锁零售机构能帮助全球企业有效地迅速打开销售渠道。品牌塑造方面，复星是分众传媒的第二大股东，分众的电子屏覆盖了全国94%的办公楼宇，此外复星还投资了国内领先的财经商业类媒体21世纪报系等。

——培育全球的投资能力。在全球能力的打造上，复星也很早就开始布局。要在全球进行投资，就要在全世界能找到企业，并且有能力评估、评价其在全球的价值。复星如今在纽约、中国香港、澳洲、日本、欧洲等地都已有或正在建设投资团队，在建设自己的投资网络体系的同时，复星也在寻求战略合作，跟全世界私募基金、PE行业前两名的公司美国凯雷进行了战略合作，在全世界范围有战略协同的合作协议，同时在中国成立了凯雷复星基金。在全世界融资能力建设方面，复星的第一个伙伴是美国的保德信金融集团。保德信是美国第二大寿险公司，也是全球前五大的公司。保德信成为复星第一个海外的LP，一次性出资5亿美元由复星管理。在国外的主流媒体方面，复星选择跟福布斯合作，共同出版《福布斯》杂志中文版。在国际品牌方面，复星与全球旅游度假酒店方面第一大公司法国 Club Med 合作，成为其第一大单一股东。2011 年 6 月，又成为著名时尚品牌，希腊 Folli Follie 集团的第二大股东；在战略顾问方面，复星聘请了美国前财长约翰·斯诺为董事会顾问，斯诺的加盟为复星在海外拓展人脉，打开局面起到了非常重要的作用。

——“中国动力嫁接全球资源”模式。初步具备了“中国专家、全球能力”的复星探索出了一条适合自己发展的全球化道路，那就是“中国动力嫁接全球资源”。

2007 年次贷危机引发的金融风暴，包括 2010 年延续至今愈演愈烈的欧美债务危机给世界经济造成了很大破坏，欧美主要经济体经济增长停滞，欧美的家庭消费在未来的三五年可能有停滞、低增长的挑战。这些都导致原来以欧美市场为主体的很多优秀的企业利润增长面临挑战甚至停滞，进而在资本市场的定价下降。

但这些企业还是好企业，他们优质的产品和服务在中国会有非常好的发展。如果我们选择在中国市场有发展潜力并愿意到中国来发展的欧、美、日企业。投资成为第一、第二大股东，然后合作开拓中国市场，利用中国市场的高速成长，带动其在全球的增长，同时也帮助中国人享受到更好品质的产品和服务，提高生活品质。于是，在复星的全球化推进过程中，总结经验，于 2010 年提出了“中国动力嫁接全球资源”的模式。

复星的“中国动力嫁接全球资源”模式的第一个案例是 Club Med（地中海俱乐部）。Club Med 是全世界最大的旅游度假酒店集团，在全世界著名的风景点有 76 个四星级和五星级酒店。复星 2010 年 6 月份投资成为其第一大股东。复星判断这个公司在中国是高增长的，有几个原因：第一，这个公司的“一价全包”模式，度假村吃住玩的价格全部包含在内，消费透明，中国人很喜欢。第二，没有语言障碍。到全世界任何 Club Med 旅游，都有一个跟你一样母语的G. O，全程 24 小时接待。第三，亲子活动。他有专门为孩子安排的活动，非常丰富，孩子们完全可以不用家长操心。复星投资后，协助 Club Med 的中国团队通过宣传让中国人到全球 Club Med 旅游，同时在中国开度假村，投资 6 个月后中国第一家度假村在亚布力开业，第二家、第三家等陆续在不同城市开业，中国区的收入快速增长。

复星在国外投资时不谋求控股，而是成为其有影响力的重要股东，可以是第一、第二，也可以是第三大股东。因为在海外并购可能会碰到几大难题：一是原来的股东可能会反感中国人控股，怕把公司变成中国公司，对此，复星不断强调自己的“善意投资者”的角色，不谋求控制，目标就是帮助全体股东共享中国市场成长；二是管理团队可能担心中国人控股后的职业前景，所以对团队，复星扮好“开明股东”的角色，强调“创造价值、分享发展”，帮助他们增强中国团队、帮助中国团队提升业绩，鼓励和帮助管理团队创造良好业绩、分享企业发展的成果、成为企业的主人；三是公司工会、员工，还有当地的议会、政府等，出于对品牌纯正血统的爱护，也可能会反对中国人成为大股东，对此，复星积极展现“积极和创造价值的股东”角色，展示复星利用深厚的产业基础和中国资源，开拓发展中国市场的战略思路，强调会充分尊重品牌和文化，从而将抵触和反对风险降到最小。

（三）内修外扩成就复星

1. 内修：复星的“看家本领”

企业存在的最根本任务是创造价值。总结复星的经验，复星最大的成功在于，其团队形成了在融资、投资、运营领域创造价值的三大核心能力。

在复星的文化里，这三大核心能力都有很清晰的内涵。所谓融资能力，是指持续获取长期优质资本的能力，要能多渠道、低成本融资，要能从国内、国外融资；投资能力，是指持续发现中国高增长机会的能力，要善于发现新市场，发现新产品、新技术，发现优秀团队和优质的社会资源；运营能力，是指持续优化管理提升企业价值和竞争力的能力，要持续降低企业运营成本，持续低成本创新，不断锻造品牌追求差异化竞争、持续复制核心能力，实现快速扩张。

融资、投资、运营三者之间可以形成逻辑上的循环关联性。在复星，这三大价值创造能力就形成了一种良性的正向循环。循环往复，生生不息。而这个价值链正循环的核心是企业家团队。

复星人眼中的企业家必须具备这样一些素养，比如要有激情，“没有高目标，不能围绕目标殚精竭虑、用其所极的不是我们的同类”。再比如，企业家要相信人要有所敬畏，要感谢给自己机会的人，要规范做事。

正是因为有了这样一大批具有核心能力的优秀企业家的汇聚，复星投资的所有主要企业，在短则 4 年、长则 14 年的时间中，取得的利润年复合增长率少则 32.9%、多则 164.8%。

2. 外扩：三大模式打造“巨型航母”

(1) 增资收购为主要投资模式。复星集团的发展历史即是一部收购史，除了自己一手建立的复星医药、复地集团外，其余业务及已有业务的扩张基本都采取了收购模式。据初步统计，复星大小不同的收购共计 100 多次；规模在 3 亿元人民币以上的投资或收购就达到 5 次以上（天药集团、唐山建龙、南钢股份、国药控股、投资成立德邦证券等）。

收购模式主要采取增资收购，收购控股权或参股权，确保收购现金留在企业而不被老股东拿走，真正让企业获得持续发展的资金支持；在前期收购过程中，复星集团大量增资收购了大中型国有企业，主要是国有企业收购价格相对比较低，管理基础好，股权改制后容易激发管理层的爆发潜力；同时尽量让管理层持股，最大限度激励管理层经营动力，最终实现企业投资人、原股东、管理层的三方共赢。

通过层层控股管理模式，复星实现了资金链的快速放大效应，用极少的资金撬动了数百亿的资产。

(2) 投资管理模式。复星的投资思路是多元化经营、专业化管理；虽然实施多元化投资，但每个产业都寻找专业的经营人才管理；同时，除了集团层面仅 5 个人持股外，其余投资的下属子公司、孙公司层面，均由公司高管持股。这样，复星集团虽然采取松散式的投资管理，但由于集团与下属子公司、公司高管利益一致，最大限度保证了股东的利益。

(3) 资产证券化模式。复星投资的最大特点是要么投资收购已上市的公司（豫园商城、南钢股份等），要么投资具有上市潜力的公司，在未来合适时机上市。上市的最大目的是资产证券化实现流动。由于上市后股票市场价值远远高于财务账面价值，既可以达到投资变现，又可以达到投资迅速升值的双重目的。一个潜在的目的即实现责任的分摊，让所有公众股东一起分摊上市公司的责任。通过上市，公司实现了正规的监管和审批，对公司的资产安全性也十分重要。

六、茅理翔和方太集团

（一）基本概况

方太集团创立于1996年，公司从成立之初即专注于高端嵌入式厨房电器和集成厨房产品的研发与制造，致力于为追求高品质生活的人们提供具有设计领先、人性化厨房科技、可靠品质的嵌入式厨房电器产品。方太的产品主要涉及集成厨房、吸油烟机、燃气灶具、电磁灶具、燃气热水器等几个领域，希望通过持续投入和努力，成为厨房品牌的全球领先者。

方太始终坚持“专业化、高档化、精品化”的战略定位，品牌实力不断提升。方太先后被评为中国驰名商标和中国名牌，品牌价值多年位列“中国500最具价值品牌”同行业第一。品牌知名度、忠诚度、预购率等多项关键指标均居行业翘楚地位。

方太目前在全国已有员工17000多人，除雄厚的本土设计实力外，方太还拥有来自美、德、日、意等地的设计力量和最先进的高端厨房生产设备及国际工业制造先进技术。方太坚持每年将不少于收入的5%投入研发，拥有国家级电气实验室、燃气实验室，并拥有世界上规模最大、设施最先进的厨电实验室。强大的技术实力支撑着方太前进的脚步，不断研制出厨房领域的先进技术和一流产品。雄厚的科研力量，确保了方太的创新实力。

进军海外市场后，方太厨房电器、集成厨房等系列产品在全球高端市场表现优秀，方太已逐渐发展成为世界专业的高品质家庭厨房解决方案提供者，向着成为受人尊敬的世界一流企业宏伟愿景迈进。

（二）方太的发展历程

方太前身。要了解方太的发展史，必然绕不开方太的前身。1941年出生的茅理翔，做过会计，跑过供销，1985年45岁时第一次创业，创办慈溪无线电厂，后改为飞翔集团，飞翔集团的打火机已经做到世界出口量第一，由于仿制成功国内第一支电子点火枪，茅理翔被誉为“世界点火枪大王”。由于技术含量低、竞争激烈，到1994年，茅理翔的飞翔集团面临困境，茅理翔把希望放在有专业背景优势的儿子茅忠群身上。即将硕士毕业，就读于上海交通大学电力电子技术专业的儿子茅忠群思想斗争非常激烈，他面临着出国留学或者在上海就业的机会。经过一番细致的考察，茅忠群决定留下来与父亲共同创业。

方太成立。工科出身的茅忠群说话简洁，办事果断。创业之初就对父亲约法三章，开出条件：第一，必须跳出以前的框架，另外成立一个独立的品牌；第二，另起炉灶。老员工不要，亲戚不能进入；第三，关于方太方向性的决策，要由自己说了算。茅理翔则只是要求：“带三年、帮三年、看三年。”茅忠群的这些条件，后来被证明奠定了企业良好发展的基础，也避免了家族企业普遍会遇到的裙带关系问题，后来还成为茅忠群企业管理中使用的“法宝”。

与很多家族企业的交接班不一样，儿子茅忠群不是简单地继承或者守业，父亲也不是简单地交班卸担子，而是父子合力重新创业，重新打一片天下。

1996年1月18日，55岁的茅理翔成功实现二次创业转轨，和儿子茅忠群创办方太厨具有限公司，亲任董事长，儿子茅忠群任总经理。

方太起飞。2003年7月，占地158亩的方太外环工业园动工建设；2005年7月，方太滨海工业园破土动工，成为承载方太第二个10年宏伟目标的重要基地。2009年7月，方太集团在北京宣布推出高端热水器产品，并在跨入新产品领域的同时推出“米博”品牌。据悉，作为方太集团在热水器领域的全新战略，“米博”定位高端，致力于为消费者提供舒适、高品质的家庭热水系统解决方案。“米博”的推出，标志着方太将从专业化品牌战略转向专业化多品牌战略。

方太集团总裁茅忠群表示，企业在不同的发展阶段有不同的战略，在方太的第一个10年中，其战略是做专业化、高档化的厨房电器专家，这推动方太壮大到现在；在第二个10年里，方太决定将战略从专业化转型为专业化、多品牌。“力求专业品质，方太为热水器产品配备了最专业化的团队，在时机成熟的时候，还将在太阳能、沼气等空气源热水器方面推出新产品。”

2017年，方太集团厨电产品销售收入突破百亿元（不含税），成为中国厨电首个破百亿的企业。

（三）专注铸就辉煌

1.“人品、企品、产品三品合一”打造品牌

“人品、企品、产品”三品合一是方太品牌文化的真正含义。方太认为，只有切实将企业文化提高到与经济发展相结合的地位，将之视为企业的灵魂、

发展的动力、现代竞争中的重要组成部分，才能以更新、更超前的思路掌握未来的主动权。

方太在很大程度上得益于从创业伊始就在较高层面上设计了经济和文化的有机整合，并自始至终以“品牌兴厂、文化兴牌”为战略指导思想，努力塑造“人品、企品、产品”三品合一的品牌文化，将“一切做到最好”作为方太人的形象口号，把品牌文化和企业形象有机地结合起来，揭开了品牌文化的真正内涵。

人品就是企业家与员工的人品，特别是企业家的人品。一个具有强烈社会责任感、良好公众形象、较高思想境界的老总，才能带出一支具有强烈敬业精神和创新精神的管理班子与生产队伍，执着地追求健康、先进、文明的生活方式和文化，为人们生产出质量可靠、性能卓越的产品。合格的方太人一定具备包括传统美德、职业道德、职业精神以及职业能力在内的四大品质。

企品包括社会责任、卓越管理、一流业绩。

产品主要包括领先设计、卓越品质、超值服务。产品是一个牌子在市场上获得知名度、美誉度和高信誉的内在根据。创名牌首先必须要有好的产品，因此方太始终坚持着“中、高档精品”的产品定位，以及“领先、独特、高档”的开发原则，先后开发出“厨后”吸油烟机、“火凤”嵌入式灶具、“海贝”食具消毒柜等厨具精品。

2.“专业、专一、专注三专结合”成就辉煌

茅理翔在创业历程中一直坚持专业、专一、专注，并不断创新，创新是方太品牌战略的重要保障，技术、管理、文化的“三大创新”持续不断地推进方太品牌的提升和发展。从产品的零配件到产品成品，从产品提升到自主品牌，从国内市场到国内、国际市场一体化。方太为了成为最专业的厨电专家，在研发、质量控制等方面投入巨大，要求严格，终于成功塑造了高品质的品牌形象，为其高端市场形象奠定了良好基础。方太的三专合一，主要表现在以下几个方面。

首先，研发意识超前化。在“不断创新，追求卓越”的总方针和“领先、高档、独特”的产品方针指引下，方太制订了“卓越原创，完美演绎”的研发方针，每年将不少于销售收入的5%投入研发，设立了100万元的研发激励奖金，不断加强与学院、科研机构、境外组织的合作交流。

方太长期注重知识产权的积累和保护，据国家专利总局统计：在中国厨房领域，方太是申请专利最多的企业，专利申请的年增长率高于100%。独立的方太研究院，专业从事厨房电器前瞻性研究；获CNAS认证的电气实验室、燃气实验室都拥有国家级实验室资格。

2007年，方太承担了第一个也是当时唯一的、由民营企业主导的“十一五”国家科技支撑计划“厨房卫生间污染控制与环境功能改善技术研究”项目。2017年，方太又主导承担了“十三五”国家重点研发计划“油烟高效分离与烟气净化关键技术与设备”项目。作为厨电行业首家牵头和主导国家重大科研计划项目的民营企业，方太由此开创了厨电创业由企业牵头，联合顶级技术与科研高校与科研机构共同承接国家重大科技攻关专项的先河。

其次，战略定位“归核化”。在不断尝试、不断纠偏的学习过程中，方太的战略定位越来越清晰，也越来越“归核化”。跟很多产品线不断扩张的企业成长路径相反的是，从家用电器到厨房电器，再到嵌入式厨房电器，方太在成长中却不断“缩小”自己的领地。一个“沉溺”于产品的企业才会做出这样“反成长”的选择，而市场则对方太的产品“痴迷”回报以节节升高的占有率。

最后，产品质量精品化。方太有浓重的质量情结，在一般的公司看来几近偏执。但正是方太对品质持之以恒的要求与追求，才成就了今天的方太。面临来自竞争对手的挑战，方太坚持用品质说话，在价格战中不战而胜。

在1999年至2000年间，方太的“后发制人”引起了同行的恐慌，全国30多家抽油烟机企业联合降价，市场平均降幅近50%。一直坚持不降价的方太，连续5个月销量没有增长，各地的经销商和销售经理坐不住了，纷纷要求降价。但茅忠群认为，同行竞相降价是一条不归路，逼着越来越多的企业走上偷工减料、以次充好的歧途。不打价格战，方太又该如何应对来自同行的压力？方太的思路是：产品本身就是最有力的反击工具，企业竞争的本质是跟自己竞争，也就是提升产品品质的比赛。于是，在一片降价声中，方太却闷着头在新品开发与质量改进上下功夫，在2000年推出了吸力更强、噪音更低、外观更时尚的T型机，价格比1999年高出了10%，而市场反响却十分热烈，价格战不战而胜。

民营企业的发展，都会遇到一个不可回避的问题，这就是家族问题。家族问题具体表现在两个方面：一是企业接班人的选定，二是家族成员与企业的关系。有很多红红火火的民营企业，到头来没有输在产品竞争上，而是输在了家族制、输在了亲情上。所以家族问题是否能够顺利解决，是关乎许多民型企业能否快速成长的关键。方太的成功转型，是家族企业传承的典范。

2005年方太创业10周年之际，在企业干了快40年的茅理翔从方太董事长一职退休，转任整个集团主席。退下来的茅理翔没闲着，他把时间分成了3个1/3：1/3的时间讲课，1/3的时间读书写文章，另外1/3的时间用于接待。2006年，宁波家业长青民企接班人专修学校成立，茅理翔任校长，他著书立说、演讲上课，执着地投身于对家族企业现代化管理模式的探索之中，开始了第三次创业。

七、南存辉和正泰集团

（一）基本概况

南存辉，正泰集团股份有限公司董事长兼总裁，浙江温州柳市人。1978年初中毕业后从事修鞋行当；1984年创办乐清县求精开关厂；1991年成立中美合资温州正泰电器有限公司。不凡的经历和业绩，使南存辉成为世人公认的“新温州模式”的积极探索者和杰出代表，被誉为“中国新兴民企代言人”，并被《中国青年》杂志评选为“可能影响中国21世纪的中国青年人物”之一。现任全国工商联副主席，2018年，当选为政协第十三届全国委员会经济委员会委员。

正泰集团股份有限公司创建于1984年，是我国工业电器龙头企业和新能源领军企业。年销售额达500亿元，员工3万余名。产业覆盖“发、输、变、配、用”电力设备全产业链，并布局城市轨道交通、能源装备制造业、储能新材料、能源互联网、投融资平台与企业孵化园等领域。产品畅销世界130多个国家和地区，并已进入欧洲、亚洲、中东和非洲等国际主配套市场。

集团综合实力名列中国民营企业500强前茅，纳税额连续多年位居温州各类制造企业榜首。集团旗下的浙江正泰电器股份有限公司系国内低压电器行业产销量最大的企业，也是上海A股首家以低压电器为主营业务的上市公司。正泰太阳能在全球建成了200多座光伏电站，是国内民营企业规模最大的光伏电站投资运营商。

正泰坚持实业发展、创新驱动理念不动摇。在全国同行业中率先通过了ISO9001质量体系认证、ISO14001环境体系认证和OHSAS18001职业健康安全管理体系认证，通过了中国强制性认证（简称“CCC”认证），并通过了国际CB安全认证、美国UL认证、芬兰FI认证、比利时CEBEC认证、荷兰KEMA认证、德国VDE认证等。目前拥有国内外各种专利1500多项，并领衔、参与了120多项行业标准的制订和修订。高低压电器和光伏逆变器获得德国红点奖。由正泰主导研发的国内首台硅基薄膜光伏电池关键制造装备PECVD、LPCVD和MOCVD设备，大幅提升了我国半导体装备制造水平。

正泰坚持以人为本、价值分享文化不动摇，遵循“为顾客创造价值，为员工谋求发展，为社会承担责任”经营理念，与上下游多方精诚合作、互利共赢。公司积极参与扶贫济困、捐资助学、抗震救灾、公益创业、生态环保等社会公益慈善事业。截至2015年底，已先后向社会捐资累计超过3亿元。

集团先后荣获“中国工业大奖”“全国质量管理奖”“中国优秀民营科技企业”“中国机械工业最具核心竞争力十强企业”“中国民营企业自主创新十大领军企业”“全国重合同守信用企业”“全国就业和社会保障先进民营企业”“中华慈善奖”等荣誉。

展望未来，正泰将围绕“创世界名牌，圆工业强国梦”的目标，致力于打造能源互联网，成为全球领先的智慧能源解决方案提供商。着力实施全球化、并购整合、智能制造三大战略；构建科技创新与产业孵化平台、线上工业与民用物联网平台、线上与线下供应链互动平台、投融资与支付平台等四大平台；打造智能电网下的智能电气系统解决方案产业群，智能城市下的工业自动化信息化产业群，智能微网下的清洁能源、环保节能产业群，智能制造下的高新材料信息技术与高端装备产业群，智能商业下的物联网信息技术与智能家居产业群五大产业群。

（二）企业的发展历程

1．起步与积累阶段（1984—1990年）

1984年7月，南存辉与小学同学胡成中一起投资5万元，合伙创立乐清县求精开关厂（正泰集团前身）。从5万元起家，本着“精益求精”的精神，依靠质量和信誉求得生存，完成原始资本积累，为企业的发展奠定了基础；1986年

8月，求精开关厂投资建立了温州第一个热继电器实验室；1988年1月，求精开关厂领取了第一张国家机电部颁发的生产证。到1990年，“求精开关厂”分为两个车间，总资产200万元左右，产值做到1000多万元，双方也各有亲戚、朋友进入管理层，南存辉与胡成中在一些经营决策问题上开始偶有争议，于是就有了分家的想法。

2. 定向发展阶段（1991—1993年）

分手后，南存辉与几个亲戚成立了一个家族企业，1991年建立中美合资温州正泰电器有限公司，引进国外先进技术和设备，充分利用合资企业的优惠政策，发展壮大企业实力，并确立了电器专业化发展方向，“正泰”由此问世。“做人要正直，处事要泰然，企业才会稳如泰山”。1993年9月，正泰首栋办公大楼落成，提出“重塑温州电器新形象”的口号。

3. 规模扩张与集团化经营阶段（1994—1996年）

1994年2月，成立国内低压电器行业第一家企业集团，以资本为纽带，以市场为导向，以产品为龙头，以品牌为中心，横向联合，走上了规模经营之路，使企业迅速发展壮大。9月，“正泰”商标注册。

4. 集团化向控股（集团）公司过渡阶段（1997—2002年）

1997年7月21日，集团内首家规范的股份有限公司“浙江正泰电器股份有限公司”经浙江省人民政府批准成立。以此为契机，南存辉对集团所属企业进行股份制改造，组建股份有限公司和有限责任公司，按照现代企业制度的要求发展企业，并向国际化企业迈进；1998年3月，经温州市人民政府批准，正泰集团公司成为首家控股（集团）公司试点企业。

5. 提升与跨越阶段（2003年—至今）

此时正泰确立了“打造国际性电气制造基地”的目标，逐步形成温州为低压、仪表和建筑电器制造基地，上海为高压输配电设备制造基地，嘉兴为输配电配套设备基地，杭州为工业自动化和太阳能生产基地的“长三角布局”。自主创新成为企业发展主旋律，先后获得各种国内外专利200多项，领衔和参与制订各种行业标准30多项。同时，加快企业上市工作，推进资本经营与产品、产业经营同步发展，互为促进。面对经济全球化的浪潮，正泰集团实施“国际化、科技化、产业化”战略，完成了由低压向高压，由元器件向成套，由传统工业电器制造向自动化、新能源领域，由电气制造业向系统集成方向发展的历史性突破。

（三）创新成就正泰

南存辉曾说过：“对于当今时代的民营企业家，首先要树立与时俱进的创新精神。创新是企业家的本质特征，是企业家精神的灵魂和核心，是引导企业不断发展的不竭动力。正因为有了创新精神，正泰的事业才能从无到有，从小到大；也正因为有了创新精神，温州的民营经济才能从‘星星之火’发展成为今天的‘燎原之势’。”南存辉所倡导的创新精神，作为正泰企业文化的核心内容，已经转化为全体正泰人的自觉追求，并在企业管理和发展的方方面面得到全面体现。

首先是打造学习型企业。早在1993年，正泰就提出了创建学习型企业的目标，把学习型组织这一先进管理理念引入到企业管理之中，致力于建设“学习型团队”“学习型班组”和“知识型职工”。从2003年开始，建立了专门领导小组，强化推进学习型企业的建设，逐步形成了以员工素质培训为龙头，以学习型团队为主体，以车间班组为支撑，以职工自主学习为基础，以信息网络系统为中枢的学习型组织创建、推进体系。每年将员工工资总额的1.5%，也就是每年投资500万—600万元作为员工的培训经费，采取自培、外培和与高等院校联合办学等多种形式加大职工培训力度。集团工会和团委在创建学习型组织过程中实施了“567”计划，建立青年科技爱好者协会、青年政研会等5个社团，搭建青工学院、正泰信息网等6个平台，打造周末论坛、班前会、科技论文答辩会等7个活动品牌，促进企业形成全员学习、全面学习、全程学习的良好氛围。

其次是企业制度上的创新。正泰在产权制度改革上的不懈探索，被专家们认为是民营企业制度创新的成功范例。早在1994年，为了迅速扩大企业生产能力，形成规模效应，认同“财散人聚，财聚人散”古训的南存辉通过对温州正泰电器有限公司进行股权改造，将温州38家企业纳入正泰麾下，组建正泰集团公司，股东增至40位。到了1998年，正泰集团已在全国低压电器行业崭露头角，但在企业内部却存在“集而不团”的现象。南存辉在摸索中渐渐发现，家族企业的一个致命弱点就是无法更多更好地吸纳和利用优秀外来人才。南存辉突破阻力，决定再次稀释家族股权，对家族控制的集团公司主业进行股份制改造，把家族利益让出来，合并全部成员企业，并在集团内推行股权配送制度，将最优良的资本配送给企业最为优秀的人才。就这样，正泰的股东由原来的10个增加到现在的100多个，南氏家族的股份降到不足1/3。南存辉的股份下降至20%，资产却膨胀了数十倍，同时，数十位百万“知本”富翁诞生了。

为实现适度分离企业所有权和经营权，正泰将不称职的股东劝退出管理层。管理层采取公开选聘的办法，向社会广揽人才。正泰的管理团队中股东逐渐变少，熟悉现代企业运作的职业经理人高达85%。

通过不断的体制创新，正泰集团实现了企业所有权和经营权的适度分离，形成了较为完善的企业资产管理和运营体制，为坚持自主创新、打造自主品牌提供了强有力的制度保障。

第四章

浙商的模式

本章的教学目标和要求

1. 理解和掌握浙商模式的内涵和特征。
2. 了解浙商模式的发展历程。
3. 学习浙商的市场开拓意识。

思考题

1. 当前浙商模式有哪几种表现形式?
2. 浙商是怎样进行市场开拓的?
3. 在经济转型升级的背景下，浙商模式应该如何创新?

浙江独特的自然资源条件和人文环境，造就了浙商与众不同的商业模式。集中体现在以民营企业为主的企业模式，“小商品，大市场”的经营模式，“小企业、大产业”的产业模式，团队协作的投资模式等方面。

第一节　以民营为主的企业模式

改革开放以来，浙江成为我国个体、私营等民营企业的重要发祥地。早在20世纪80年代初，温台地区就提出了“不论成分重发展，不限比例看效益”的口号，对个体、私营企业发展采取默许和支持的态度。从1978年到2008年上半年，浙江民营企业为全省创造了70%的生产总值、60%的税收和76%的出口，以及90%以上的新增就业岗位。浙江经济增长的绝大部分来自非公有制经济成分的扩张。如今，民营经济已经成为浙江经济发展的主力军。据统计分析，现在的浙江已是全国私营中小企业最发达的省份，拥有的各类私营中小企业约占全省企业总数的99%，堪称“民营企业乐土”。

浙商与民营经济存在着十分紧密的关系。许多浙商在创业之初，就是通过创办个体、私营企业，掘到了“第一桶金”；也正是他们的成功，吸引并带动了更多民营企业的产生和民营经济的发展。可以说，没有浙商，就没有浙江民营经济的今天；没有民营经济，也没有浙商的今天。

一、浙江民营经济的发展轨迹

从新中国成立到1978年前，总体上讲，全国个私经济已被当作资本主义的尾巴割掉了。改革开放后，特别是20世纪70年代末80年代初，浙江各地开始出现了第一批农民企业主和民营企业。随着群众择业自主性的不断增强、创业积极性的不断高涨和成功示范效应的不断扩散，浙江各地的个体、私营经济由小到大、由少到多，如火如荼地发展起来，成为功能完整、十分重要的市场主体。从总体上看，浙江的个体、私营经济经历了以下的发展阶段。

(1) 1979—1987年：起步发展阶段。这一阶段中，浙江城乡的个体经济得到了很快的恢复和发展。1979年浙江城乡个体工商户为8091户、8690人，1982年则达到7.9万户、8.8万人。1982—1986年中央连续下达的5个一号文件，为浙江城乡个体工商户和家庭工业的迅速崛起创造了政策条件，但当时的私营企业发展仍步履蹒跚，它们的地位是不稳定的，待遇是受歧视的，不少私营企业还不得不采取一些变通的生存方式。

据有关调查分析，1987 年浙江约有各类私营企业 4 万余家，主要分布在温州和台州地区。如温州市当时即有私营企业 1 万多家，其中苍南、平阳、瑞安 3 县的 44 个建制镇有私营企业 4318 家，约占其家庭工业和股份合作制企业的 15%。另据 1987 年对苍南、平阳、瑞安、温岭、慈溪、富阳、桐庐、德清、新昌、余姚、龙泉、临安、余杭、萧山、建德这 15 县（市）以及杭州市西湖、江干、半山 3 区共 230 家私营企业的调查资料，它们的开业时间大部分在 1983—1986 年之间，业主多为原乡镇集体企业的厂长、供销人员和技术人员（占 62.5%），行业主要分布于工业（占 92.2%），商贸服务业、运输业和矿业中的私营企业不多，分别只占私营企业数的 4.3%、2.2%和 1.3%，平均每个私营企业拥有资金 7.9 万元、雇工 25.1 人，95%为盈利企业。

(2) 1988—1991 年：徘徊发展阶段。在这一阶段，一方面，国务院颁布了《中华人民共和国私营企业暂行条例》，非公有制经济特别是私营经济的地位、作用和权益得到了基本肯定，从而进一步改善了浙江个体、私营经济发展的法律和政策环境；另一方面，从 1988 年开始的治理经济环境、整顿经济秩序和 1989 年春夏之交的政治风波，也给个体、私营等非公有制经济的发展带来了巨大的压力。

根据 1988 年开始启动的对私营企业的工商注册登记材料分析，在 1989—1991 年的 3 年内，浙江在册私营企业的数量、从业人员、注册资金和总产值指标，基本上都处于一种徘徊的状态。

(3) 1992—1997 年：高速发展阶段。在 1992 年邓小平南方谈话发表和党的十四大精神鼓舞下，浙江的个体、私营等非公有制经济进入了一个加速扩张的成长时期，尤其是私营企业成为浙江经济的新增长点，在数量、注册资金、吸收劳动力和产值等方面，均呈现持续高速发展的势头。到 1997 年底，浙江个体工商户达 153.23 万户、256.41 万人，分别比 1992 年增长 36.3%和 47.3%；同期，私营企业达 9.18 万户、135.52 万人，分别比 1992 年增长 6.98 倍和 6.63 倍。

(4) 1998 年以来：提高发展阶段。在这一时期，国内开始基本形成买方市场格局，经济增长由以供给约束为主转向以需求约束为主，这迫使已经基本完成资本原始积累的浙江的个体、私营等非公有制经济不得不更加注重企业上规模、技术上水平、产品上档次，以求不断增强市场竞争力。

个体、私营等民营经济的发展壮大，为浙江经济发展做出了重大贡献。到2003年，浙江个体、私营经济实现工业总产值8271亿元，销售总额6899亿元，社会消费品零售总额3124亿元，出口创汇额1211亿元。这四项指标已经连续6年居全国之冠。2003年浙江年销售收入上亿元的民营工业企业已达1367家，其中年销售收入在10亿元以上的有78家。在2003年全国工商联公布的中国民营企业综合实力500强中，浙江占了188家，总量居全国首位；在中国十大民营企业排行榜中，浙江占了4家。浙江进入2003年全国百强县的30个县（市、区）中，绝大多数县（市、区）的民营经济占生产总值的比重超过80%，占工业总产值的比重超过90%。

二、浙江民营经济发展模式的两大转变

40年的发展，浙江民营经济经历了很多转变，如从最初的重数量转变为重质量等。浙江民营企业根据市场变化不断地调整发展策略，形成了如今“发展好、增长快、后劲足”的态势。

（一）管理方式的转变

浙江民营企业的一个最显著特点就是企业“家族化”管理。长期以来，个体工商户和绝大部分的私营企业完全属于家庭或者家族企业，就连股份合作企业和股份制企业也大都保留着浓厚的家族色彩。家族化管理模式在民营企业创业初期具有其存在的合理性，家族企业的血缘关系很好地解决了管理层的约束和激励问题，家族企业减少了监督难度和交易成本，减少了委托代理的管理成本，增强了内部信息沟通的程度。但是随着民营企业的不断发展壮大，家族化管理暴露出的缺陷越来越多。由于家族化管理，企业对外来金融资本、外来人力资本的排斥，造成了许多民营企业的融资难、管理落后的问题。

近年来，越来越多的民营企业认识到了自身管理方面的缺陷，自觉实现管理模式或管理方式的转变。首先，改革和完善现代企业制度和企业产权制度，实现所有权和控制权的高度分离。其次，实现股权激励，降低代理成本，在两权高度分离的企业中，产权所有者与控制权所有者之间既相互尊重又相互统一，是一种委托代理关系。再次，许多民营企业改变了用人机制，去除过去任人唯亲的旧机制，实现了任人唯贤。最后，浙江民营企业还很重视企

业文化建设，重视企业文化的影响力。

（二）生产方式的转变

长期以来，浙江民营企业一直是以劳动密集型生产方式为主。随着浙江产业结构升级的不断推进，光靠劳动密集型生产方式已经不能满足浙江经济发展的需要。目前，浙江大型民营企业在不放弃劳动密集型工业的基础上，改变了创业初期的粗放型生产方式，加大科技投入，加快技术改造，并大力培植优质产品和创新名牌，出现了较多上水平、上档次的民营企业，从而使绝大多数民营企业从低水平、粗放型扩张向劳动密集型和高科技型相结合的生产方式转变，实现从劳动密集型企业向高科技密集型、资金密集型企业的转变。通过民营企业的生产方式的转变，浙江产业结构也从以传统制造业和商贸业为主，升级到以高技术、高附加值的先进制造业、新兴服务业为主的产业结构，实现产业结构的优化和升级。

第二节 “小商品，大市场”的经营模式

自 20 世纪 80 年代以来，浙商群体已经崛起为中国第一大创富群体。但细数诸多浙商生产、经营的产品，却大多是些平常而简单的小商品：服装、皮革、鞋帽、纽扣、玩具、眼镜、拉链、徽标、打火机、低压电器等。然而，正是这些小商品成就了浙商的大事业。

一、浙江生产的小商品产量大、市场占有率极高

在中国的经济版图上，浙江无疑是一个小商品王国。2003 年，根据国家统计局对 533 种主要工业产品产量的统计（统计范围为规模以上企业，统计对象主要是最终产品），浙江有 340 种产品的产量居全国前 10 位，占被统计产品数的 63.8%，其中有 57 种产品产量居全国第 1 位，有 119 种产品产量居全国第 2 位，有 157 种产品产量居全国第 3 位；产量超过全国总产量 30%的产品有 43 种，占全国总产量 10%以上的产品有 148 种。

另据浙江省企业调查队的统计，在 40 个工业大类中，浙江规模以下工业涉及了其中的 38 个，且规模以下工业企业的产业主要集中于纺织业、金属制

品业、通用设备制造业、纺织服装鞋帽制造业、皮革毛皮羽毛（绒）及其制品业、农副产品加工业、专用设备制造业、塑料制品业、非金属矿物制品业和电气机械及器材制造业等10大行业。2002年，从事这10大行业的规模以下工业企业约占同类企业单位总量的74.9%，其工业总产值占同类企业总量的72.6%。个体工业集中于纺织业、金属制品业、通用设备制造业、纺织服装鞋帽制造业和塑料制品业这5大行业。2003年，从事这5大行业的个体工业企业约占个体单位总量的55.5%，其工业总产值占同类企业总量的54.1%。另据浙江省企业调查队对1999—2001年私营企业制造业结构变化态势的分析，纺织、普通机械制造等产业工业产值比重有所提高，服装、皮革、塑料制品等产业工业产值比重有所下降。

浙商选择以劳动密集型为主的传统产业和小商品作为主要的产业发展领域，适合区域经济发展的基本条件和起步发展时期的市场状况。浙江人多地少，又没有自然资源优势。改革开放初期，面对一边是外国的高档货，一边是非常落后的本土日用消费品市场的情形，浙江人在市场的夹缝里找到了自己的生存空间：立足本土市场，改进提高本土工业品；同时借鉴国外的生产经验，通过引进技术和设计，对大量国外先进产品进行仿制和本土化改造。

市场竞争的比较优势不是看你生产什么，而是看效益、看利润。专门研究产业国际竞争力的美国哈佛大学著名教授迈克尔·波特曾经说过，“没有低技术产业，只有低技术企业”，“生产效率是竞争的决定性因素，除此以外其他因素都无关紧要”。而决定生产效率的是效益和利润。

与大宗商品生产相比较，小商品生产有其独特的比较优势。第一，小商品的生产成本低，不需要大量的前期投资，且经营风险相对较小，特别适合没有多少资本积累的中小企业去组织生产。改革开放初期，浙江大多数个体、私营企业的创业者都是靠省吃俭用才积累了有限的办厂资金，没有承担风险的能力。因此，他们只能从生产小商品起步。第二，绝大多数小商品生产属于劳动密集型产业，对技术要求不高，生产工艺比较简单，比较适合个体、私营企业。因为大多数个体、私营企业的经营者都是农民出身，不懂高新技术和现代化管理，也聘不起高素质的员工，但他们对小商品生产，无论是投资成本核算，还是市场机会把握，都得心应手。第三，小商品的消费需求市场大、风险小，利润率不低。比如1个纽扣，成本只需2分钱，可卖1角钱，利润率400%，真可谓“小商品、高回报”。如温州，2001年光是打火机、眼镜这些不起眼的小商品，其出口额就超过2亿美元。今天，繁荣发达的温州经济主要就是由各种小商品构成的，同时，更离不开在发展初期完全受市场利润牵引的成千上万的家庭工业，它们依靠所从事的多品种、小批量的服装、鞋帽、玩具、纽扣、眼镜、拉链、徽标之类的小商品生产完成了资本积累。调查表明，20世纪80年代，温州家庭企业一年平均投入1元，产出可达10元，而国有企业却是投入10元产出1元。这是由于小商品生产经营者的两只眼睛都是盯住市场的，他们在市场中寻找发展的机会和更高的利润报酬。乐清的“螺丝大王”刘大源原先是卖煤油灯的，后来他发现煤油灯当中的铆钉利润更高，就专门做起了铆钉生意，尔后则经营各种螺丝。苍南金乡镇的家庭工业刚开始时做的是学校饭菜票印刷业务，后来发现生产学校的徽章利润更高，就转而生产各种徽章，如今已发展成为“徽章之乡”。

20世纪80年代，浙江生产的小商品在消费者心目中一度形象不佳，温州小商品甚至还成为“假冒伪劣”的代名词。随着20世纪90年代以来生产企业质量意识的不断提高和产品标准体系的完善，浙江主要产品的质量稳步提高，合格率普遍提升。国家质检总局公布的2003年度国家免检产品中，浙江有64个产品名列其中，数量居全国第二位。许多企业还积极采用国际标准和国外先进标准。对浙江700家出口企业的调查显示，有54%的机电产品已达到欧盟CE标准，41%的产品达到美国UL标准。

在激烈的市场竞争中，浙江人逐渐认识到，小商品要真正获取更高的回报，必须依托生产规模优势，不断提高小商品质量，积极争创属于自己的著名品牌。

浙江在不断提高产品质量的同时，也不断注重品牌与商标培育。

在2001年评出的全国“十大真皮鞋王”中，浙江就占了5个。另外，浙江制鞋企业已拥有“康奈”“东艺”“吉尔达”3个中国驰名商标，皮衣生产企业拥有“兽王”“蒙努”等知名品牌，两者均占全国同业驰名商标总数的50%。在全国293件驰名商标中，浙籍商标占28席，总量居全国前列，其中一半以上为私营企业所有。为进一步提升产品的市场竞争力，浙江有关部门还从230多种全国市场占有率居第一的工业产品中，挑选出100个拳头产品加强培育发展，进一步打造“浙货”品牌，并引导浙江省其他工业产品进一步走向全国，跨出国门。

据《2017年浙江省商标品牌发展报告》显示，截至2017年底，全省累计有效商标注册量为154万件，全国排名第二，仅次于广东。排名前五位的下辖地级市分别为：杭州、温州、金华、宁波、台州，合计有效注册商标量总计为124万件，占全省总量的79.97%。境外商标注册量也呈递增趋势，全省共有境外注册商标76713件，年增长量为3277件。

小商品为浙江经济的发展做出了重大贡献。在很大程度上可以说，今天浙江经济的高额产出总量，就是由被人们看不上眼的种种小商品汇集而成的。然而，在经济全球化浪潮扑面而来和国际市场竞争正由资本竞争向技术竞争转变的今天，小商品要“走出去”，将直接面临与掌握大量知识产权的外国企业的竞争。一个企业如果没有自己的技术优势和品牌，没有自己的核心竞争力，不仅难以在世界市场上立足，而且在国内市场也很难有大的发展。因此，如何进一步提升小商品的生产质量和国际竞争力，仍然是摆在浙江中小企业面前的一个重要课题。

二、浙商开拓商品市场的诀窍

大量的商品生产出来，必须销到各个地方，才能把商品变为货币，变成财富。浙商开拓商品市场的诀窍主要有两个：一是在全国各地大量兴建商品交易市场，实现商品的大规模集散和销售；二是通过各种方式，积极寻找客户和消费者，把商品销售出去。实现了有形交易市场和无形交易关系的网络化，源源不断地把在浙江生产的商品销往全国各地、全世界各地。

（一）有形市场的兴建

在建交易市场方面，浙江商人兴建市场的冲动和能力在全国甚至全球都是出了名的。他们不仅在省内到处建市场，还把市场建到了全国各地、甚至是世界各地。有人夸张地说，哪里有浙江人，哪里就有市场；哪里有市场，哪里就有浙江人。浙江人是一群“造市者”。改革开放40年间，浙江人打造了一个以消费品市场为基础、专业批发市场为骨干、生产资料和生产要素市场为支撑的市场体系。这是推动中国产品走向世界的不可忽视的“浙商力量”。

1. 省内市场的兴建

省内市场开拓有两个空间特征：一是省内市场分布广泛，二是市场主体在农村。浙江已是名副其实的商品市场大省。就商品市场年交易总额、超亿元市场数、单个市场年成交额三项指标而言，浙江已经连续十多年稳居全国榜首。义乌小商品城和绍兴中国轻纺城是全国经营规模最大的专业市场，已连续多年分别居全国前两位。特别是创建于1982年的义乌小商品城，拥有营业面积470余万平方米，商位7万个，从业人员21万多，日客流量21万余次，经营16个大类170万个单品。是国际性的小商品流通、信息、展示中心，被联合国、世界银行与摩根士丹利等权威机构称为“全球最大的小商品批发市场”。截至2014年，义乌小商品城连续23年居全国专业市场成交额榜首。年成交额现在都已超过了200亿元。特别是义乌中国小商品城，上市交易的生活资料包括了小商品、服装、袜子、箱包、副食品等1502个大类的32万多个品种，生产资料市场包括了废旧金属、钢材、汽车、旧车、汽配、通讯、建材、机械、模具、纺机、船舶、电子等。目前，义乌小商品已出口到全世界206个国家和地区，市场外向度高达55%以上。同时，余姚中国塑料城、浙江南浔建材市场、绍兴中国轻纺城、钱清原料市场、绍兴染料城、杭州灯具市场等一批市场，也都成为全国同类市场中规模最大、辐射最广、影响最大的全国性大型生产资料市场。

温州是浙江商品市场发展的开路先锋。温州的家庭工业小商品生产，一开始就是借助市场配置资源发展起来的，产品要靠市场销售，所需原材料也通过市场采购，这使市场应运而生，正所谓“忽如一夜春风来，千树万树梨花开”。早在1983年，温州就形成了313个有形商品市场，其中有在当时十分出名的柳市低压电器、桥头纽扣等10大专业市场，每天共有40多万人参与市场交易，年交易额达10.4亿元，并形成了一支10万人的个体购销队伍。几乎在温州商品市场发展的同时，台州市也形成了一批规模较大的商品市场。浙江中部的义乌则在1982年也有了第一代小商品市场。

在农村工业化进程中，由于商品市场发展具有“带动一片产业，活跃一地经济，富裕一方百姓”的联动效应，到20世纪80年代末90年代初，浙江全省各地纷纷效仿温台地区和义乌等地办市场的经验，出现了建设市场的热潮。1991年，浙江省委、省政府进一步提出“统筹规划、合理布局、发挥优势、讲究实效”“谁投资、谁受益”的市场建设方针，使依靠社会力量办市场的热情不断高涨。进入20世纪90年代中后期，浙江省实行市场“管办分离”的政策，政府加强了对市场秩序的规范建设，进一步有力地促进了市场的健康发展。

2. 省外市场的兴建

为了寻求新的发展空间，浙商把市场开拓的目光放远，放到了省外，乃至全球更广阔的天地中。浙商在全国各地开办了一批专业市场，有600多万人在外经商。所以，浙江不仅单个市场规模大、辐射广，而且数量多、群体市场竞争力强、规模经济优势显著。以一大批全国性的集散型和产地型专业市场为基础，以省外的众多分市场和庞大的经商大军为依托，浙江专业市场的辐射范围达到各个省市，形成覆盖全国的市场网络。据估计，浙江70%的工业品销往外省。在浙商市场开拓的发展进程中，其辐射面呈区域—省际—全国—国际的扩大态势。浙商开拓省外市场走过了以下几条开拓路线。

路线1：边境地区。时间：20世纪90年代。

20世纪90年代初，邓小平南方谈话后市场复活，边贸红极一时，浙江某些产品在边贸点的销售利润是本地销售利润的数倍甚至超过10倍以上。作为义乌中国小商品城在全国的第一个分部——新疆商贸城于1993年在乌鲁木齐诞生。于是，也就贯通了乌鲁木齐—霍尔果斯—阿拉木图直达黄金线路，构建成对外八国的浙江商品输出格局。新疆商贸城至今仍是西北地区规模最大的集贸市场。在边贸大繁荣时期的1993—1995年，每天从火车站托运处收到发自义乌的货物达120—150吨；到1998年，义乌商贸城平均每天发往分市场的商品达190吨，商品价值上亿元。由于边贸热的持续，这类线路上的专业市场一直承载着中转的重要作用。在广西东兴市，专业市场被当地人认同为边境贸易发展的重要途径。在浙江人办的东兴市轻纺城里，有80%的商品出口到越南，120家经营户中浙江人占85%以上，年销售额达20个亿以上，一直是西南最大的布匹专业市场。在黑龙江绥芬河对俄贸易市场总共1.2万个摊位中，浙江人拥有近1/3，从黑龙江卖到俄罗斯的产品中，“浙江制造”一向占有很高的比例。浙商在省外办市场选址时往往看重与口岸及边贸的地缘关系或地理位置。

路线2：三北省会。时间：20世纪90年代初期。

改革开放初期，价廉物美的浙江商品在我国以重工业为主的北方城市颇受欢迎。所以，浙商兴起了兰州义乌商贸城、义乌商贸城河西批发中心和西宁义乌商贸城等。据统计，到2000年5月，国内先后办过和在建的挂名为“义乌分市场”的共有45家，分布在全国20个省（区）市。

路线3：走出境外。时间：2001年兴起。

随着2001年浙江省提出“走出去”战略，浙商境外贸易热潮由此兴起。截至2003年底，浙商已在全球建立市场、分市场40余个。东亚、欧洲、俄罗斯、中东、拉丁美洲等国家或地区均已出现了浙商兴办的专业市场。如阿联酋中国商城、迪拜中国商城、荷兰中国商城、蒙古乌兰巴托正品市场、意大利温州商城等。在此过程中，温州人参与极多，向全球展现了宛如犹太人的精明。

路线4：商贸业相对薄弱的发达地区。时间：2002年前后。

苏州、无锡、常州地区的工业化比较发达，而商贸流通业相对滞后，当地政府有意调整产业结构和经济发展策略，吸引了不少浙商去兴办专业市场。交通优势、经济基础、消费能力、开发成本、政策配合度等因素，使办市场成为最大的卖点。浙商兴办了无锡五洲国际装饰城、无锡东方国际轻纺城、苏州中国国际服装城、苏州车市等。

路线5：商业地产热的大都市。时间：2005年之后。

在2005年国家政策抑制住宅投资，国际房地产基金大规模进入中国市场的情况下，2006年中国出现地产大热。于是，一些浙商套用现代商业地产概念来包装和兴办专业市场。他们在像上海等这样的大城市拥有一些交通便利的地块，正在进行与国际接轨的商贸城建设，如上海曹安国际商城、上海金山国际贸易城、上海国际鞋城等。

许多小商品就是依托大市场，发展成为大产业。如温州中小企业生产的小商品，有的在全国市场上已占很大的份额：灯具占30%，饭菜票占89%，单位证件占91%，低压电器占35%，皮革占20%，磁力泵占70%，阀门占30%。特别是温州的打火机、眼镜、剃须刀、纽扣等小商品，不仅在国内市场占绝对竞争优势，在国际市场也极具竞争力，打火机、眼镜等产品占国内、国际市场的份额分别约为90%和70%。小商品虽小，从事生产的企业也小，但无数的小企业聚合在一起，就形成了规模巨大的区域“大工厂”，甚至成了全球最大的生产基地。比如在乐清柳市镇，小小的低压电器竟然发展出300个品种、26000个规格的系列产品，称得上是“低压电器之都”。类似这样的例子在浙江可以说俯拾皆是：嵊州市年产领带3亿余条，在国内市场上五分天下占其四；海宁皮革年产1600万件，产量占全国的1/4；萧山羽绒制品产量占全国的1/3。

（二）无形交易关系的拓展

浙商不仅在兴建市场方面独具眼光，取得了巨大的成功，而且在寻找客户和消费者方面也具有天才般的神奇。浙商对市场的变化极其敏感，能够在纷繁复杂的社会里寻找合适的商机，并立即付诸行动，下手极快。等到其他竞争对手采取行动时，浙商已经完成了交易过程。有人形容浙商是“具有狗一样的鼻子，具有狮子一样的速度”。浙商开拓市场的方法很多，归纳起来主要有以下几种。

1. 走街串巷开辟市场

行商、走商，或者说游商，是浙商开拓市场的起步阶段，时间是20世纪70年代末到20世纪80年代末。主要是小打小闹，“乱”打“乱”闹，打一“枪”就换一个地方，有生意做就做，没有生意做就走，走到哪里把生意做到哪里，哪里有生意就跑到哪里，几万元的大生意抢着做，几块钱的小生意也愿意做。这时的经商是满地跑，像是打游击似的，如永嘉的弹棉郎、温州的理发女、瑞安的修鞋匠，用自己的两只脚走遍中国的山山水水，基本上都是为了推销本地产的小商品。

成千上万的浙商“走街串巷”，进入流通领域，组成了一支庞大的购销队伍，熟悉各种购销渠道，了解各地的市场行情，活跃在全国各地分散的交易市场，他们或是将产品打入到大小城市的商场，或是在推销产品的同时，还传递了各种信息，并获得更多的订单，促使一些浙商和其他具有创业意识的人相继创办企业，并使更多的成品制造商就地聚集，进而吸引更多的当地居民（或农民）加入生产队伍。

2. 以小商品低价格抢占市场

在浙商眼里，职业没有高低贵贱之分，只要坚持去做就是可贵的。浙商善于从小处着手，低价推销。如温州人赚钱，从零做起，一步一个脚印，踏踏实实，一丝不苟。纽扣、标签、标牌、商标、小饰品、小玩具，这些外地人看不上、懒得做的“小玩意儿”，都是由温州人做起来。不怕赚钱少，就怕不去赚，因此，温州的小商品遍布全国。慢慢地，他们把产品由小变大，从纽扣到服装、鞋子，从电子元件到成套电子设备，从日常用的小物品到高科技产业，越做越大，尤以乐清柳市镇的五金电器、永嘉桥头镇的纽扣、苍南金乡镇的小商品最为典型。温州人四处闯荡，占据了外地人不屑一顾的领域，静静地富起来。温州人人人都想当老板，个个都敢冒风险。他们办企业，不像北京人、广东人追求大气派、大产品，而是从小处着手，填补全国小商品市场的空白点。只要有一分钱赚，温州人都会不遗余力地去干，浙商走的就是“小商品，大市场”的路。

浙江义乌的小商品市场上，卖100根牙签只赚1分钱！一个商贩每天批发牙签10吨，按100根赚1分钱计算，他每天销售约1亿根牙签，稳稳当当进账1万元。有摊位卖的是缝衣针，粗的、细的、长的、短的，一应俱全，平均1分钱2枚，这个小商贩一年卖针也能挣到80万元。这就是浙商的精明所在——以令人难以置信的低价抢占市场。小商品周转快，销售量迅速变大。在浙江，靠做这样只赚1分钱生意起家的浙商不计其数，人称“蚂蚁商人”。“蚂蚁商人”赚钱的秘诀是：家家自己开工厂，把成本降到最低，每件商品只赚一分钱就卖！他们算账：一双袜子赚一分钱，一个普通摊位每个月要销出70万到80万双袜子，也就有7000元到8000元利润，一年下来将近10万元。租10个摊位，就是100万元！

尽管“蚂蚁商人”做的是不起眼的小商品，可商品本身虽小，整个社会的需求量却是巨大无比。在现代社会，市场竞争使不同生产者的优势日益凸显，进而导致生产的分工越来越细，越来越专业化。每一件商品都不可能由一家企业全部自产，而是由千千万万家企业协作而成，每个企业更成为生产链条上的一个环节，赚取其中非常细微的利润。“蚂蚁商人”在创业初期，不能动辄就上大项目、搞高精尖，而是树立“勿以利小而不为”的态度，看准不起眼的小商品、小配件，从而开拓别人尚未注意的市场缝隙。其实，小生意投资少，风险也小，见效快，虽然得到的是薄利，但薄利多销，积少成多。从“蚂蚁商人”做起，是浙商做大、做强的源泉。

第三节　“小企业，大协作”的产业模式

浙江经济发展的一大特色，是中小企业数量众多，分布面广，形成“小企业，大协作”的区域集群，产生了显著的整体群落效应。这也是浙商模式的一个重要特征。

（一）基于大协作的中小企业集群

中小企业是浙江经济增长的基本动力和重要支柱。浙江是全国中小企业发展最快、影响最大的一个省份。2003年，浙江各类中小企业已经突破100万家，企业总数占全省企业数的99.5%。其中规模以下工业企业总量达到73.1万家，占全部工业企业的96.6%；工业总产值达到了6486.1亿元，占全部工业总产值的比重为33.3%。浙江中小企业产值总量位居全国第一，单位总量也名列前茅。

受区域工业产业传统和专业市场发展等因素的影响，浙江中小企业产业具有显著的区域性特征。例如，杭州规模以下工业企业主要集中在纺织业、造纸业及纸制品业、塑料制品业、金属制品业、普通机械制造业、非金属矿物制品业等行业，其工业总产值和销售收入均占规模以下工业企业总量的45.5%；宁波主要以水暖器材、箱包、针织衫裤、五金工具等为主；温州则以塑料制品业、皮革毛皮及其制品业、服装制造业和电气机械制造业四大行业在规模以下工业企业中所占产值最大。此外，嘉兴的纺织业、皮革，台州的轻纺面料，舟山的水产加工，以及衢州、丽水的竹木加工等，也成为当地产业发展的重要支柱。

建立在区域性集聚和分工协作基础上的中小企业，构成了富有浙江特色的中小企业群落。在生物链完整的非洲大草原，最惊心动魄的场面不是狮子王的出现，而是土狼群对猎物的围堵撕咬。土狼的生命力极顽强，虽然一只土狼体积很小，但百狼一心群起进攻猎物的力量，几乎是战无不胜的。如果我们把世界商品市场比喻成一片弱肉强食的草原，那么浙江建立在“小企业，大协作”基础上的中小企业区域集群，就是具有较强竞争力的“土狼群”。

浙江的中小企业之所以具有较强的竞争力，与浙江“小企业，大协作”

的群落发展模式有着密切的关系。在浙江的工业化发展过程中，受产业基础、资本积累、技术和人才等因素的限制，大企业不多，主要是依靠民间力量发展起来的中小企业。从生产要素组合来看，中小企业只能从生产某一产品的零件起步，自发形成该类产品的专业化。而生产者之间的相互模仿，生产技能和市场信息的快速传递，使得同类产品的生产像滚雪球一样越滚越大，进而形成了产业集群。这不仅能帮助和促进企业之间建立起相互交流和学习的机制，将外部的信息、知识内部化，活化企业的内部资源，提高企业的知识构建能力和组织竞争能力，更重要的是，广大中小企业在发展中，可以进一步形成以最终产品为“龙头”、以专业协作为纽带、以广大中低收入消费群为主市场的庞大的小企业生产体系，以及与之配套的社会服务体系，呈现众多“无形大工厂”式的规模经济特色。建立在“小企业，大协作”基础上的中小企业，以纵向专业化市场分工和长期形成的市场基础为依托，构筑了自身的市场竞争力，具有鲜明的同类相关企业区域集群的特色。

区域性中小企业集群及其分工协作关系的发达，能产生外部规模经济和集聚经济效应，从而有效地弥补了单个小企业规模存在的缺陷。一个单独的小企业往往势单力薄，但在一个不大的区域内，一群产业密切相关的中小企业通过专业化分工协作而联合起来，无形中就会产生如同大工厂般的规模经济。地处太湖之滨的湖州市织里镇，是远近闻名的“童装之都”。20 世纪 80 年代初，当地老百姓从生产绣花枕套和床罩开始，逐渐培育起国内最大的童装产业和童装市场。该镇现有童装生产企业 6600 家，还带动起 466 家印花企业、1021 家绣花企业、872 家面料辅料企业、39 家缝纫机配件生产企业和 37 个联托运站。整个织里镇俨然成了一个没有围墙的童装大工厂。2002 年，织里童装年产量达到 1.5 亿件（套），产值达 35 亿元，国内市场占有率达到 21%。

区域性中小企业集群的发展，不仅可以产生外部规模经济，而且通过技术和市场联系，可以对一个地区的相关产业发展产生重要影响。如诸暨大唐镇，有 8000 多家家庭企业从事袜业生产，平均每家仅 8 台织机，谈不上是一个完整的企业。但全镇围绕袜业生产，通过自发的专业化分工，不仅形成了专事原料、缝头、定型等的生产企业，而且有专门从事包装、联运、营销和机械配件生产的厂商。这些企业加在一起，经济能量大到足以消化任何订货量。大唐镇每年生产48亿双袜子，产值达到90亿元，在全国袜子市场的占有率达70%。

在区域性中小企业集群中，中小企业之间除了发达的分工合作关系外，相互之间的竞争也很激烈。而竞争不仅给中小企业带来了压力和动力，而且为技术进步和制度创新提供了激励，有助于降低成本和提高产业竞争力。在温州的打火机生产中，一只电子点火器，以前依靠进口，每只价格要4—5元，当地企业攻克生产难关后，价格降到了1—2元，而现在由于形成了大规模生产，每只只要0.2—0.3元了。打火机密封圈的质量要求也相当高，每只打火机需要5—8只密封圈，过去进口要0.2元一只，经温州人自己研制出来后，只要0.05元一只，而现在则仅需0.005元一只。纵向分工产生了企业集聚和内部专业市场，虽然在初期会出现各种各样的重复建厂，企业之间相互模仿、过度竞争、追求短期利润，呈现出明显的小规模、家庭作坊式的生产特征，但是由于纵向分工导致新企业的进入门槛很低，竞争的压力会迫使企业通过创新来提高竞争力。

由于在区域性集群中，发生协作关系的中小企业彼此不存在依附关系和从属关系，因此企业保留了自身的独立性。一个区域性中小企业集群好比由无数小鸟集合而成的鸟群，鸟群的形成并没有使小鸟失去灵活性。在日本的精益生产方式中，一个大厂的各个车间是没有竞争关系的，而在浙江的大多数中小企业群落中，各个企业就好比日本大厂的各个车间，但这些“车间”之间依然存在着激烈的竞争，每个“细胞”都充满着发展的活力。

企业集群的形成还有助于中小企业之间的技术扩散与知识流动，进而为区域内部生产要素的升级创造良好的环境。在这些产业集群内部的中小企业之间，有正式的协作关系，它们通过各种合同，形成正式的经济网络；也有非正式的各种交易和交流活动，例如在公共场所举行的各种洽谈会、展销会、论坛等，以及人员之间的流动，从而形成各种非正式的社会网络，很多知识和信息就从那里传播开来，新知识不断产生和积累。对于浙江来说，与企业集群相伴随的专业市场在企业集群发展中发挥了十分重要的作用。国际上的研究指出，这种社会网络和经济网络（台湾地区称为“人脉网络”和“产业网络”）形成了地方创新网络，是形成企业集群竞争力的基础。企业集群的生命力，就在于地理位置上彼此靠近的各个企业从事同一产业的多样化经济活动，由于企业间长期相互接触，逐渐形成互相信任的社会网络。人们不只从正式渠道（技校或岗位培训）学习技能，还在日常面对面的交往中相互学习，这促进了企业的高效成长。实践表明，在区域特色企业集群的地方，既会形成一种能够为中小企业发展提供无限机会的地方创新环境，又会形成有利于知识和信息扩散、传播的学习型区域，同时还是孕育企业市场竞争力的“摇篮”。世界上许多成功的企业，就是在具有地方创新环境的企业集群中成长起来的。

（二）中小企业集群的主要类型

根据产品特征及其集聚机制的差异，我们可以将浙江中小企业集群分为如下四种类型。

第一，基于区域内部分工协作的企业集群。在这种类型中，产业特色十分明显，产品是其主要的集聚纽带，企业之间的关系以平等的市场交易为主，各企业之间根据其技术特色或生产能力，形成了水平的或多层次的分工协作体系，整个区域由此成为某种产品的生产基地。如苍南金乡镇是全国最大的徽章生产基地，在那里，这种小商品的生产工序有设计、熔化金属、写字、刻模、晒板、打锤、钻孔、镀黄、点漆、制针、打号码、装配、包装等十多道，每道工序的加工都由独立的企业（加工专业户）进行，半成品通过市场交换获得。由于中间产品的转移成本很低，而愈加精细的专业化分工，使得生产同种产品的企业能不断从内部剥离出各种可分割的功能操作，这样既节约了生产费用，获得了专业化优势，同时整个区域又实现了规模经济。

第二，基于销售网络的企业集群。浙江省绝大多数的区域特色经济都是同专业市场相匹配的，如义乌的小商品市场、绍兴的轻纺市场等。专业市场与当地相关工业之间联系紧密、互相促进、共同发展，构成了具有区域特色的企业集群。在这种企业集群中，专业市场为没有达到规模经济要求的中小企业提供了一个庞大的、共享的销售网络，使它们可以获取营销和信息方面的外部规模经济，并降低了交易的不确定性风险成本，带动了当地相关特色产业的发展。而对那些中小企业来说，专业市场不仅弥补了它们功能上的不足和缺陷，而且能够向它们及时提供各种信息，促使企业在生产和产品升级换代等方面获得互动学习和创新积累，从而为区域经济发展提供了产业孵化基地。

第三，基于品牌的企业集群。品牌是一种专用性很强、具有超值获得能力的知识资产，而且品牌经营具有很高的规模经济要求。对于规模小、实力弱的小企业来说，可以通过联合销售机构，以追求品牌在批发经销上的规模经济。当然，联合销售机构对各企业有统一的质量要求，产品使用统一商标，并对各成员企业收费，享有品牌的收益权和管理权。这种品牌的企业集群不仅存在于浙江的区域特色工业中，如嵊州的领带业、诸暨大唐的袜业，也出现在浙江庆元香菇、安吉竹产品等区域特色农业的发展中，它们的部分产品也是通过共同使用品牌和联合销售机构销往各地的。这种生产销售组织形式，从总体上增强了小企业开拓市场的能力，降低了企业集群内部的交易成本，从而使整体竞争力得到增强。

第四，基于资源的企业集群。这主要是指那些以中间产品为主的企业集群，为了使企业自身的生产经营稳定发展，个别核心企业为小企业提供其生产经营所需的原材料等资源，而一些小企业则以投资股份或以其他契约的方式与核心企业建立联系。这样，以资源或原材料为依托，企业之间互相协作，形成了企业集群。这种类型多见于化学、冶金等工业，以及商业与服务业。浦江的水晶玻璃工艺品业就是如此，该产品远销美国、日本等地，香港回归庆典所用的水晶工艺品均产自该地。但浦江及周边地区并没有水晶玻璃的原料供应资源，品质最优的原料需从捷克或奥地利进口，中低档的玻璃毛坯也只能从河北、天津等地采购。当地政府为了充分引入市场定价机制，防止少数原料和产品包销商的价格垄断，兴办了近 2 万平方米的水晶工艺品、灯饰市场，使小企业进入和退出成本大大降低，形成了一个产品质量可靠、彼此信任、能按时交货的供求平台。当然，掌握优质原材料的企业的核心地位是不容置疑的。

毫无疑问，以企业集群为基础的区域特色经济，不仅为充分利用当地的人文资源和产业特色提供了可能，更为重要的是，通过量大面广的小企业的集聚和互动，最终形成了区域内生增长机制，使产业的比较优势能稳定持久地得以发挥。

（三）基于中小企业集群的区域特色产业

追溯浙江一个个区域工业化的发展历程，它们往往都以中小企业集群为依托，从“一村一品”“一镇一业”起步，就近建立专业市场，专业生产与专业市场相互促进，经过无数次产业档次提升和市场扩张，区域产业规模不断壮大，生产、研发、销售网络逐渐向全国扩张，最终在高度专业化的中小企业集群的基础上，形成了“小资本、大集聚”的特色产业区或块状经济。

温州是浙江块状经济的重要发祥地。在温州143个建制镇中，“一镇一品”区域特色产业的产值超10亿元的镇有30多个，经济总量占全市的60%以上。温州市区的皮鞋、服装，苍南的塑料制品，龙港的包装印刷，乐清柳市镇的低压电器，瓯海的眼镜，永嘉桥头镇的纽扣等产品在全国市场的占有率大都在30%以上，其中小小的打火机在国际市场的占有率竟然超过了70%。现在，温州已经相继建成了“中国鞋都”“中国电器城”“中国金属外壳打火机生产基地”“中国剃须刀生产基地”“中国制笔之都”“中国合成革之都”“中国塑料薄膜生产基地”“中国印刷城”“中国眼镜之都”等一批“国字号”生产基地。

在杭州市，余杭区的装饰布产业共集聚了大大小小1200多家企业和10万从业人员，拥有各类织机万余台，年产各类装饰布突破1亿米，产值高达20多亿元，成为国内最具实力和竞争力的布艺生产基地之一。

在绍兴市，柯桥镇成为全国设备最先进、专业市场规模最大、产量最大的化纤纺织产业集聚区；嵊州市生产的领带在全国领带市场中占有80%的份额。

在宁波市，鄞州区有服装企业660多家，从业人员4万人，全国服装企业8强中，鄞州区占1/4。

在遍布各地的区域特色产业发展中，一道亮丽的风景线就是“零资源经济”现象。所谓的“零资源经济”现象，指的是经济发展不是以本地自然资源为依托，而是利用市场机制的集聚和配置功能，大做“无中生有”的文章，走生产原料和销售市场“两头在外”的产业发展路子，而崛起成为区域特色产业区。在浙北平原地区，嘉善县当地没有森林，不产木材，却建成了经营规模在全国名列前茅的木业市场和中国最大的胶合板生产基地，胶合板产量占全国市场份额的1/3；海宁市畜牧业不发达，却发展成为中国最大的皮革生产基地，产量占全国的1/4；桐乡市和秀洲区虽然不生产羊毛，却发展成为中国最大的羊毛衫生产基地。

近年来，浙江的“零资源经济”现象开始出现向科技产业拓展的新动向。

如富阳的光纤电缆、东阳和宁波的磁性材料及新昌的医药等，都正在崛起成为新的特色科技产业园区。

这些在一定地域集聚形成且有比较优势、带动当地经济社会发展的区域特色产业及其组织形式，在浙江被称为区域块状经济。毫无疑问，区域块状经济的发展，具有“小资本、大集聚”的规模经济效应，已经成为支撑浙江经济发展的一个个区域增长极。浙江省委政策研究室的一项调查显示，到2000年，在浙江88个县（市、区）中，有85个县（市、区）形成了以“小资本、大集聚”为特征的519个块状经济，比1997年的306个增加了213个。这些块状经济涉及175个工业行业、23.7万家企业，共吸纳就业人员380.1万人。

区域块状经济在浙江经济发展中具有举足轻重的地位。2000年，浙江块状经济总产值达到5993亿元，占当年全省工业总产值的49%，比1997年提高了12个百分点。在全省519个区域块状经济中，平均每个产业规模达到11.5亿元。其中，产值在10亿元—50亿元的区块有118个，50亿元—100亿元的区块有26个，100亿元以上的区块有3个。

区域块状经济成为浙江许多县（市、区）工业发展的主要支撑力量。根据浙江省委政策研究室的调查资料，2000年，浙江有三分之一的县（市、区）的块状经济产出占该县（市、区）工业总产值的比重在50%以上，有17个县（市、区）占50%—70%，有12个县（市、区）占70%—90%，有2个县（区）的块状经济在该县（市、区）工业总产值中的比重竟超过了90%。其中，杭州市萧山区的块状经济总量达到550.78亿元，占萧山区工业总产值的91.5%；温州市苍南县的这一比重高达93%。全省有52个块状经济生产的产品的国内市场占有率在30%以上。

区域特色产业并非浙江独有。当今世界上经济发达的区域，无论是美国硅谷，还是意大利的南部地区，都有发达的区域特色产业。为了充分发挥浙江特色产业的竞争优势，2001年，浙江省有关部门联合发文命名了浙江第一批省级乡镇工业专业区。其中，机电、五金、电子等类专业区有21个，约占总数的44.68%，主要分布在金华和台州等地；纺织、服装等类专业区有14个，占总数的30%，主要分布在嘉兴、湖州、绍兴等地；其余专业区包括木业、化工、印刷等。大唐袜业、嵊州领带、路桥五金、金华汽摩配等47个区域特色产业区榜上有名。据统计，这47个乡镇2000年实现的工业总产值达1635.94亿元，销售产值为789亿元，实现利税87.64亿元，出口交货值达182.24亿元。通过产品创新、市场创新、技术创新，进入园区的大批企业正在从“小企业、小产品、小规模”，走向“高技术、大市场、高效益”，竞争力显著提升。

第四节　团队协作的投资模式

浙商能够在各个投资领域掀起狂澜，赚的钱比别人多，其中一个很重要的原因是浙商可以形成一个团队。团队成员共同努力，不仅为后来者创造便利，而且为所有在该行业经营的浙商创造便利，大家都以最后进入的投资者所付出的最低成本为标准享受市场福利（投资者剩余）。即便是松散型的组织形式，也能带来滚雪球效应。

（一）商会经济

据浙江省协作办统计，到2006年5月，已经成立了23个省外浙江企业联合会（商会），江苏、福建、辽宁三个省也已经成立筹备组。商会经济所显示的力量已经获得了越来越多的政府部门的认可，这种经济联合体不但在招商引资、协调关系等方面具有优势，同时也具有一个地区的经济话语权，比单个企业力量强大得多。目前以浙商商会组团式投资的形式越来越多，民间商会开始主导资金的流向。

在已经成立的20多个省级浙江企业联合会（商会）中，不乏一些强势商会及其领导者。尤其是北京浙江企业商会的会长沈国军和上海浙江商会的会长郭广昌这两位明星会长的出现，一定程度上增加了商会的影响力。反过来，会长们也很看重商会角色的重要性。

浙商商会的经济实力正在不断加强。例如，北京浙江商会、云南浙江商会、天津浙江商会、陕西浙江商会等都先后建有浙江商会大厦，作为浙商在当地的商务中心。

以商会名义招商引资也成为一种新模式。因为政府再怎么宣传投资环境如何好、办事效率如何高，浙商还是不会轻易相信，但是对于同乡以其切身感受而做的介绍却很信任。因而各地的浙江商会，已经成为招商名副其实的“娘家”。

广西壮族自治区有关部门支持协助成立广西浙江商会后，开展了以商引商、以商招商的活动。在2005年10月举行的中国—东盟博览会上，签约的重点项目有：总投资6亿元的广西中强置业投资有限公司商住小区开发项目，总投资3亿元的罗城仫佬自治县山野葡萄酒总厂项目以及分别投资1.3亿元、0.8亿元的河池青山控股集团、象州县丝绸制造等重点项目，就是通过上述招商引资方式被吸引到广西的。

（二）财团经济

2005年底，一家由27个企业（个人）集体入股、注册资金上亿元的云南浙商集团有限公司成立。耗资25.6亿元的“中国—东盟贸易港”就是云南招商集团的第一个项目。

2005年10月，20多位浙江企业家在武汉成立湖北浙商投资发展集团。该集团在武汉第一个项目为总投资8亿元的房地产项目。除房地产外，他们今后的操作重点还在于“国企并购”。

除了上述两个于2005年成立的省外民间财团外，2006年4月，青海浙江企业集团也宣告正式成立。它的成立为浙江在青企业的投资和发展创建了一个新颖的模式。

（三）合作制（联盟制）

一些经济学家经研究后得出结论：浙商在外的发展与壮大，离不开浙江人特有的“生存链”——同乡间互帮互助、团结协作，抱团抗击风险的精神。

几年前浙商陈晓明看中了“邳州·中国科技木业城”这个项目，当时他手头只有几千万元，但他果断地签下了投资意向。当他再次来到邳州时，他和其他4位老乡合股投资6.9亿元，揽下了这个项目。

在武汉，4家浙江企业出资组成武汉市龙腾置业有限公司，以3.6亿元的天价买下汉正街104亩土地的经营权。这种由国企与民企共同投资发展的合作方式，打破了传统浙商个人间“抱团”发展的模式。

由现代联合控股集团牵头，阿里巴巴、传化集团、中国五金城、中国皮革城等十多家集团型企业联合开发的山东现代国际物流基地一期工程，于2005年9月在济南正式破土动工。这个物流项目总投资110亿元，总规划面积 11549 亩。“单一的小企业走出去投资的风险相对较大，联合起来，组团出击，会更有优势。”现代联合控股集团董事长章鹏飞如是说。在这个项目中，传化集团在物流基地的运作方面有着丰富的经验，而阿里巴巴的加盟保证了物流基地信息流的畅通。

（四）扎堆型

在邳州人的眼中，浙江投资者们都有一个滚雪球的法则，那就是一名浙商来这里投资后，他会带动另一批人也来投资。而浙商前来创业发展，互相帮助，就像滚雪球般，越滚越大。

在 2005 年 7 月下旬举办的“千名浙商看邳州”活动中，第一批 500 名浙商中绝大多数是由先期来邳州投资的浙商戚邦俭邀请来的。戚邦俭两年前来邳州考察时，就看中了邳州的投资环境，如今，他投资的国贸广场项目已经建成。为了打造一个具有浙江模式的邳州市场，他邀请了上百名浙商来此考察，一批人看后就留下投资了。戚邦俭强调，一个浙商的力量是“1”，两个浙商的力量就大于“2”。

第五章

浙商的人文精神

本章的教学目标和要求

1. 了解浙商精神对于浙江经济社会发展的推动作用。
2. 了解浙商的人文精神。
3. 深刻理解浙商精神的精髓。

思考题

1. 你是如何理解浙商精神的？
2. 与其他商帮相比，浙商最可贵的精神是什么？
3. 你觉得“富二代”浙商需要具备哪些新的品质？

一个地区的迅速崛起和高速发展背后必然蕴涵着丰富、深刻的人文精神。人文精神是一种普遍的人类自我关怀，表现为对人的尊严，对价值、命运的维护、追求和关切，对人类遗留下来的各种精神文化现象的高度珍视，对一种全面发展的理想人格的肯定和塑造。与商业的崛起、财富的积累不同，人文精神的形成和传承是长期的，是经过漫长的历史沉淀和积累后得以历练出来的。对于浙江而言，一方面，独特的地理位置，几千年来人们的商业活动，尤其是近现代人们的商业实践和地区经济发展，对浙商人文精神的养成和演变都具有极为重要的影响；另一方面，人文精神作为一种社会意识形态，并非一成不变的，它会随着社会的发展而发展，而特定时代的人文精神也必然不可避免地会烙上那个时代的社会印迹。

第一节　浙商及其人文精神的蜕变

浙江经济的崛起在很大程度上得益于浙江特殊的区域文化和浓厚的商业文化传统。近代以来，随着资本主义经济萌芽的出现，浙江逐渐培育出浓郁的区域商业文化传统，形成“义利并存”“工商皆本”“富于冒险、开拓进取”，以及“崇尚柔慧、厚于滋味”的人文情怀。在这样的人文土壤里，浙江的广大民众有着强烈的自我创业欲望和浓厚的商品经济意识，因此可以在改革开放政策的背景下成为社会主义市场经济的先行者。除此之外，在明清时期兴盛的宁波商帮、龙游商帮、南浔商人和婺商等商人群体的经商实践也是留给新浙商的宝贵遗产，在后来新浙商创业中所采用的前店后厂、专业集聚区和注重商会组织的做法，都是深受先辈的启发。19 世纪中期上海开埠以来，大批浙江人奔向上海滩，在那里较早地接受了现代资本主义生产方式和知识文明，成为上海滩上华人民族资本家的少数先驱。在十里洋场的上海滩，浙江人博采众长、善于学习的开放心态得到了传承和发扬，这种精神在现在的浙商商战中也有所体现。因此，有着浓厚商业文化传统的浙江区域文化是当今浙商叱咤风云的深层次文化基因。

除了历史积淀和传承外，浙江独特的自然地理基础也为浙江的人文精神赋予了独特的气质。生存环境的恶劣、人均生产资源和生活资源的匮乏，以及国家投入的有限，使浙江的区域经济发展速度十分缓慢，然而正是这样的次等生存环境培育了浙江人民勤劳、敬业的品质，也让他们萌生了远走他乡寻求生存发展的念头。聪明的浙江人很快在奔波中发现贩卖小百货可以致富，因此这些小货郎成了最初一批成功的新浙商。成功的示范效应使得越来越多的浙江人走向全国，从最初的“哪里有市场，哪里就有浙商”到后来的“哪里有浙商，哪里就有市场”，靠的就是这些小货郎的执着和坚持不懈。20 世纪 90 年代后，散兵游勇的浙江人已经遍及了世界各个角落，形成了粗具规模的国际营销网络。如今，我们的新浙商不仅将勤奋务实的企业家精神散播在海内外，更为当地创造了就业岗位和税收，成为最受欢迎的商帮团体。

一、浙商的人文精神

浙商的人文精神，简称浙商精神，广义而言是指从古至今的浙江商人在经商实践中形成的观念和看法，以及在他们行为过程中所体现出来的价值取向；狭义的浙商精神是指改革开放以来的新浙商基于当地的区域文化背景、自身经营实践和彼此交流、渐趋融合而形成的一种具有区域共性的经营管理精神理念。在本章中，我们重点介绍狭义的浙商精神。

对于浙商精神的具体含义，不同的学者和浙商有着不同的理解。例如德力西集团董事长胡成中认为，浙商精神可以总结为“四千”精神、“两板”作风和“饥渴”理论。所谓“四千”精神，即走遍千山万水、吃遍千辛万苦、想尽千方百计、说尽千言万语；“两板”作风是指白天当老板、晚上睡地板；而所谓“饥渴”理论则是：因为浙江人多地少，自有的土地资源难以养活或不能使他们致富，这逼得许多浙江人不得不到外地寻找发展的机会。已故正大青春宝集团董事长冯根生认为，诚信是浙商最主要的精神。著名经济学家梁小民教授则将浙商精神总结为：勤奋务实的创业精神、勇于开拓的开放精神、敢于自我纠正的包容精神、捕捉市场优势的思变精神和恪守承诺的诚信精神。

除此之外，还有很多关于浙商精神的提法，例如“新四千精神”“五千精神”“三永精神”和“草根精神”等。“新四千精神”是指千方百计提升品牌、千方百计保持市场、千方百计自主创新、千方百计改善管理。“五千精神”是指千辛万苦去创业、千方百计来经营、千家万户搞生产、千山万水找市场、千头万绪抓根本。“三永精神”则指永不平庸、永不放弃、永不满足。在此，着重对“草根精神”予以介绍。

“草根”一词源自英文“grass roots”，原指非国家、政府、主流、精英和决策组织层面的普通人和大众。在社会学的意义上，草根包含了两层含义：一是群众的、基层的，二是基础的、根本的。因为浙江经济的构成主要以民营经济为主，民营经济的比重超过80%；而且，浙江的民营经济主要不是外资推动的结果，也非国有和集体经济转制的产物，而是由家庭作坊式的“个私”经济演变而成的。从这个意义上说，浙江经济实际上就是一种草根经济，即便是穿梭在全国乃至世界各地的风云浙商也基本上出身于草根农民，或者是农民企业家的继承人。就改革开放初期的草根生活状况而言，很难想象人均耕地不足全国平均水平一半的浙江农民会变成叱咤风云的企业家。经典农民学的理论认为，农民具有非理性的行为特征和传统主义的社会心态。从这个意义上讲，草根农民与市场经济中的经营型人才之间的距离十分遥远。而现实中，改革开放的实践证明正是草根们的“低级和落后”成就了他们，因为他们更贴近中国这个市场的文化和国情，也更了解这个新兴市场的水土和脉搏。所以有学者指出“不求最好，只求最配”的实用主义和“自下而上，由内而外”的动力机制，是浙商称雄中国的法宝，也是他们在与强大的跨国同行交手中不落下风的奥秘。由此可知，所谓“草根精神”，就是浙商这种内生的原创精神、自主精神和革命精神，就像“野火烧不尽，春风吹又生”的草根那样具有旺盛的生命力、顽强的抗争力、可贵的汲取力、无私的奉献力、坚韧的耐寞力及长久的青春力。

二、浙商精神的共性与特性

有专家学者把浙商精神概括为“勇立潮头、创业创新”八个字。改革开放以来，浙商在不同历史阶段体现出了不同的精神特质，20 世纪 70 年代的勤劳、20 世纪 80 年代的灵活、20 世纪 90 年代的拼搏、21 世纪的创新，尽管每一时期的主旋律有所不同，但“勇立潮头、创业创新”的精神品质始终贯穿其中。

浙商精神还体现出共性与特性相呼应、相统一的特征，其共性是对特性的高度概括，其特性是对共性的深刻诠释和拓展。

当代浙商精神的共性中，“勇立潮头”是指当代浙商像“钱江潮”一样气势宏伟、奔腾不息，他们与改革开放同生共长，敢闯敢干，有着“舍我其谁”“敢为天下先”的撼人气势和超凡胆魄。改革开放以来，浙商创造了许多个全国第一：第一张个体工商户营业执照、第一家经工商注册的股份合作制企业、第一座农民城、第一份股份合作制章程、第一家农村合作经济联合社、第一家一人有限责任公司等。在许多人看来毫不起眼的小商品，浙商却能把它做成大产业，靠的就是“勇立潮头”、先知先觉的市场意识和能力。浙商不仅在许多行业和领域成为国内同行的引领者，更是在浙江经济的转型升级中成为先锋和主动力。目前，浙商已进入全球化运营的新阶段，通过设立海外生产基地、布局全球销售网点、收购世界著名企业、开展国际股权投资等途径，许多民营中小企业正在成长为国际性的大企业集团。

“创业创新”是指当代浙商善于无中生有、自主创业，并能把握形势和机遇，不断创新。改革开放以来浙江经济之所以能够健康、持续、快速发展，主要动力源泉就是广大浙商的自主创业活动，也是浙商特有的“四自精神”（自主改革、自担风险、自我发展、自强不息）得到充分发扬的结果。20世纪80年代，他们走的是冲破体制束缚，千家万户搞工业的全面发动之路；20世纪90年代初以后，走的是大力推进股份合作制和股份制改革的体制创新之路；20世纪90年代中期以后，走的是加大企业技术改造力度和资本投入的良性发展之路；进入新世纪后，走的则是以“创业富民、创新强省”总战略为指导，新型工业化与新型城市化有机互动为特征，以创新为根本动力的创新驱动型发展道路。2017年浙江省第十四次党代会提出坚定不移沿着“八八战略”指引的路子走下去，秉持浙江精神，干在实处、走在前列、勇立潮头，高水平谱写实现“两个一百年”奋斗目标的浙江篇章。在此过程中，浙商始终紧跟国际、国内经济发展大趋势，在产品、技术、管理、市场定位等方面不断开展创新活动，推动产品、技术等的升级。

浙商精神的特性是指浙商精神具有鲜明的地方性特色，如“精致和谐、大气开放”的杭州人文精神，“诚信、务实、开放、创新”的宁波精神，“敢于冒险、自立自强、永争一流”的温州精神，“有硬气、不张扬、敢冒险、善创造”的台州精神，“坚韧不拔、奋发图强、崇尚科学、务实创新”的绍兴精神，“奔竞不息、勇立潮头”的萧山精神，“勤耕好学、刚正勇为、诚信包容”的义乌精神，等等。

浙商精神作为当代浙商的精神动力与风貌，以浙江地域文化为背景，以浙江精神为根基，继承于老一辈浙商，新一代浙商将其发扬光大，是浙商群体独特的商业文化与精神品质的体现。浙商精神的承载者具有特别能吃苦、特别能创业、特别能忍耐、特别能冒险、特别能发现商机、特别能化解危机、特别能合作创新等独特品格，是“浙江精神”（自强不息、坚忍不拔、勇于创新、讲求实效）和“与时俱进的浙江精神”（求真务实、诚信和谐、开放图强）在企业家身上的集中体现；也是现代市场经济所要求的诚信、开放、效率、创新、共赢的先进文化在浙江发展的生动缩影。正是由于浙商具有“拼命三郎”的闯劲，“白天当老板，晚上睡地板”的创业精神，以及在生产经营中不固守定式，在法律政策允许的范围内充分发挥灵活性和创新意识，才使浙商突破经济范畴，升华为一种特殊的文化理念、精神价值，享誉海内外。

概括和提炼浙商精神，是为了进一步挖掘作为浙江人民良好形象代表的浙商身上所体现出来的优秀品质和精神特征，为推动浙江社会科学发展、转型升级提供强大的精神支撑和发展动力。

三、浙商精神的传承与创新

2017 年 11 月 10 日，浙江省委书记、省人大常委会主任车俊出席民营企业家座谈会并讲话。车俊强调，民营经济兴则浙江兴，民营经济强则浙江强，浙江发展的昨天、今天、明天，离不开民营经济做出的杰出贡献。广大民营企业家要深入学习贯彻十九大精神，坚持以习近平新时代中国特色社会主义思想为指引，大力弘扬新时代浙商精神，全面推进腾笼换鸟、凤凰涅槃，扎根浙江、放眼全球，开拓创新、克难攻坚，以新风貌新作为推动新发展、实现新飞跃。

车俊认为，新时代呼唤新时代浙商精神。广大民营企业家要弘扬坚韧不拔的创业精神，保持逢山开路、遇水架桥的闯劲，水滴石穿、绳锯木断的韧劲，锲而不舍、百折不挠的干劲；弘扬敢为人先的创新精神，增强直面荆棘的无畏勇气、敢为人先的胆识魄力、善于创新的本领能力；弘扬兴业报国的担当精神，富而思进、富而思源、富而思报，确立起更强的家国情怀，承担起更多的社会责任；弘扬开放大气的合作精神，胸怀天下、放眼全球，坚持“走出去”与“引进来”相结合，在整合资源中携手共进，在竞争合作中做强做优；弘扬诚信守法的法治精神，走敬业、诚信、守法的发展道路；弘扬追求卓越的奋斗精神，树立做百年企业的梦想，争创一流企业、一流管理、一流产品、一流服务和一流文化，勇当新时代中国特色社会主义市场经济的弄潮儿，勇当新发展理念的探索者、转型升级的引领者、“义行天下”的践行者。

这是新时期浙商精神的第一次全面阐述，从传统“四千精神”“三板精神”，到“新四千精神”“新时代浙商精神”，浙商精神的内涵在传承中不断创新。新时代浙商精神是一种与时俱进的精神，呈现出阶段性的显著特征。浙商精神的源头是什么？任何形态的经济发展都必定内蕴了特定的文化力支撑，否则任何形态的经济发展都不可能获得持续的生命力。前浙商研究院院长陈寿灿认为，浙学传统是浙商文化、浙江经济发展的源头活水。浙商发展研究院副院长郭占恒指出，由改革开放发展而来的新时代浙商精神，继承了“红船精神”的精神内核，既是对过去浙江精神的传承，又体现出新时代浙商发展精神境界更宽的视野与更高追求，切合干在实处、走在前列。

一部浙江改革开放史，也是浙商的拼搏史、企业家精神的淬炼史。从鸡毛换糖到机器换人，从代工贴牌到自主研发，从浙江制造到浙江智造，从前店后厂到全球配置资源……浙江企业走过的路，正是中国经济向产业链高端奋力攀升的缩影，凝聚着几代浙商的求索与顿悟、奋起与自强，背后始终有浙商精神在支撑。这股精神让第一代浙商鲁冠球靠着小小的万向节从田野走向世界；让李书福不但圆了民企造车梦，更收购沃尔沃让中国汽车跑向世界；让更多浙商变不可能为可能。今天，全面建成小康社会进入决胜阶段，中国经济发展步入新常态，创新驱动成为国家战略，供给侧结构性改革成为推动经济发展质量变革、效率变革、动力变革的主线。与时俱进地提出和弘扬新时代浙商精神，必将给广大浙商以激荡于心的豪情、磅礴于怀的信心、砥砺前行的动力，去创造更多神奇。

第二节　浙商精神的精髓

一、坚韧不拔的创业精神

弘扬坚韧不拔的创业精神，保持逢山开路、遇水架桥的闯劲，水滴石穿、绳锯木断的韧劲，锲而不舍、百折不挠的干劲。

在海康威视副总裁、杭州海康机器人技术有限公司总经理贾永华的办公电脑上，保留着这样一段视频：一个 4 万平方米的物流中心里，密密麻麻的小机器人正在井然有序地验收、分拣、搬运快递，看上去科技感十足。这是 2017 年京东刚刚建成的全球首个无人仓，它也是贾永华的骄傲。

贾永华的另一个身份，是海康威视 28 人创业团队的成员之一。2001 年，他和中电52所的其他27名同事一同创办了海康威视。如今，早已经实现财务自由的贾永华，响应公司号召，又创办了海康机器人公司，以个人入股的方式，开始了二次创业。海康威视最初28个创始人，大多数是技术出身，对科技研发的重视不言而喻，公司2.5万多名员工中，有1万多名是研发人员。2006年，贾永华带领团队研究人工智能技术，这在当时还是名副其实的冷门。正是靠着过去十年坐冷板凳积累下的技术支撑，海康的视觉控制机器人占据了行业的制高点。

“板凳要坐十年冷”，这是海康内部口口相传的一句话，也是这家科技型企业安身立命的关键所在，海康威视董事长陈宗年把它称为“守拙”。守拙，其实是一种耐得住寂寞的精神，海康威视成立了十几年，坚定地拥有自己核心的东西，厚积的时间要远远长于薄发的时间。今天超不过别人的企业不要紧，等到明天、后天；后天，了不起；大后天，你一定能超过人家。

伴随着“互联网＋”、人工智能等全新商业模式和高新技术产业的兴起，浙江传统制造业也在积极探索适合自身发展的转型升级之路。创业30年，宗庆后将娃哈哈从一个3个人起步的校办企业发展成为中国饮料行业的领军企业，连续19年问鼎食品饮料行业榜首。如今，娃哈哈在全国29个省市自治区建起近80个生产基地、总资产近400亿元，品牌价值达超过530亿元，但宗庆后却始终坚持实业。这些年，面对商业新业态、新模式的蓬勃兴起，宗庆后面临的挑战不小，在他看来，挑战中蕴含着发展的新机遇，浙商就是要有一股逢山开路、遇水架桥的闯劲，只有具备滴水穿石、绳锯木断的韧劲，锲而不舍、百折不挠的干劲，才能在新时代取得新发展。我们已经看到年过七旬的宗庆后又开始谋划“二次创业”，接连出访美国、以色列、德国等地，还在杭州建起了科创小镇，打算与国外先进的技术团队合作，高起点切入高新技术产业。宗庆后认为，娃哈哈要响应“中国制造2025战略”号召，坚持“实业报国”不动摇，做一家百年老店。

正如很多浙商所说，从投身商海的那一天起，自己就成为永远的创业者。浙商成功的秘诀就在于，你要始终保持着创业之初的执着与激情，始终记得最初的梦想和目标，一直在创业的路上前进。

二、敢为人先的创新精神

弘扬敢为人先的创新精神，增强直面荆棘的无畏勇气、敢为人先的胆识魄力、善于创新的本领能力。

创新乃国家和民族不断进步的动力之源。浙商驰骋于商界，开拓进取的创新精神正是其不竭生命力的源泉。浙商在追求财富的同时有着极高效的行动力，在博弈的过程中，总能在最大程度上实现行动最高效化、决策最优化、资源配比最优化。这一切都基于浙商骨子里敢为人先的创新精神，浙商正是通过创新来取得竞争优势的。

浙江绿盛集团有限公司董事长兼总裁林东靠着自己的创造力为绿盛开拓了一条前进的道路。2005 年，绿盛牛肉干年销售量已经高达 3.6 亿元人民币，稳稳地坐上了行业巨头的交椅，越来越多的人也开始称呼林东为“牛肉干大王”。

然而，现在的“牛肉干大王”林东已经有了一张全新的名片——LHD 联合动能海洋能大型实验室总工程师。

2009 年，林东与美国新材料领域的专家丁兴者博士、美国南加州大学流体力学专家黄长征博士等合作，在美国洛杉矶成立了美国联合动能科技有限公司，开始向海洋潮流能发电项目进军。林东担任该项目的总工程师。前期的研发和实验花了 6 年时间，施工又花了 2 年时间。最终，在 2016 年 1 月，这台海洋潮流能发电机组正式下海，功率高达 3.4 兆瓦。

林东认为，潮流能发电机组下海成功并正式发电，表明国内潮流能的研发和应用将拉开序幕，前期的实验阶段已经结束，开始向产业化迈进。在太阳、月球的引力作用下，产生了海洋潮流，海水随着潮水的起起落落产生了能量，这是一种可再生的绿色新能源。近年来，世界各国对这种无污染的清洁能源都报以高度关注。

正如林东说的：“创新的同时，我们也在不断地试错，碰到困难时也许再往前走一步，我们就成功了。我们刚刚步入中年，处于这个有最多可能性的时代。如果为这个时代做出一些有突破性的东西，生命也会因此获得意义。”

浙商一直以敢为人先的创新精神而闻名。传化能够走过 31 年，与科技创新相依相伴，从打造国际化的化工供应链体系、首创公路港物流模式，再到如今的牵线建设中英产业新城，无不体现了传化敢为人先的胆识魄力、善于创新的本领能力。尤其在物流领域，徐冠巨一直倡导企业要加快转变发展观念和发展方式，利用互联网技术提升传统产业。如今看来，很多建议不仅具有前瞻性，在互联网创业热的当下更是弥足珍贵。他清醒地意识到，互联网技术虽然在消费服务领域已经很完善，但忽视了对于生产制造的服务。信息化和智能化，是企业转型的方式，物流业需要主动拥抱互联网。

找准方向，徐冠巨毫不犹豫地开始布局。在原有公路港的基础上，为中国公路搭建“智慧网”，在中国上百个城市建设“公路港城市物流中心”，构建“中国智能公路物流网络运营系统”。结合大数据、云计算、人工智能、物联网等技术，传化陆续推出用于实现长途和城市配送运力调度的线上互联网产品“陆鲸”和“易货嘀”，并逐步建设了智能物流系统、云仓系统和支付系统，这张“智慧网”渐渐成型。

2016 年，徐冠巨将“传化股份”正式更名“传化智联”，“智”是智慧，“联”是互联。他提出，要投资千亿元，推出连接全行业生态资源、全业务场景、全网智慧协作的传化网。在这张网上，连接的是人、车、货、港，是实体世界和数字世界。如今，这张“智慧网”跟随“一带一路”“长江经济带”“京津冀协同发展”等国家战略，已在全国 120 多个城市落地生根。

同样，浙商传统行业也在新时期创新浪潮中不断努力向前，他们明白，只有不断地创新创业，才能保持基业长青，成就百年老字号品牌。万事利集团有限公司创办于 1975 年，以丝绸纺织、文化创意为主业，现位列中国民营企业 500 强。继上海 APEC 会议、北京奥运会、上海世博会、广州亚运会后，万事利成为 2016 年为 G20 杭州峰会合作伙伴提供相关产品定制服务的企业。2017 年万事利丝绸先后成功服务于“一带一路”国际合作高峰论坛、厦门金砖峰会。此外，万事利与多家老字号合作，如将丝绸元素与王星记的扇子结合，或是用丝绸来装点楼外楼的餐具，等等，这种创新深受年轻人喜爱；与其他品牌的国礼创新组合的 G20 夫人礼套装也供不应求。目前，万事利还在自家产品上应用了 AI 技术，只要打开手机 APP 扫一扫丝巾上的西湖十景，就能读到西湖十景背后的故事。

创新是浙商企业成长的关键要素，创新的漫漫长途上荆棘遍布，但浙江商人有智慧、有激情、有敢为人先的创新精神，他们紧紧跟随着时代的潮流，在创新中学习和提升自我。

三、兴业报国的担当精神

弘扬兴业报国的担当精神，富而思进、富而思源、富而思报，确立起更强的家国情怀，承担起更多的社会责任。

2016年，吉利集团积极响应中央精神和全国工商联“万企帮万村”行动及省工商联的倡议，启动了名为“吉时雨”的精准扶贫项目。项目从2016年3月份实施到2017年11月，共投入资金4812万元，资助建档立卡学生3361人，帮助建档立卡户1262人实现就业，在全国11县区23个村启动了15个农特产扶贫项目。吉利在社会责任方面的努力，也得到了当地党委和政府的认可。2016年，荣获了浙江省人民政府颁发的浙江省第五届慈善奖。2017年10月份，被全国工商联、国务院扶贫办等授予“全国‘万企帮万村’精准扶贫行动先进民营企业”荣誉称号。

在这个创新创业的新时期，杭州万向集团围绕电池、电动智慧车、储能等清洁能源领域来发展，把“全国双创企业示范基地”与“万向创新聚能城”融合建设，提高发展水平和质量，让更多的人分享万向发展的成果。万向集团董事长鲁伟鼎表示，这是万向人的梦想，是我们年轻一代的梦想，更是万向集团要担当的民族责任。万向过去的发展、万向未来的发展，都是靠党的领导。“万”字头上加一点是方向的“方”。党让万向更有依靠、更有自信。万向集团已经决定，要走出“舒适区”，做好艰苦奋斗、接力奋斗、永远奋斗的准备；坚定从“零”开始、忘记过去的成绩、争创未来辉煌的信心和决心；万向要做创造历史的勇敢者，不辜负共产党员的称号，不辜负这个伟大的新时代。

改革开放以来，正泰集团在南存辉的带领下成了浙江制造业的代表企业之一，尤其是浙江经济转型升级以来，正泰集团更是积极拥抱大数据、互联网，走向国际化。这也让一个年轻人慢慢进入公众视野，那就是南存辉的儿子南君侠。

南君侠说父辈一代企业家身上所具有的强烈的家国情怀，对企业和社会强烈的责任感，教导着他和年轻一代企业家更要有心怀责任、勇于担当的浙商精神。带着父辈的教诲，在美国边求学边创业时，南君侠就经常问自己一个问题，怎么把当地先进的理念、技术、人才带回来，在全球范围内配置优质资源？正是基于这样的想法，2011 年，正在美国创业的南君侠毅然决定回国。

有梦想，就有动力。回国后，南君侠和团队常常有时不我待的紧迫感，他们传承不守旧，创新不忘本，重新审视企业传统优势与未来发展潜力，以更开阔的视野和更高的价值追求，营造健康有序的商业环境和良性互动的企业生态环境。

在公司内部，南君侠团队积极搭平台，建机制，鼓励形成共同创业的企业文化——把能人培养成股东，把股东培养成能人，把个人梦、企业梦融入中国梦。

在产业链上下游，南君侠与全球合作伙伴结成命运共同体，共同制订输出行业标准。在努力追求自身企业可持续发展的同时，积极探索引领行业转型升级，通过战略合作、管理帮扶等方式，合力打造良好价值生态链。

秉承父辈义行天下的公益理念，南君侠团队率先垂范，积极投入公益慈善、光彩事业、精准扶贫等活动，积极履行社会责任，争做合格的企业“公民”。

“未有我之先，家国已在焉；没有我之后，家国仍永存”。家国情怀既是中华文明几千年的优良传统，也是当代社会主义核心价值观的体现。每个人都是社会中的一员，社会要取得大同与和顺，个人就必须自觉修身，并最终体现“穷则独善其身，达则兼济天下”的境界。一个人如此，一个企业也应当如此。作为一名企业家，有了家国情怀，责任和担当自然水到渠成。兴业报国，勇于担当，这正是老一辈浙商在崎岖的成功之路上用心血留下的路标，后来者只有循着它们才能攀上风光无限的顶峰。

四、开放大气的合作精神

弘扬开放大气的合作精神，胸怀天下、放眼全球，坚持“走出去”与“引进来”相结合，在整合资源中携手共进，在竞争合作中做强做优。

在众多华人商帮中，浙商群体无疑是最受瞩目的，它始终紧跟全球经济态势的律动，积极参与全球经济资本整合。浙商经过几十年的快速发展，如今已在全球范围内拥有雄厚的产业根基，打造了一系列由众多成熟产业组成的产业链。在当今的资本时代，浙商更致力于在更大的空间范围内实现资源的优化配置，打通跨国经营的新渠道，在国际化视域内提升浙江民营企业的竞争力。

复星集团成立至今已有25年，作为中国规模最大的民营企业之一，如今它的商业帝国涉及房地产、金融、医疗医药、销售、旅游等多个领域。在董事长郭广昌的带领下，复星集团坚持以“中国动力嫁接全球资源”为战略目标，到2015年底，在海外投资超过100亿美元，直接处于复星管理之下的基金累计突破600亿人民币。

不可否认的是，郭广昌俨然已经成为中国商人将触角伸向海外进行投资并购的典范，而复星集团也为中国民营企业积极开拓海外市场树立了好榜样。在经济新态势下，郭广昌及时而有效地实现了中国动力与世界资源的嫁接，积极向更辉煌的全球化时代迈进。

近年来，浙商牢牢抓住“走出去”的机遇，实现了在海外市场的全新布局。浙商紧跟国家的“一带一路”的倡议，加快推进全球化的进程。党的十九大报告指出：要以“一带一路”建设为重点，形成陆海内外联动、东西双向互济的开放格局。浙商在2016年一年里直接向海外投资46.7亿元，相比2015年同期增长了37％。

客观来说，浙商在海外的资本布局并非只局限于量的增长，更有质的飞跃。截至2017年，浙江已经相继在142个国家和地区投资，其中仍以北美洲、欧洲和亚洲作为最主要的投资对象。那些海外投资的大型项目有着明显的带动效应，比如吉利集团斥资14亿美元成功并购沃尔沃，堪称浙江民营企业在海外市场最大手笔的投资。在这种积极效应的影响下，其他中国企业也跃跃欲试，希望在国际市场上大显身手。如今，华立在泰国设立的泰中罗勇工业园已成功吸引94家中资企业入驻，带动中国企业对泰投资超25亿美元，在泰国当地解决就业岗位超过2万个，累计实现工业总值80亿美元；华立与富通携手在墨西哥设立的占地8.5平方千米的北美华富山工业园已完成首期标准厂房的封顶建设。两大海外工业园将进一步持续促进国际产能合作，以开放的姿态，继续扩大走出去的“朋友圈”。

站在新的历史起点，我们将牢记使命，在互利共赢中勇做“一带一路”建设的“排头兵”。通过规模化、集中化和多业态的集群式园区组织形式，降低走出去的门槛、风险和成本，形成“抱团出海”的集聚效应；通过园区直接与所在国主流社会打交道、自觉接受中国大使馆的领导与服务、资源共享、相互借力，形成“抱团取暖”的共享与便利；通过“选商”入园企业从单打独斗走向合作共赢的产业链竞争，形成可持续的生态发展环境，形成“抱团竞合”的互利共赢。

五、诚信守法的法治精神

弘扬诚信守法的法治精神，走敬业、诚信、守法的发展道路。

浙江人赚钱的秘诀很多，但使他们永远立于不败之地的一大秘诀是：恪守承诺，厚道诚信。什么是诚信？在《说文解字》中的解释是：“诚，信也”“信，诚也”。可见，诚信的本义就是要诚实、诚恳、守信、有信，反对隐瞒欺诈、反对假冒伪劣、反对弄虚作假。人生活在社会中，总要与他人和社会发生关系。处理这种关系必须遵从一定的规则，有章必循，有诺必行；否则，人就失去了立身之本，社会也就丧失了运行之规。

走进胡庆余堂国药号杭州河坊街总店，头顶高悬的“戒欺”两个字，刻在唯一一块朝内悬挂的匾额上头。从14岁到胡庆余堂做学徒开始，曾经的掌门人冯根生就常常在这块匾额下驻足。诚信，成了他和公司员工骨子里的人生信条。如今，在胡庆余堂购买燕窝的消费者见不到“血燕”，只有“白燕”。2008年，这家百年老字号主动停售“血燕”，放弃了一年上千万元的营收。自2011年“血燕造假”事件爆发，胡庆余堂国药号成了全国唯一一家不售“血燕”的药号。因为在冯根生看来，胡庆余堂的金字招牌比经济收入更重要。2017年7月4日凌晨，原正大青春宝药业集团董事长、胡庆余堂传承人冯根生先生逝世。“江南药王”冯根生已经离开，但是他继承发扬胡庆余堂“戒欺”的古训和锐意改革的精神却深深根植在人们心中，开出传承和创新并举的花朵，香飘后世。

社会主义市场经济，其实质就是诚信经济。身处商界，义在利先，千百年来被一代代浙商奉为行为准则。当下，全球1200万浙商身处新时代，踏上新征程，诚信守法，依然是浙商开疆拓土的重要法宝。

浙江经济刚起步的时候，曾经遭遇过诚信危机，尤其是温州出现过一段时期的造假现象，温州货一度在全国上下成为假冒伪劣产品的代名词。但是这一现象并未持续很久，很多企业在商业实践中渐渐发现，依靠欺诈只能获一时之利，而难以持续发展，因此他们纷纷转入正规经营，试图通过制度建设、行业监督、自我监督等方式努力构建商业诚信体系。对于诚信危机，马云是这样理解的："以前，浙江商人曾经因假冒伪劣产品而受到大众关注，但这不是浙江现象，更不是浙商现象。假冒伪劣不是浙江创造出来的，而是经济发展中的一个必然过程。事实上，在这一过程中，浙商是最早醒过来的，现在更多的浙商在讲究产品的质量和品牌，清楚地明白这才是核心竞争力。"的确，最早进入市场的浙商们，在市场经济初期的一路摸爬滚打中，深深体会到诚信的重要以及诚信缺失的代价，因此他们倍加珍惜诚信的品质。如今的温州商品基本摆脱了原先给人以假冒伪劣的负面印象，取而代之的是涌现出了一批全国知名的品牌。

诚信守法，是新时代企业家精神的题中之义。2017 年 9 月，党中央、国务院向全社会发出号召，大力弘扬企业家精神。浙江许多优秀的企业家，受到社会广泛称赞。浙商总会会长马云曾提出"浙商永远不参与任何行贿"，宗庆后、李书福等著名浙商也都不遗余力宣传和实践"四不"商规，"不行贿、不欠薪、不逃税、不侵权"成为全体浙商的共同选择。不可否认，目前社会主义市场经济发展还不完善，法制还不够健全，不诚信也可能逃脱法律惩罚，搞权钱交易也可能暂时使做生意更容易。但是，修合无人见，存心有天知。越是知易为而不为，方显浙商的智慧和担当，方不负中国"第一商帮"盛名，成为打造新时代企业家精神的弄潮儿。

六、追求卓越的奋斗精神

弘扬追求卓越的奋斗精神，树立做百年企业的梦想，争创一流企业、一流管理、一流产品、一流服务和一流文化，勇当新时代中国特色社会主义市场经济的弄潮儿，勇当新发展理念的探索者、转型升级的引领者、"义行天下"的践行者。

综观世界，现代强国的经济起飞莫不与卓越的企业家交相辉映，从亨利·福特到比尔·盖茨，从史蒂夫·乔布斯到马克·扎克伯格，完整塑造了一个国家的经济竞争力链条。今天，中国成为世界第二大经济体，这个进程中，也留下了一代代浙商的名字，从鲁冠球、宗庆后，到马云、李书福……这些既是浙江的骄傲，也是经商环境优化的生动注脚。

为了引领浙江制造迈向高端，2014 年以来，浙江省组织一批优势龙头企业、隐形冠军，共制订国际先进、国内一流的“浙江制造”标准165项。这些标准既囊括了核电设施、轨道交通等高端制造业，也涉及箱包、家电等日用消费品。与此同时，全省还每年遴选出60家重点培育企业，推动这些企业向“制造标准”靠拢。

万丰奥特就是浙江制造业领域迈向高端的典型代表。万丰奥特成立于1994年10月，最早从汽车零部件领域发家，在20多年的时间里，实现了公司上市、跨国并购，并在镁合金新材料领域成为全球的业内领跑者，在新能源混合动力产业、智能工业机器人、新工艺涂覆产业等三个领域成为国内领跑者。万丰奥特董事局主席陈爱莲说：“对于万丰来说，未来的20年必定非同凡响，要从汽车零部件领域走向更广阔的天地，成为高端制造业的全球领跑者。”

正是这种不断追求卓越和锐意进取的奋斗精神带领着浙商跳出浙江，跳出中国，驰骋于更为广阔的全球市场，在全世界版图上勾勒出一幅全新的商业版图。

位于中东的以色列是一个充满着创新气息的国家，2009年6月，三花控股集团有限公司的董事长张亚波远赴以色列实地考察，从而与这个遥远的弹丸之国结下了不解之缘。三花希望通过与以色列企业展开战略合作，在三花制冷领域的主业之外播撒下一颗光明的种子，带领着三花集团完成企业的战略转型，在经济新常态下由“成本领先”向“技术领先”过渡。经过在以色列的一番考察，张亚波感触颇深地说：“中国在饭桌上最爱讨论最近做了什么生意，赚了多少钱，以色列人呢，他们总是在聊最近关注哪些新领域，搞了哪些研究。”以色列和浙江类似，资源都很匮乏，张亚波由此感叹道：“犹太人在以色列生存下来很不容易，资源贫瘠，只能靠大脑。很多年前，浙商创业大军也是这样一点点做起来的。”

在当今的中国，浙商已是当之无愧的创造财富的第一生力军。但是，我们应该继续发扬穷则思变、无中生有、创造零资源奇迹的艰苦奋斗精神，更应该站在全球化视野的高度，在企业自我革新的过程中，不断追求卓越的生产技术、产业模式和精益求精的产品品质，走得更高、更远、更稳，在更为广阔的世界舞台上显现浙江人的风采。

第六章

浙商的转型

本章的教学目标和要求

1. 了解浙商转型的背景。
2. 分析浙商转型的特点。
3. 掌握浙商转型的途径。

思考题

1. 浙商转型的经济背景和社会背景是什么？
2. 近年来浙商转型有哪些表现形式？
3. 浙商转型有哪些障碍需要重点突破？

历经40年的发展，浙商已经发展成为当代中国第一大商人群体，取得了举世瞩目的成就，但也面临诸多困境与挑战，亟须实现转型。浙商经历了原始积累、初步成长等阶段，目前正步入全面提升的发展阶段。与此同时，国际、国内、浙江的环境更趋动态化和复杂化，国际贸易摩擦不断，经济增长方式亟待转变，浙江进入富裕化社会使得浙商在发展过程中累积的矛盾逐步凸显。在内在发展动力和外在环境的作用下，浙商面临实现可持续发展的巨大挑战，亟须实现转型。从浙商群体角度来看，浙商需要实现从功利浙商向责任浙商转型、从经验浙商向知识浙商转型和从冒险浙商向制度浙商转型；从浙商企业角度来看，浙商需要实现产品、组织和产业三个层面的转型。

第一节　浙商转型的背景

浙商是在特定的环境中崛起和壮大的，浙商的优势也是在特定的环境中形成和发挥的。因此，环境的变化对浙商的发展有着非常重要的影响。近年来，国际经济形势、国内经济环境和浙江环境现实都发生了许多重要的变化，对浙商的发展形成了许多挑战。

一、国际环境的变化

国际环境的变化对浙商的生存和发展有着重要的影响。首先，经济全球化进程在加快。产品、资本和产业都高度国际化，全球市场要素、机制高度发育和充分有效，资源和资本充分流动，产品、技术标准越来越先进和严格，同时全球化的竞争对手将是资本、技术、管理以及实力和品牌都很强的实行跨国经营与全球战略的公司。其次，全球经济增长不确定性加大。全球宽松周期接近尾声，北京时间 2018 年 3 月 22 日凌晨，美联储货币政策会议决定，加息 25 个基点，将联邦基金目标利率区间上调至 1.50％—1.75％，美联储决议声明，预计会在 2019－2020 年更加陡峭地加息；阿根廷等国货币大幅贬值，意大利和西班牙政治危机引爆市场动荡。全球经济增长的复杂性在提高。再次，国际贸易摩擦增加。从 2004 年西班牙的“烧鞋事件”，到 2009 年美国的“轮胎特保案”，到 2012 年欧盟和美国对中国光伏制造商倾销指控，到 2018 年中美贸易战争，涉及浙商的国际贸易摩擦没有间断过，甚至在升级。各种反倾销税和反补贴税此起彼伏，各种技术标准、安全标准不断提高，国际贸易壁垒在提高。最后，发达国家进入后市场化和后工业化时代，消费者对产品的需求结构在改变，对产品品质的要求在提高；低碳经济的兴起，针对环境保护的各种公约和排放标准的相继出台，对各国的发展方式尤其是处在高速发展的中国的发展方式提出了更高的要求。此外，原油价格波动中上升、人民币升值压力等一系列国际环境的变化也不同程度影响着浙商。因此，从国际环境的形势来看，对中国的出口商，尤其是以轻工业产品为主的浙商来说面临着转型和升级的压力。

二、国内环境的变化

从国内的经济发展阶段来看，我国现在正处于经济转轨期。一方面是经济体制的转轨。我国已经完成了从计划经济到初步建立起社会主义市场经济的改革阶段，现在我们的市场经济体制在不断地完善，包括各种要素市场的发展和成熟、各种法律法规的建立和完善，下一个阶段改革的任务是要在初级市场经济的基础上，建成现代的市场经济。另一方面是经济增长方式的转轨。经过改革开放 40 年粗放式发展，我国的经济从以农业经济为主发展到今天的工业化中期，进入了一个新的发展阶段。目前，我们要从工业化的中期走向工业化的后期，要全面建成小康，乃至基本实现现代化，经济增长方式也将发生重大的变化，即由原来的粗放式增长方式向集约型增长方式转变，其中涉及各种政策、法规的调整，将对企业的发展产生重大的影响。

从国内的社会发展阶段来看，我国现在正处于社会转型期。一方面是从农村社会向城市社会方向发展。近年来我国的城镇化速度在加快，城镇就业人数由 1978 年的 951 万人增至 2017 年的 42462 万人，城镇就业人数占总就业人数的比重由 1978 年的 23.69%增至 2017 年的 54.69%，整体来说城市化水平呈现大幅度上升趋势。另一方面是贫穷社会向富裕社会方向发展。城镇居民家庭人均可支配收入呈现大幅度稳步增加的趋势，由 1978 年的 343.4 元增至 2017 年的 36396 元；农村居民家庭人均可支配收入也呈现大幅稳步增加的趋势，由 1978 年的 133.6 元增至 2017 年的 17359 元，对中国的许多居民来说，生活水平从改革开放初期的温饱转变为现在的小康。

随着农村社会向城市社会的发展和贫穷社会向富裕社会的过渡，我国居民的消费观念和消费结构必将发生重大的变化，消费能力在提高，需求层次在升级。尤其是在国家大力刺激、挖掘内需经济的宏观环境下，国内庞大消费需求的释放将给生产者带来诸多机遇，对于浙商来说，要抓住这样的机遇，必须根据社会转型期的消费需求结构及时地做出调整和转型。

三、浙江发展环境面对的现实

从自然资源情况来看，浙江是一个资源小省。从浙江经济发展水平来看，2004 年浙江省人均 GDP 在全国率先突破 3000 美元，按国际惯例，这预示着浙江经济社会进入一个新的发展阶段，意味着浙江的工业化、城市化速度将加快。步入工业化中后期的浙江，市场环境和政策环境发生重大变化，经济发展方式向集约型转变，产业结构的调整力度在加大，整个生存环境对企业的技术能力、创新能力、经营能力提出了更高的要求。已经步入小康生活水平的浙江，公民素质普遍提高，公民的自我意识、法治意识、社会意识和维权意识正在觉醒，员工群体和消费群体越来越成熟、理性。

然而，目前大量浙商企业属于劳动密集型、低加工、低附加值的传统轻型制造业，生产的产品技术含量低、能耗大、污染重、利润少。同时，许多浙商是农民出身，文化知识水平不高，靠自己的勤奋努力、坚韧不拔和冒险精神创立企业，带有很强的“草根性”和功利性色彩，企业的经营方式主要是家族式的。

四、浙商面临的挑战

曾任浙商研究院院长的吕福新教授指出，正如浙商的经验和优势是先发的，其挑战和压力也是先发的。随着企业面临的外部环境和市场的变化，浙商创业成功之初和成功之时的很多条件已经消失和正在消失，新情况、新问题不断出现，浙商面临着前所未有的挑战和转型压力。

首先，资源严重短缺。其一，自然资源和能源短缺。长期以来，浙江经济的高速增长很大程度上依赖于有形的、不可再生的生产要素的投入，但是面对整个环境无法缓解的资源与能源短缺，浙商必须走集约式发展之路。然而，集约化经营对“草根”出身的浙商来说是全方位的挑战，对思维、管理、制度、资金、技术、人才等都必须做出相应的调整和改变。其二，金融滞后和融资困难。长期以来，中国企业尤其是民营中小企业融资难是一个全国性问题。经济最活跃的浙江对资金的需求非常迫切和巨大，加之浙商企业95%左右都是中小企业，因此浙商的融资途径、规模和成本都存在较大的局限和压力。其三，人力资源短缺。制造业是浙江的支柱产业，提升产业层次需要大量的熟练技工和一部分高级技术人才；同时随着企业面临的管理复杂性的增加，企业需要从外部引进先进的经营人才。近年来许多企业都遇到人才和用工问题，高层次人才不足和民工荒不同程度存在。

其次，企业成本不断增加。浙江是能源和资源小省，企业面临的成本压力非常突出。近年来，企业成本上升的势头有增无减，原材料、用工成本、资金成本、能源使用费用等都明显增加。企业成本增加了，但产品的价格迫于竞争压力却难以涨上去，除了少数行业之外，浙商涉及的许多行业的利润已经十分微薄了，甚至被著名经济学家吴敬琏称为“纳米级利润”。浙江省经贸委的统计数据表明，2008 年上半年浙江省规模以上企业有 1.07 万家亏损，亏损面达到 19.6%。另据温州市中小企业发展促进会的数据，温州 20%（即近 6 万家）的中小企业处于停产或半停产状态，其中有 4 万家已倒闭。

再次，内外压力持续加大。其一，市场环境压力。国内、国际市场压力在不断加大，竞争越来越激烈，表现为：国内市场从过去的短缺市场到现在的过剩市场，欧美发达市场进入壁垒越来越高，印度、越南等劳动力低成本国家也参与到全球市场竞争中。消费者越来越成熟、理性和个性化，消费者的需求呈现多样性和易变性，企业越来越难掌控市场变化。其二，政策法规压力。《环境保护法》《知识产权保护法》和新的《劳动合同法》等法规的出台，对大多数都是经营中小企业的浙商来说是严峻的挑战。治理污染、劳动保障力度和建立知识产权都将增大企业的直接成本。然而，作为“草根”的浙商，大部分人的成功是在违规成本很低、法制不健全的条件下成长起来的，其思维模式和行为模式还不大可能一下子改变过来，但是在法制环境下，违规操作面临灭顶之灾，这对浙商来说是一种更深层次的挑战。其三，自身素质的压力。除了有冒险精神、坚韧、能吃苦、生命力强等特性外，许多“草根”浙商不具备知识经济时代市场竞争所需的很多知识和素质，其本身的素质、能力与快速变化的市场和企业成长要求之间存在普遍的、明显的差距。对于以家族经营为主的浙商来说，浙商本身的知识水平和能力决定了企业发展的方向和水平，因此如何提高自身的各种素质，是浙商面临的内在压力和挑战。

北京大学经济学院刘伟教授认为，浙商的这些困境的出现并非一时的显现，而是浙商发展到一定阶段的必然，是一个历史的转折点即将到来的标志。浙江大学经济学院史晋川教授指出，现在浙商群体自身、领导层和学术界都已经比较坦诚，认为浙江经济的先发优势正在逐渐消失，对浙商来说要在当前的背景下完成新的创新，达到新的发展，浙商必须转型。

对于浙商转型的必要性，学术界、企业界和政府部门已经达成了共识，并开展了许多有意义的讨论和研究。但对浙商转型的方向、内容以及如何实现转型，众说纷纭，尚在探索之中。本书在吸收其中比较有代表性的理论成果的基础上，对近年来浙商转型过程中的一些特点做一个概括性介绍，具体从浙商群体转型和浙商企业转型两个层面进行阐释。

第二节　浙商群体的转型

浙商首先是指作为企业创立者、所有者、经营者的浙江籍人士的群体，他们不仅走出浙江遍布全国，甚至走遍全世界，可称之为自然人浙商群体或浙商人群体。因此，分析浙商的转型，首先的起点是浙商人，即浙商群体转型。

一、功利浙商向责任浙商转型

对于靠“四千精神”崛起的“草根”浙商来说，首先是生存和适应，摆脱贫困、改善生活的强烈欲望激励着大部分浙商哪里有钱赚就去哪里，具有强烈的功利性和经济性。正是这种功利性和经济性的压力或动力促使着浙商从做别人不愿做的事、做别人不敢做的事情发展到现在做别人做不了的事，成为中国的第一大商帮，在发展个体经济、私营经济和市场经济方面走在全国前列。在“2009年胡润百富榜”上，有178位浙商上榜，远远多于排名第二的广东（111位），且浙商富豪十强财富总额达到1900亿元。从历年的财富榜来看，浙商的财富在稳步上升。当许多浙商完成了原始积累，并将企业塑造为全国乃至全世界知名企业，成长为财富浙商的时候，当财富对很多浙商来说只是一种符号或者标志的时候，浙商就面临着一种新的思考：继续发展的核心动力源是什么？财富的更大意义在哪里？中国有古语云，“狭路相逢勇者胜”。其实“勇者相遇智者胜”“智者相遇仁者胜”。浙商在寻找发展企业核心动力源的过程中开始了从功利浙商向责任浙商的转型，将承担社会责任作为支撑发展的持久动力。

丝绸之路集团董事长凌兰芳认为，首先要完成财富浙商向人文浙商的转型，也就是从逐利群体到积德群体的一个蜕变性转型。传化集团有限公司董事长徐冠巨认为，从文化层面上来讲，“浙商”应该从“功利文化”向“责任文化”发展。目前，浙商的“功利主义”文化已经给浙商的进一步发展带来负面影响，转型要求浙商更多地承担社会责任，由功利主义文化向责任文化转型。

在全国乃至全球企业社会责任运动的浪潮中，浙商秉承一如既往的先行者姿态，在利益相关者关系、慈善事业、环保节能等社会责任履行方面积极迈进，并逐步将“新浙商”的整体品牌提升到“责任浙商”的崭新高度。在2007年全国“两会”上，浙江代表团多位代表提出了企业社会责任方面的议案、建议，呼吁企业重视社会责任问题；在以“科学发展与浙商责任”为主题的2007年浙商大会上，与会的3000多名浙商郑重地在《浙商社会责任倡议书》上签字，共同做出五大承诺；历经5年深入探索、思考和实践后，中国第一部企业社会责任标准体系——《HM3000中国企业社会责任标准体系》在杭州应运而生；2007年，西子联合控股有限公司公布了我国民企首份《社会责任报告》。

可以看出，社会责任意识的增强和社会责任的履行，成为当今浙商企业家群体转型最突出的一个方面，这样的转型有以下两个特点。

（一）以自我为中心向兼顾利益相关者转型

作为商人群体的浙商，在创业阶段秉承经济人理念，努力追求企业利润最大化，大力积累物质财富无可厚非，甚至可以说是承担经济责任的一种方式。但随着社会文明的进步和浙商自我价值的重新定义，浙商逐步意识到，作为一个社会的个体或群体，人不仅有物质需求，还有社会需求，即需要与人沟通，获得别人的尊重，需要实现自我价值。浙商在实践中逐步明白，在满足物质需求的基础上，要实现社会需求的最大化，就必须积极承担对员工、客户、政府等利益相关者的责任。

企业社会责任所涉及的利益相关者中最重要的一方是企业中的劳动者。在劳动力市场供大于求的情况下，许多浙商在发展初期往往漠视员工利益，甚至无情地盘剥劳动者，造成各种劳资纠纷不断升级，安全事故频频发生。然而，随着企业的发展和自身财富的积累，浙商的责任意识在逐步增强，越来越关注员工的利益。在对浙江企业实施SA8000社会责任标准的调查中，发现浙商在人本管理的意识上有所增强，保障员工权益方面有所改善。娃哈哈集团有限公司连续5年被评为中国最受尊敬的企业，30年来娃哈哈的员工队伍非常稳定，一些外来员工还当上了分公司的总经理。娃哈哈公司把儒学中的“家文化”理念引到企业管理中，让企业这个“大家”和员工这个“小家”融合在一起，让企业“大家”成为员工“小家”物质和精神需求的主要来源，体现了对人的关怀与尊重。

企业利益相关者的另外重要一方是企业的客户和政府。传化集团有限公司信仰和践行徐冠巨董事长倡导的“社会责任感”理念，并以此为统领。传化做物流不与客户抢饭吃，而是做第四方物流，即搭建公共物流平台，为近500家物流公司提供信息服务，使这些物流公司大大减少找货的时间，大大减少车辆空驶，大大减少道路资源的占用和能源的浪费等。这不仅使500家物流公司得利，运费下降40%，而且使国家和社会得利，净化了城市环境，优化了市场秩序，还交了8000多万元的税。传化农业也是一样，其种苗连接1万多农户，使每个农户增加纯收入3000多元。这些都包含和体现了传化用勇于承担社会责任的理念支撑企业发展。2008年，周晓光和其他3位企业家发起成立“浙商公益联盟”，旨在帮扶整个行业共同发展，努力在研发、管理、营销渠道、市场信息、人才培训等诸多方面，对业内其他企业进行带动、引领、帮扶。2016年，奥康集团王振滔发布“222工程”：“培养2000名员工，成功创业，创办良知的企业；带领20000名员工家庭，知行合一，建立良知的家庭；引导20万大学生，向上向善，传递良知的圣火！”以帮助和成就更多的人实现梦想，开创人生。

（二）追求纯粹利润向参与公益事业转型

近年来，浙商在爱心助学，发展文化、教育、医疗事业，慈善捐赠，建立慈善基金等方面频频出招，从而在各机构排定的慈善榜上，浙商成为最富爱心的群体。面对慈善这个话题，许多广为人知的浙商似乎都并不希望公开自己在慈善领域的贡献，他们在名声面前格外低调，更愿意默默地做实事。在《福布斯》发布的“2006中国慈善榜”上，共有18位浙商榜上有名，一批新兴企业家异军突起。与此同时，由胡润推出的“中国慈善家排行榜”再次表明浙商依旧是最乐善好施的团队，有29位浙商榜上有名，比以13位排名第二的广东省足足多了一倍多。

在爱心助学方面，正泰集团董事长南存辉捐资1000万元人民币设立“正泰品学奖”；2006年，吉利控股集团向中国教育发展基金会捐资5000万元启动“吉利教育资助计划”。2012年春，吉利控股集团以“浙江省李书福资助教育基金会”的名义捐助100万元，联合中国发展研究基金会共同帮助农村贫困地区1到6岁留守儿童，开展“乡村幼儿园公益计划”。截至2012年，十多年来，吉利集团在教育事业的投入已经超过10亿元。在文化、教育、医疗方面，2006年复星集团向中国光彩事业基金会捐赠1500万元用于教育、文化、卫生等社会公益事业；娃哈哈集团董事长宗庆后先后捐赠2.03亿元用于健康、教育、文化事业等领域。另外，还有许多浙商在汶川地震发生后积极捐赠，大力推进社会慈善事业的发展。

公益事业的重要方面还包括承担环境责任，环境层面的社会责任包括承担环保和污染治理责任，这是关系整个人类能否永续发展的问题。作为对环境的直接影响者，企业从投入到产出的整个生产经营过程，有责任使任何形式的污染减少到最低限度直到消除污染。在经过30多年的粗放式增长后，浙商依靠低价的生产要素投入和环境代价来获得竞争优势的时代渐渐远去。浙商必须面对现实，勇于承担环境保护和污染治理的责任，不只是企业的生产运营要符合国家的环保法规，还要努力带头发展绿色经济、环保经济，积极地参与到整个社会的环保活动中来，为环境保护和污染治理献计献策、出力出财，成为环境保护和污染治理的生力军。2006年开始，华立集团开始成立“绿色共享基金”，这个基金的一个重要方向就是生态环保，包括对野生动物的保护、环境保护、生态保护这些方面，该基金的发起成为浙商践行环境责任的榜样和标杆。早在2010年，阿里巴巴董事局主席马云就曾宣布，今后每年阿里巴巴将拿出千分之三的营业收入投入环保。2012年，为规范发展公益事业，阿里巴巴宣布成立“阿里巴巴公益基金会”，基金会成立最重要目的是营造公益氛围，唤醒员工和公众的环境保护意识。公益范畴包括自然灾害救助、扶贫助残、帮助受助群体提高能力以改善生活条件，并将重点开展环境保护宣传，支持环保类公益性组织的发展。截至2017年，阿里巴巴集团在环境领域共计投入2.2亿元，其中基金会资助1.43亿元，资助环保类项目127个，已携手80家各地环保组织，在中国14个省市开展和推动水环境保护协同治理工作。蚂蚁森林、蚂蚁庄园等新型互联网产品，更是带动了全社会，特别是年轻人参与到“随手公益”的事业中。

二、经验浙商向知识浙商转型

经验浙商是指浙商在创业和成长过程中，依托多方位的从商实践，累积形成丰富的经验。经验浙商是“草根”浙商的应有之义。“草根”除了有专家学者常说的坚韧、能吃苦、生命力强等特性之外，还包括学历层次低、文化素质不高、知识水平有限等特性。据浙江省人力资源和社会保障厅有关负责人介绍，浙商近80%都是农民出身，其中70%以上只有初中以下学历。然而，“草根”浙商却经商有术，赚钱有方，这主要得益于浙商丰富的实战经验。可以说，正是依托于敢于实践和及时总结经验，浙商才得以完成原始积累，并获得初步壮大。

然而，随着知识经济时代的到来，整合和利用知识的能力成为第一生产力，经验浙商固有的学历层次低、经验零散性、经验历史性等局限，使得浙商再难以仅仅依靠经验来适应新时代的要求。随着企业的逐步壮大和发展，企业内部的多样性和复杂性程度越来越高，浙商再难以仅仅依靠先前的经验来处理日趋复杂的决策和管理问题。据调查，浙商中认为自己经营企业力不从心的占20%左右。在此背景下，致力于持续发展的浙商企业家群体亟须突破自身知识瓶颈，实现“经验浙商向知识浙商的转型”。知识浙商是指浙商通过实践经验和理论学习，获得丰富的、多样化的知识，构建自身的知识体系，并内化到创业和管理实践中。具体而言，在学习方式方面践行从实践积累主导向理论学习主导转型，在学习内容方面从累积管理知识向学习复合知识转型。

（一）实践积累主导向理论学习主导转型

知识管理理论表明，人类获取知识的主要途径有实践经验和理论学习两种。事实上，以往浙商通过不断的实践进行经验总结，也是一种有效的知识获取途径，为浙商后续的理论学习奠定了实践基础。先前累积的实践经验有助于浙商选择知识学习类型，有助于浙商更好地理解理论知识。然而，通过实践经验累积的知识具有零碎性、分散性、长期性等特征，同时考虑到大部分浙商未接受过高等教育，浙商亟须通过理论学习累积知识。理论学习的方式多样，如：挤出时间进行长期的自学；上MBA、EMBA进行系统性的中长期学习，与此同时拓展关系网络，通过与学员的交流进行学习；参加各类集中性培训，获取管理企业的专业性知识，等等。

万向集团的鲁冠球生前一般不陪客吃饭，不在外过夜，挤出的时间都用来学习，只读过初中的鲁冠球，已有多篇论文在《人民日报》《求是》《光明日报》《经济日报》等报刊发表，成为一个出口成章并著书立论、能写会说的“农民理论家”。中国均瑶集团有限公司原董事长、总裁王均瑶，早年辍学，为了实现从“草根”浙商成长为新浙商的愿望，他不断超越自我，不但参加了长江商学院EMBA的学习，还让两个弟弟都成了MBA学员。奥康集团有限公司董事长兼总裁王振滔，木匠出身，秉持“企业的长远发展取决于这个企业是否是一个学习型企业”的理念，积极进行系统的理论学习，先后在北大攻读MBA、在中欧国际商学院总裁班学习、在长江商学院攻读EMBA。浙江省人力资源和社会保障厅在清华大学经济管理学院建立非公经济人才培训基地，每年举办不少于两次培训班，得到了众多浙商的积极响应，首期浙江省非公有制企业高层管理人员高级研修班就有30位浙商参与。

（二）积累管理知识向学习复合知识转型

在创业和初步成长期，浙商依靠实践累积的主要是企业经营管理类知识，通过上MBA、EMBA等习得的知识也以经营管理类知识为主。管理知识的累积有效地帮助了浙商逐步制度化、规范化、科学化运作企业，推动企业稳步发展和转型。然而，作为新时代的致力于做大做强企业的企业家，仅仅具备系统的经营管理知识是远远不够的，是难以基于此指引企业发展方向、明确和优化企业发展战略、吸引和整合优秀人才、推动企业持续发展的。随着国际化趋势的加强和改革开放的逐步深入，浙商所面临的环境日趋动态化和复杂化，亟须习得法律、WTO、宏观经济等多种知识，构建自身的知识体系，实现累积管理知识向学习复合知识转型。

杨家铭在《浙商，需求什么》一文中指出，在国际化、全球化经营等持续发展过程中，浙商普遍存在的知识结构和文化水平的先天不足问题将成为潜在威胁。河北省浙江商会秘书长陈千朗也指出，“浙商中许多人都是很早就出来的‘草根’阶层，没有完善的知识结构，要想有更大发展必须要善于学习、不断创新”。完善知识结构有多种方式，如平时读书看报，关注国际、国内宏观经济形势，习得知识，并培养对市场机会的敏感性。正因为如此，鲁冠球才能在多家报刊上发表文章，并早在1994年万向集团就进入美国市场；

通过上 MBA、EMBA 等习得部分经济、法律等方面的知识，推动与专业机构（如大学研究机构、法律事务所）展开合作，在利用专家知识的过程中潜移默化地完善自身的知识结构，如绿城房产、浙信房产通过多次与浙江大学房地产研究中心合作，提升了企业家团队对经济走势、房地产周期、行业发展方向等的认知水平。

三、冒险浙商向制度浙商转型

冒险浙商是指浙商在自身相对贫穷和外在制度存在许多空白的情况下，敢为天下先，极富开拓冒险精神。在改革开放初期，我国社会、经济、法律等各方面的制度还相当不完善，存在许多制度盲区；在经济转轨、社会转型和推进依法治国的过程中，新生问题不断，也需要逐步构建和完善制度体系，且往往滞后于实践，这也必然会留下制度盲区。在当时的经济社会环境下，“一穷二白”的浙商面临极大的生存压力，其内在的冒险倾向得以激发，纷纷闯进当时的制度灰色地带，甚至冲破制度的禁区，经营起私营企业来。可以说，许多浙商都是“闯着法律的红灯”，甚至踩着“法律的雷区”发展起来的，极具冒险性。

然而，随着我国法律、法规的不断完善，以及市场经济体系的不断成熟，我国的市场经济和社会发展渐渐步入一种法制体系，要求浙商的行为必须符合相关的法律、法规和制度规范；全球经济一体化的加快，尤其是我国加入 WTO 后，浙商在国际舞台上的竞争也必须符合全球贸易的游戏规则；随着企业的发展，浙商集聚了大量的财富，承载着许多荣誉，其原有的冒险性也逐步弱化，更期望推动企业稳步持续发展。因此，为了实现可持续发展，浙商企业家群体亟须实现“冒险浙商向制度浙商的转型”。浙江工商大学法学院教授吴高庆指出，在有了明确的法律规定和政策限制情况下，假如浙商再去闯“红灯”，那是行不通的。《市场导报》主编崔砺金发现，温州商人的冒险精神很有传统，但他们也最先感知国际贸易中的冲突，并开始意识到讲究国际贸易游戏规则的重要性。

制度浙商是指随着财富的积累，浙商逐步趋向于成为风险中性者或风险规避者，制度意识更强，并积极合理利用制度和参与制度制定。具体而言，浙商在由冒险浙商向制度浙商转型的过程中有两个特点：一是由偏好风险向风险中性或风险规避转型；二是由制度利用的初级阶段向制度利用的高级阶段转型。

（一）偏好风险向风险中性或风险规避转型

实验经济学研究发现，人们面临条件相当的损失前景时更加倾向于冒险赌博（风险偏好），而面临条件相当的盈利前景时更倾向于实现确定性盈利（风险规避）；在财富较少的情况下，人们倾向于冒险，而在财富较多的情况下，人们倾向于规避风险；财富减少产生的痛苦与等量财富增加给人带来的快乐不相等，前者大于后者。正因为如此，在创业初期，在相对贫困的时候，浙商大都倾向于喜好风险，随着企业的发展和财富的积累，浙商越来越倾向于规避风险。当然，这也与浙商知识水平的逐步提高有关，随着知识的积累，浙商认知风险的能力越来越强，博弈论指出人们对潜在损失的认知越多就越倾向于滞后行动或放弃行动。原先的风险偏好确实帮助了大批浙商及时抓住了大量的瞬间即逝的市场机会，企业得以初步成长壮大，但也确实使得部分浙商走上破产之路。企业家理论认为，大多成功的企业家，尤其是私营企业家是风险中性者或风险规避者。因此，浙商企业家群体也逐步由偏好风险向风险中性或风险规避转型，主要表现在立足主业基础上的多元化经营、“抱团”投资、联合成立财团等。

作为浙商常青树的广厦集团，跟随中国改革开放的脚步一步一步发展壮大，最新数据显示，在2017年，广厦在中国企业500强中位居第187名，中国民营企业500强中位居第37名，浙商全国500强中排第11名。近年来，广厦为顺应国家供给侧结构改革的需要，不断优化产业结构，使企业竞争力不断提升，并始终保持平稳健康发展。在做精、做强、做优、做大自己的主业外还发展房地产、能源、金融、制造、教育、文化影视、宾馆旅游、体育等行业。2012年7月上旬，在位于浙江绍兴的浙江红蓝绿纺织印染有限公司，来自迪拜的采购商们正在紧锣密鼓地敲定产品的样式和花色。公司董事长陈宇鸣介绍，这几年，来自中东等新兴市场的客户越来越多。“这两年外贸形势不容乐观，欧美传统市场的订单萎缩得厉害，公司产品现在主要销往中东、非洲、南美。”陈宇鸣说。位于浙江温州的浙江平阳鹏伟机械有限公司主营打桩机和污泥处理设备生产。近年来，公司对非洲地区的出口量正在持续攀升。公司总经理陈小伟说：“现在国内外经济都不景气，外贸出口困难，反而是新兴市场国家成了我们外贸增长的新‘引擎’。”现在浙商已然是“一带一路”上的生力军。

（二）制度利用的初级阶段向制度利用的高级阶段转型

在改革开放初期和进一步发展过程中，我国社会、经济、法律制度不完善，存在许多制度空白，当时的浙商大都积极挖掘这些制度空白，并加以利用实现原始积累。然而，随着我国各项制度的逐步构建和完善，浙商逐步意识到，可以利用的制度空白越来越少，仅仅依靠制度空白风险极大且难以实现持续发展。为此，浙商对制度的利用从初级向高级转型，这主要体现在制度意识、制度利用方式、制度制定参与三方面的差异。鉴于社会、经济、法律等制度体系的复杂性和多样性，我们这里选择其中最具代表性的法律制度角度，从上述三个方面分析浙商从初级利用制度向高级利用制度的转型。

浙商逐步从法律意识淡薄转向法律意识较强。许多浙商从早期对法律的无知与漠视转变为现在的学习和重视法律制度，一方面许多浙商开始聘请法律顾问，利用法律专家为企业服务；另一方面有些浙商努力研读相关的法律条文，在各种商业行为中强化法律风险防范。现在，越来越多的浙商抛弃了原先造假冒牌、蒙骗欺诈等短视的违法行为，开始依法经营，利用法律知识做好各种未知的风险防范，也开始意识到用法律制度来维护自己的权益和解决各种纠纷。

随着法律意识的增强，浙商利用法律的方式也开始由利用法律空白转向科学利用法律。浙商以往了解法律，主要是为了挖掘法律盲区，并加以利用获取超额利润。随着法律法规的完善和自身法律意识的增强，浙商逐步学会科学利用法律。其中，最为突出的事例是浙商开始利用相关法律应对国际贸易摩擦和冲突。2006 年 10 月 7 日，在欧盟开始对产于中国的皮鞋加征 16.5%的反倾销税的情势下，浙江的奥康集团和泰马鞋业有限公司两家制鞋企业站出来，公开表示要和欧盟叫板打官司。对此，欧盟智库 Eur-Ifri 主任皮埃尔·德福安先生给予了高度评价：“温州皮鞋企业起诉欧盟这件事情非常好。因为从企业来说，它是享有这个权力的，如果觉得自己受到不公平的待遇，可以寻求法律上的援助，这也反映了中国企业在国际贸易纠纷中更加趋于成熟，我个人非常赞赏这种做法。”2007 年 1 月 19 日，在经过一场耗时 7 个月、花费 55 万多元的跨国反倾销和反补贴诉讼后，诸暨浩海空调器制造有限公司收到加拿大边境服务署的“裁定书”，将对浩海公司的反倾销税率和反补贴税率调整为零。

随着法律意识的增强，浙商认识到不仅要积极接受现行法律制度，还需要积极参与制定法律制度，唯有如此才能在源头上争取和维护自身的合法权益。浙商主要通过两种方式参与法律制定：一是通过协会等中介机构发挥作用，如2007年初，浙江省工业经济联合会、浙江省企业联合会、浙江省企业家协会拟就《关于请求尽快把维护企业和企业家合法权益列入地方立法的建议》递交浙江省人大，要求尽快将“浙江省企业和企业经营者保护条例”纳入地方性法规立法规划；二是一些浙商在参与政治组织的基础上，积极主动地提交法律议案或建议，如新光集团董事长周晓光从2003年当选全国人大代表以来，向全国人大提交多份议案，其中许多议案被列为正式议案和建议交有关专门委员会审议。

第三节　浙商企业的转型

浙商另一层面的含义是指浙商人所创立、拥有、控制、经营的企业，可称之为法人浙商群体或浙商企业群体，因此，浙商转型的另一个重要方面是浙商企业转型。

一、产品层面的转型

宏基集团的施政荣，在20世纪80年代创造了“微笑曲线”理论（见图6-1）。在“微笑曲线”的左端，是以研发、设计、创意、技术为主导的环节，这些环节的利润很高，往下走是产品的初加工、二次加工等环节，这些环节的利润在下降；在“微笑曲线”的右端，是以品牌、营销、服务等要素为主导的环节，这些环节的利润也是很高的，往下走是简单的贴牌生产，这些环节的利润在下降。左右两边最后交会在“微笑曲线”的弧底部分，就是以成品装配和低端产品为主的制造业。

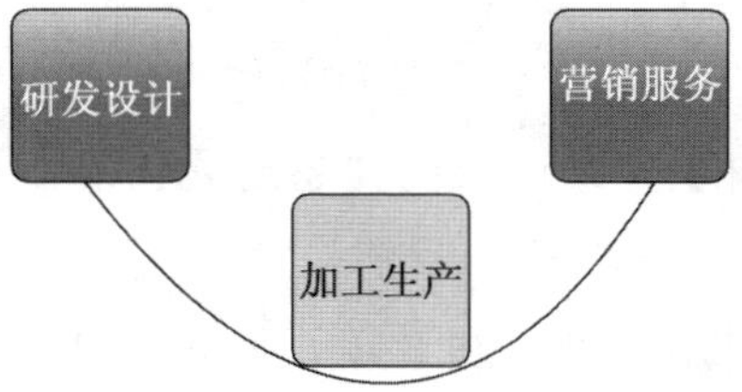

图 6-1　微笑曲线图

大部分浙江制造企业显然就是处于这个位置，要么在为国际品牌做贴牌生产，要么就是在制造低端产品。因此，对于浙商来说，要实现转型，相对而言，短期内风险较小的是在产品层次上的转型，从“微笑曲线”的弧底向两边移动，在稳住原有产品和市场的基础上，谋求产品的简单加工向自主创新转型、贴牌生产向自主营销转型、粗放型生产向集约型生产转型。

（一）简单加工向自主创新转型

长期以来，许多浙商靠简单的加工贸易获得了快速的发展，浙江也从资源小省成为制造大省，形成了有鲜明特色的加工经济。然而，仅靠简单加工生产的产品而没有技术含量，没有自己的核心竞争力，没有议价谈判能力，就会受上下游企业的控制，那么，企业获得的利润微乎其微，生存模式非常脆弱，一大批简单加工企业在金融危机中倒下。内外部环境的压力和企业谋求长期生存发展的动力使浙商开始从简单加工产品向自主创新产品转型，加大研发投入，提高研发、设计、创新能力，增强自主知识产权。

当前，浙商自主创新的典型形式是投入资金以建立自己的研发中心或设计队伍、改进生产工艺、开发新技术、创造新产品，实现自主研发。比如，万向集团将每年利润的80%都投入到研发中；2008年下半年“万丰奥特”加快了美国、英国、日本等海外研发中心的建设，并聘请了多名国际专家根据市场需求在最短时间内推出新产品；温州的伯特利集团，到2006年研发投入已经占到销售收入的5%，约1800万元。

重视研发投入和自主设计能力的提高不仅使企业在危机中顺利地存活下来，而且带来了可观的经济效益、市场效益。万丰奥特控股集团董事长陈爱莲说，调整成功得益于科技创新。宝马公司有个产品，技术上要求壁厚不能超过2.5毫米，连德国、意大利等国家的知名大企业都望而却步，但万丰硬是攻下了技术难关，提升了产品档次，赢得了国际市场的青睐。作为国内地板行业的佼佼者，“世友地板”将科技创新作为实现企业可持续发展的主要手段，先后开发了具有自主知识产权的“超耐磨钛晶面地板”“抗地热实木地板”和“户外景观木”等新产品。目前，“世友地板”已获得专利授权 14 项，其中发明专利 2 项、实用新型专利 8 项，另获受理 24 项，公司先后参与修订、制定国家和行业标准 13 项。正是由于企业自主创新能力的不断提升，“世友”木业在行业景气度整体下滑的态势下，取得了销售收入同比增长 36％，品牌知名度、客户满意度、市场占有率稳步提升的良好业绩。

（二）贴牌生产向自主营销转型

对于浙商在产品层次上的转型，另外一个方向是自主营销。以往许多浙商只顾低头生产，不管市场和营销，导致在市场竞争中既没有议价能力，也无法获得市场的动态信息以及时调整自己。典型的表现是，浙江虽是制造大省，却不是品牌大省。一味地做别人品牌的加工企业，虽然在一定程度上能够完成相当的原始积累，但在市场运作上却一直受制于人，因为在这个崇尚品牌的时代，没有品牌标签的产品在市场上将寸步难行。当浙商逐步意识到这点时，便开始通过自创品牌和收购品牌这两种方式推进从贴牌生产向自主营销的转型。

一是自创品牌。通过建立自己的销售队伍、销售渠道，打响品牌，占有市场。这种转型需要较大的投入、较长的周期，对企业各方面的掌控能力要求较高，但能给企业形成持久的核心竞争力，带来丰厚的利润。目前，国内毛巾行业的市场竞争已日趋白热化，市场竞争的主要方式逐渐体现在品牌上。“洁丽雅”在国内毛巾行业率先喊出“毛巾也要品牌”的口号。早在 1996 年注册“洁丽雅”品牌商标时，该集团就开始确立品牌发展的战略；2005 年，“洁丽雅”成立了行业内首个“品牌营运中心”，负责品牌创建、策划、整合及宣传等；从 2006 年开始，“洁丽雅”每年都投入大笔资金进行品牌宣传，还率先在商场、超市内设置“洁丽雅”专柜。现在“洁丽雅”在国内外的知名度节节攀升，市场占有率不断提高。2018 中国品牌价值评价信息发布显示，洁丽雅品牌价值再创新高，以 105.45 亿元的品牌价值连续五年蝉联中国毛巾行业品牌价值最高评价。

二是收购品牌。即通过收购国内外已经有一定知名度的品牌，利用已有的销售网络，进行自主营销，取得市场话语权。这种方式的转型时间短、见效快，但也存在原有销售人员、营销渠道的整合问题。万向集团在1998年收购美国舍勒公司以前，曾经为这家公司贴牌生产了十几年；收购舍勒公司后，万向集团大胆吸纳该公司的整个销售网，利用当地的资源，逐步建立自己的市场体系，直接面对客户，不断地收集与研究客户需求，保持与终端客户的联系，把握消费者的需求变化。2016年杭州锦江集团有限公司以13.35亿美元收购印尼铝矾土资源企业，成立的锦江铝业（印尼）有限公司。2017年吉利集团将收购DRB旗下宝腾汽车49.9%的股份以及豪华跑车品牌路特斯(Lotus Group) 51%的股份，吉利集团成为宝腾汽车的独家外资战略合作伙伴。2018年2月吉利已通过旗下海外资金主体收购戴姆勒股份公司9.69%具有表决权的股份，这使得吉利集团成为戴姆勒集团的最大单一股东。2018年2月顾家家居子公司以3.2亿元收购德国软体家具品牌Rolf Benz。

（三）粗放型生产向集约型生产转型

企业是社会发展的细胞，企业的发展必须符合社会发展的客观要求。日益严重的酸雨、噪音、全球变暖、沙尘、大气与水污染、森林面积锐减、物种减绝、水土流失、洪水泛滥、干旱与荒漠化以及城市垃圾等问题，已威胁到人类自身的生存与可持续发展。因此，对企业来说，最突出的要求是从粗放型发展向集约型发展转型。对浙商来说，粗放型增长的特点尤为明显，产品生产能耗高、污染重、效益低。在低碳经济呼声越来越高涨的背景下，在浙江资源小省的客观条件下，浙商要想做到家业常青、百年老店，也必须在这方面逐步转型。

以往我们强调集约生产，将主要的精力放在产品生产环节的改进上，其实粗放型生产到集约型生产的转型包括产品的研发设计环节、生产环节、营销环节等。如果在研发设计的时候考虑到生产、使用产品时的能耗和环保，就能从源头上降低产品生产、使用过程中的能耗和污染。只有这样的自主创新才是现实可行和有竞争力的，也必将给企业带来超额利润。生产环节的集约包括改进生产工艺、提高技术、减少资源的消耗量和污染物的排放量、对污染物的治理等。营销环节的集约是指在选取各种营销策略的时候，将节约资源和保护环境作为重要的参考标准，如各种宣传推广活动中多用可回收利用的器材，减少塑料、垃圾等的使用。

升华集团是保护环境的典型代表。该集团不仅放弃了市场前景很好的5万吨新闻纸的生产项目，同时建立了自己的污水处理站，还为帮助周边小企业和镇里的居民处理污水，花费数千万元建起了日处理能力达到8000吨的综合污水处理厂。集团在排污方面的处理费，一年就要千万元以上。

企业在产品研发设计、生产、营销等方面向集约型转型既能降低企业的生产成本、减少资源环境和相关法律的束缚，也能在消费者心目中树立良好的企业形象，更是浙商顺应整个经济发展趋势的表现。

二、组织层面的转型

（一）机会主义向战略主义转型

战略管理理论存在两种典型的针锋相对的战略思维：一种观点倡导机会主义，认为企业无须也无法制订长远的战略规划，实施有效的战略管理，唯有适时追踪环境动态，方能适时识别盈利机会，实现持续成长；另一种观点倡导战略主义，认为企业可以基于自身的资源能力条件，结合外部环境分析，制订战略规划，实施有效的战略管理，进而实现持续成长。然而，这两种观点本质上是不矛盾的，只是两者适用的外部环境条件不同，前者更加适用于高度复杂、极具动态的环境，后者更加适用于相对简单稳定的环境。

以往浙商主要是机会主义导向的，即哪里有机会浙商就去哪里。借助机会主义，浙商有效地捕捉到了改革开放过程中瞬间即逝的大量商机，有效地适应了复杂动态的环境，实现了原始积累并获得了阶段性成长。然而，这也使部分浙商陷入了缺失方向的局面，形成“短期利益驱动”的思维习惯，错失做大做强某一产业的机会，同时导致浙商之间过度地同质低层次竞争，造成社会资源浪费。随着我国改革开放的逐步深入，企业运行的制度环境、法律环境等逐步完善和趋于稳定，各种市场的成熟度逐渐提高，浙商在战略思维上也逐步由机会主义转向战略主义。在《浙商》主办的“改革开放30年浙商之得失”座谈会上，来自温州的虎牌控股董事长虞成华坦言，“我们这一代起家靠‘机会主义’”，但同时他也承认，单纯地依靠抓机遇，已经不适应现在的市场要求。

即使在最近几年，“机会主义”的战略思维还在深深地影响着部分浙商的经营决策，在全国各地掀起的一股股投机热潮（“炒房团”“炒煤团”）就是明证。最多的时候，红蜻蜓集团涉足房地产、百货、金融、教育、服装等多个领域。尽管在2005年，董事长钱金波提出了回归主业的计划，但业内人士称，红蜻蜓集团已经错失了做大主业的发展机会。

尤其是经过2008年金融危机的洗礼，许多浙商开始反思自己是否具备战略思维，开始从机会主义向战略主义转型。他们不再简单盲目地跟随市场热潮，或者追求短期利益，开始努力评估企业的环境机会、环境威胁、企业优势和劣势，着眼于市场发展的趋势和长期利润，来捕捉发展机会，运作企业，做到有所为和有所不为。机会永远是留给那些有准备的企业，企业的战略主义正是强调企业每个行动都是有准备、有谋划的。

当然，这种战略主义是有弹性的，使浙商在企业发展过程有一个大的发展视野和思路，具体的运作和行动可以在战略指导下，根据环境做出各种反应和调整。

（二）传统家族管理向现代管理转型

从浙商的发展历程来看，家族式的企业管理体制对浙商的经济活动起着重要的作用。即使在20世纪80年代后，许多浙商在经营上仍因袭家长制。在市场经济体制还未完全成熟、社会组织发育并未完善的情况下，家族管理方式能发挥组织各类经济、社会活动的功能，是企业资本原始积累和企业创立、生存及发展的最重要和最有效的方式之一。现代浙商的自主精神、平等精神、团队精神、忧患意识等，也首先是在家庭或家族的土壤里萌发和滋生的。

然而，随着经济转轨、社会转型及科学技术的日新月异，随着浙商的崛起及其经营规模的扩大，单纯的封闭式的家族式管理显然已不能适应企业的进一步发展需求，家族经营存在的外来管理人才很难进入核心层、现代营销能力差、资本扩张能力弱、创新能力缺乏等成为许多浙商急需面对和解决的问题。实现管理体制从权威式管理向制度化管理转型、封闭式家族管理向开放式家族管理转型、自我积累向利用社会资本转型则是浙商组织层面转型的重要内容。

第一，权威式管理向制度化管理转型。在创业初期，浙商企业的管理模式往往是老板说了算，靠老板的权威在维系着组织的有序运转。现在，在粗具规模的浙商企业中，许多浙商开始根据企业的发展规模和具体现实，建立具体的规范化的制度和程序，并着手实施。这些基本制度包括决策制度、组织制度、经营制度等。在制度面前人人平等，各种行为都有对应的规范和标准，不再每件事情都是老板说了算，都需要老板亲自过问。制度化的管理可以有效地减少家族人员之间复杂的利益纷争，提高了企业运作的效率和稳定性。

第二，封闭式家族管理向开放式家族管理转型。这里的封闭和开放主要是指浙商对外部人才的吸引和利用程度。许多浙商创业初期主要是家族企业内部人员的互相扶持，确实有风雨同舟、共闯难关的优势。但是，随着企业在更大空间、更高层次上求发展，原有人员日益显示出在思想观念、知识结构、管理水平等多方面的局限性。企业需要适当引进外部人才，由封闭型的家族制向开放型的家族制转型，其中包括职业经理人的引进、高技术人才的引进、独立董事的引进等。现在多数浙商对用人是比较开放的，能够吸收和利用“外人”，有意识地选择和培养人。外部人才的流入为浙商带来了新鲜血液，包括先进的管理方式、经营理念、产品创意、政策信息和理论建议等，使浙商在参与全球化高端竞争时具备良好的人力资本。

第三，自我积累向利用社会资本转型。从浙商资源利用角度来看，过去浙商主要是靠自身的力量获得资源，积累资本，但发展到今天，这已经不能适应时代的要求。内外环境都要求其充分开发和利用社会资源，这时自我积累向利用社会资本的转型就显得尤为迫切。可以说，能否利用好资本市场这个工具已经成为决定浙商在富豪榜上沉浮的重要因素。不少浙商已经有这方面的意识和行动，如企业上市、进行购并、利用整个社会资本甚至是国际资本和外部资源，获得企业扩张的资本，实现企业的转型和持续发展。在市场机会稍纵即逝和环境瞬息万变的情况下，无论是从效率上讲还是从成本上讲，通过社会资本来获得企业发展所需资金是企业的一个重要选择。

上述三个方面的转型是浙商管理体制转型的重要方向，但是管理体制的转型涉及浙商企业内部利益调整、外部形象改变等重要方面。在浙商特有的文化氛围下，在整个社会信用还比较欠缺的条件下，职业经理人队伍发展还不够健康，资本市场还不够规范。浙商管理体制的转型是比较谨慎和缓慢的，但这些方面的尝试和努力体现了浙商顺应时代发展的要求，是一种进步。

（三）欧美市场为主向国内、新兴市场和欧美发达市场联动转型

出口经济成就了浙商几十年的发展壮大，浙商的出口市场主要集中在欧美发达国家，对国内市场和新兴市场并没有引起足够的重视。随着欧美国家贸易壁垒的提高及金融危机的影响，欧美市场大幅萎缩，许多浙商的经营业绩大幅下滑，经营状况恶化，有的企业甚至破产倒闭，整个浙江经济受到重大的影响。在此情境下，有些浙商进行了目标市场的调整转变，变“危”为“机”，有力地减少了金融危机的冲击，赢得了新的发展机会。典型的转变有两类：

一是从主要聚焦国际市场向国际、国内市场并重转型。这种转型体现了整个宏观环境的要求。国家在大力发展内需经济，中国的经济发展水平已经进入了一个后工业化时代，人们的消费结构在升级，浙商敏锐的经济嗅觉使其发现其中必有商机，于是及时调整目标市场，开始重视国内市场的开发。肇始于美国的金融危机很快影响到了“万丰奥特”的出口业务，订单下降，市场逼迫其转型。“万丰奥特”经过一年的快速调整期，从国际市场为主转向国内市场，通过与大众汽车“联姻”，进入大众全球采购系列；从美国市场为主转向欧洲、亚洲市场，开拓了日本“丰田”“本田”“尼桑”系列汽车高端市场。

二是从聚焦欧美市场向发达、新兴市场联动转型。经过几十年的经济远征，浙商在欧美市场的开拓渐渐进入一个瓶颈期，利润下降、贸易争端频发等使浙商在欧美市场的发挥余地越来越小，而像朝鲜、印度等新兴市场的需求强劲，进入门槛相对较低，经济发展水平与我国相似，对浙商来说不失为企业转型升级的一个难得的缓冲地带。自 2013 年，中国向世界发出共建“丝绸之路经济带”和“21 世纪海上丝绸之路”的重大倡议以来，浙商凭借干在实处、走在前列、勇立潮头的精气神，全面参与“一带一路”建设，开辟发展新空间；凭借开放发展的先发优势，积极应对全球贸易寒冬，勇拓市场立潮头；凭借民营经济的发展优势，开展国际产能合作；凭借向东直面“海上丝路”、向西通达“陆上丝路”的区位优势，建起一个个互联互通新平台……2014 年至 2016 年，浙江与“一带一路”沿线国家贸易总额达 3195 亿美元，占全国比重从 2014 年的 9.6％上升到 2016 年的 11.1％；近两年来，浙江对全国“一带一路”进出口的增长贡献率更连续两年居全国首位。

中东欧博览会、义乌进口商品博览会……4 年来，落地浙江的“一带一路”相关展会成为全面展示各国发展的窗口，浙商积极“走出去”，在沙特、哈萨克斯坦、越南、伊朗等国开展自办展。2016 年浙江出口商品（德黑兰）交易会现场成交 4600 多万美元，吉隆坡交易会成交 3080 万美元……与“一带一路”沿线国家和地区间的贸易畅通，成为带动浙江外贸发展的新引擎。

值得一提的是，除了货物贸易，在“一带一路”沿线国家和地区，浙江的服务外包、文化、教育等服务贸易产品也迎来了新市场。当前，对“一带一路”沿线国家和地区的文化服务出口已占浙江文化服务出口的 34%。在马来西亚，高中生们会发现，他们手中的理科教材来自浙江教育出版集团；在吉尔吉斯斯坦，浙江金华邮电工程有限公司创办德龙电视台，24 小时不间断免费转播我国卫星电视频道，传播《中国好声音》；在哈萨克斯坦，当地人至今对《神医喜来乐传奇》《全家福》等来自浙江的影视剧津津乐道……

在当前的环境下，这样的调整和转变使浙商在危机中能够继续生存、发展。当然，这两种转型只能是缓兵之计，因为国内市场也好新兴市场也好，都必然会向发达市场发展，所以对浙商来说这并非转型的终点。

三、产业层面的转型

（一）块状经济向产业集群转型

长期以来，浙商发展的地缘、亲缘文化促使浙商形成了许多具有特色的块状经济，包括温州的打火机、永康的五金、嵊州的领带、绍兴的轻纺等。这些块状经济中的企业一般都是使用同种原料，生产同种商品，针对相同市场。在卖方市场情况下，块状经济获得了快速的发展。在产业起步阶段，这种产业发展方式保证了利润的最大化，带来了各种优势，如营造了百舸争先的创业氛围，增加了当地的就业，带动了当地经济的发展等。

然而，块状经济以企业小而全、散兵作战、粗放式生产为特征，这一方面没有专业化的分工，难以利用专业化优势改进工艺或提高产品科技含量，难以出现优秀或者卓越的企业；另一方面容易造成区域内的同质恶性竞争，竞相压价，浪费资源，降低发展效率和对外竞争实力。

因此，在产业层面的转型，浙商首先要突破的就是从块状经济向产业集群转型。产业集群是块状经济的更高发展形态，它强调的是集群内各个企业有组织地分工合作。根据集群内各个企业的优势分工，来降低企业经营成本，提高竞争力。随着我国改革开放向纵深推进，国际化、信息化、现代化等发展趋势日益明显，产业格局呈现了新特征、新动能，浙江块状经济也不断向国际化、高端化演进。即块状经济不断向技术密集、资本密集、人才密集的高端产业集群升级，促使浙江经济增长路径从要素驱动、投资驱动转向创新驱动、效率驱动。2017 年，浙江“三新”经济产值增至 1.25 万亿元，对浙江经济贡献率达到 37.1%，新产业、新业态、新模式层出不穷，助推浙江打造现代产业集群。

据《浙江在线》2016 年 12 月 29 日报道，其中较为典型的是浙江的特色小镇建设，梦想小镇、云栖小镇、玉皇山南基金小镇、跨贸小镇……这些“小而美”“特而强”的明星特色小镇，正在引领着浙江转型升级大潮。

在宁波南部滨海新区，随处可见新造的公路大桥、宽阔的柏油马路、现代化的厂房。400 多年前徐霞客“驴行”出游始发地宁海，正在掀起新型城镇化的热潮。

从零起步、从无到有，宁海智能汽车小镇创造了特色小镇建设的“宁海速度”。6 个月入围省级特色小镇第二批创建名单，10 个月入选省级十大示范特色小镇，并且是唯一入选的高端装备制造业小镇。而高端装备制造业，正是浙江省打造的七大万亿级别产业之一。到 2017 年，小镇完成投资 60 多亿元，实施新能源汽车整车生产基地、知豆电动汽车全球技术中心、新能源汽车关键零部件产业基地、宁波模具产业园项目等 9 大项目。

据宁海经济开发区党工委委员王振幸介绍，知豆纯电动汽车项目从初次接洽到签约只用了 113 天，从签约到开工建设仅用了 5 个多月。依托吉利知豆项目，吸引了双林 DSI、索菱科技、德洋电机等多个涉及电机、电池、整车、汽车零部件等配套产业项目落地，形成了特色产业集聚。“智能化”与“汽车”是小镇的名片。知豆电动汽车有限公司副总裁金为民介绍，知豆项目总投资 20 亿元，预计将达到年产 10 万台的规模。“我们的生产线按照德国工业 4.0 标准设计，生产全过程实现智能化管理，并且我们将研发智能驾驶、车联网等先进技术。”

目前，小镇累计完成固定资产投资 33.5 亿元，入驻企业 80 家，其中规模以上企业 10 家，实现规模以上工业总产值 11 亿元、服务业产值 38.5 亿元，实现税收收入1.8亿元。预计到2017年，小镇新能源汽车产值将超过100亿元，到2020年可望达到300亿元，集聚中高级人才5000人，带动1万人就业。

除了特色小镇外，智能化、数据共享和"互联网+"等先进理念也是浙江产业集群转型升级的重要方向。如在"互联网+"方面，义乌中国小商品城、浙江（余姚）塑料市场、绍兴轻纺城、海宁皮革城、永康五金商城、嘉兴茧丝绸市场等浙江省重点专业市场，都已经开通线上平台，通过互联网扩大市场的辐射半径。

（二）区域内产业布局向全球产业布局转型

产业布局主要涉及企业的产业转移问题，指的是产业从一个国家或地区转移到另一个国家或地区的过程。产业转移是从比较宏观的角度提出来的概念。从微观角度看，产业转移的过程就是企业迁移的过程。企业迁移是指企业以新建、并购、合作等方式，通过整体或局部的空间位移，在企业创办地之外实现迁移或者企业扩张的现象。企业迁移是企业区位调整的一种特殊形式，其实质是企业区位的再选择。按迁移所涉及的规模和部门来分，企业迁移可分为整体迁移和部分迁移，如总部迁移、职能部门迁移、建立子公司等。按照转入区与转出区之间的发展水平差异，企业迁移可分成为水平转移和垂直转移两大类。水平转移是指某些产业在发展水平接近的地区之间的转移；垂直转移则是指某些产业在发展水平相差较大的地区之间的转移。

浙江是制造大省，浙商的制造业和出口贸易使浙江经济获得了飞速发展，几年来稳坐全国经济总量的第四位。然而，随着经济全球化的深入、国家宏观调控政策的实施及出口增长率的下降，直接造成浙商传统产业逐渐失去竞争优势。同时，浙江是资源小省，来自土地、能源与环境等各方面的刚性制约，使许多浙江中小企业陷入发展困境。对浙商来说，短期内转变发展方式、进入高新技术产业和现代服务业有一定的难度和风险。因此，"跳出浙江、发展浙江"，拓展新的发展空间，站在全国乃至全球的视野，重新布局产业链，实现产业的梯度转移和全球整合是保证企业持续发展的当仁不让的战略选择。

按迁移的动机和性质来分，可分为扩张性迁移和撤退性迁移。

第一，扩张性迁移是指当浙商发展到一定的阶段和规模，企业所在地的资源、要素、市场等已经不能再满足其进一步扩大的要求，为了拓展市场、利用资源、资本运作等目的，进行迁移的一种行为。扩张性迁移既可以是国内市场的平行转移或者垂直转移，也可以是站在全球的视野，参与国际分工与合作，利用全球产业链的分工优势，优化企业的产业布局，形成自己独特的核心竞争力。这种扩张性迁移主要表现为部分迁移和水平迁移。例如，日本的融资成本相对而言是全球最低的，有些企业就将融资渠道放在日本来完成资金的筹措；美国科技发达，企业将研发机构放在美国，使当地的研发资源能够为我所用；香港的营销人才相对集中，便将销售事业部、销售渠道运营中心放在香港，而将制造环节放在中国或其他一些发展中国家。

第二，撤退性迁移是指随着浙江经济进入后工业化时代，市场对企业的产品、技术、人力资源、成本等的要求越来越高，尤其是各种资源的束缚和成本的提高，一些浙商无法适应这样的市场要求，企业的正常发展陷入了困境，企业不得不向有成本优势、市场要求比较低的地区转移的一种行为。这类撤退性迁移主要表现为整体迁移和垂直转移，主要方向为我国中西部地区。

下文以温州轻工业产业转移为例，介绍一下当前浙商产业转移的一些特点。

温州轻工业的区际产业转移始于20世纪90年代中期。“十五”期间特别是2003年以后，产业转移呈现快速度、大规模发展的态势，投资项目数量和投资额成倍增长。据温州市统计局2006年的调查显示，1996年以来全市工业企业在外创办各类投资项目1030个，投资总额达237.6亿元，其中轻工业占到一半左右。

就温州轻工业的产业转移情况，温州市经贸委、浙江省经贸委课题组开展了企业问卷调查，并配合座谈方式了解。问卷调查涉及的本地企业共600家，均是规模以上的工业企业，有一定的代表性。

在被调查的企业中，已在国内进行企业区位调整、实施产业转移的企业共有201家，占600家被调查企业的33.5%。可以说，有1/3的企业采取了产业转移的实际行动，这一比例不低。实行区际产业转移的实体类型、地域分布和产业领域，详见下表6-1。

表 6-1　温州轻工业区际产业转移基本情况问卷汇总

方　面	问卷选项	企业答卷比例（%）
产业转移的实体类型	1. 开设分、子公司	45.8
	2. 生产基地迁移	31.3
	3. 营销部门迁移	21.4
	4. 研发机构迁移	8.5
	5. 企业总部迁移	4.0
	6. 企业整体迁移	5.5
产业转移的地域分布	1. 本省	44.4
	2. 长三角地区（不含本省）	36.2
	其中上海	23.0
	3. 其他东部地区	18.4
	4. 中西部地区	16.3
产业转移的产业领域	1. 本制造业	80.1
	2. 其他制造业	23.0
	3. 服务业	8.7
	其中房地产业	6.6
	4. 采矿业	2.6

在实体类型方面，企业部分迁移占到产业转移的 94.5%，整体迁移的只有 5.5%。部分迁移中，主要有在外设立子公司和部分职能部门外迁两种形式。在外设立子公司的最多，占到 45.8%。职能部门外迁，主要有生产基地迁移、营销部门迁移、研发机构迁移、企业总部迁移四种形式。其中前两种居多，分别占到 31.3%和 21.4%。研发机构迁移是近年出现的新动向，目的是更直接地利用外地的科研设施和智力资源，更好地获取先进技术和了解消费者需求及竞争对手动态。

从该调研结果来看，目前企业整体迁移和企业总部迁移尚少。企业整体迁移较明显地发生在鞋革、灯具、塑编、纽扣、食品等行业，以中小企业为主，投资规模不是很大，近年来呈行业群体性迁移倾向。企业总部迁移，如均瑶集团基本迁往上海，温州销售业务仅占集团的 2%；美特斯·邦威名义上总部还留在温州，但实际上已迁往上海。除了上述实体类型之外，业务外包是较多企业进行产业转移运作的有效方式。如森马集团采取虚拟生产方式，本部专注于核心业务，而将大量加工业务外包到广东等地，实现企业快速发展。

在地域分布方面，温州轻工业的区际产业转移，以水平转移居多，即主要转向发达地区，集中在长三角地区，比重高达 80.6%。其中，除温州外的本省占 44.4%，转移到杭州、金华和丽水等地较多。不含本省的长三角地区占 36.2%，其中上海占 23.0%，是温州轻工业在省外的最大转入区。到中西部地区的转移，多数属垂直转移，所占比例为 16.3%。就近转移，主要向发达地区转移，是温州轻工业产业转移的地域特征。

据问卷调查，产业转移到外地后，仍从事制造业的企业比例高达 88.7%，其中仍坚守本行业的占 80.1%。做熟悉的行业，做有自身竞争力的行业，是大多数对外投资企业的经营之道，显示了温州企业家稳健务实的经营之风。企业在外投资发展制造业，有许多不是简单复制本地旧业，而是走创新发展之路，或是提升原有产业层次，或是拓展新产业领域。有的还突破单个企业经营模式，实行产业链异地重构，发展新的产业基地。如奥康集团在重庆市璧山县投资建设“西部鞋都”工业园区。再如 40 多家温州企业搬迁到江西上饶，形成粗具规模的余江眼镜工业园。温州轻工企业也有部分在外地涉足服务业和采矿业，但比重不大，分别占 8.7%和 2.6%。在服务业方面，主要是从事房地产开发，所占产业比例为 6.6%。有能力投资房地产的都是大中型企业，其比例与大中型企业占全部企业的比例相当。

可以看出浙商的产业转移主要以扩张性转移为主，以制造业为主，以本行业为主。实施空间扩张的企业，相当部分是有投资能力的强势企业和有投资潜力的成长型企业。通过空间扩张，企业提高了自我发展能力和综合经济实力。从经济发展规律来看，产业转移是产业结构调整的重要途径、生产要素跨区域配置的必然选择、经济水平发展到一定阶段的必然产物，也是浙商转型的重要特点之一。2018 年 4 月，《开放型经济新体制下加工贸易的创新发展方向》报告指出东南亚正在成为新一轮产业转移的主要目的地。报告指出，目前全球范围内正在启动第四次产业转移，中国的东南沿海地区则参与了第三次产业转移和正在发生的第四次产业转移。

（三）传统轻型制造业向新型重工业、高新技术产业和服务业联动转型

从产业结构的角度来看，尽管40多年过去了，浙商的产业分布基本还是集中于劳动密集型、低层次加工、低附加值的传统轻型制造业。这种产业结构，在中国经济发展的起步阶段、初期和中期，是浙商发展的优势。因为在中国经济刚起步的时候，所要解决的是老百姓的温饱问题，而跟温饱有关的产业就是吃、穿、用，也就是轻型的、以日用消费品为主的产业，这些产业是浙江的传统优势。

从1978至1997年，这20年中拉动中国经济增长的主要力量是内需。浙商的迅速崛起，一个重要的原因就是浙商的产业结构与同期的居民消费结构能够对接。从1997年开始，中国的消费需求进入了一个过渡期。以吃、穿、用为主体的传统消费需求增长势头明显放缓，但是新的消费需求没有释放，因此整个中国经济内需不足。这时浙商在应对这种变化了的需求消费结构时，并没有大规模调整产业结构，而是利用中国加入WTO前后对外开放的新机遇，通过国际市场需求来弥补国内市场需求的不足，用出口替代了内销，于是浙江的外向型经济有了大幅度的提高。

2003年以后，中国的经济发展阶段出现了更加明显的变化，内需结构变化开始加速。中国的消费结构已经从“吃穿”开始转向“住行”，与汽车、住宅、道路、电子通信有关的消费需求集中并迅速释放。与此同时，汇率调整、出口退税取消、原材料成本的上升、资源环境的压力、国际贸易摩擦的升级等使浙江的轻工业不堪重负，在2008年的国际金融危机中遭受了巨大的冲击。有专家指出，浙商单纯靠传统轻工业和国际市场需求的路子已经走到了尽头。

在国内与国际市场调整的压力、政府的政策引导力、企业追逐更高利润和追求长远发展的内驱力的共同作用下，浙商痛定思痛，开始了产业结构的调整和转型。主要表现在两个方面：

第一，传统轻型制造业向新型重工业和高新技术产业转型。对多数浙商来说，有着较为丰富的制造业经验，因此，浙商的产业结构转型首先是在制造业内寻找机会，力求从劳动密集型、低层次加工、低附加值的传统轻工业向资本技术密集型、高层次制造、高附加值的新型重工业和高新技术产业转

型。比头发丝还细，强度却能赛过钢筋，“炼”出这根世界级强度碳纤维的是绍兴精功集团。4年时间里，精功集团投入5亿元，首条千吨级碳纤维生产线已正式投产，可替代进口高端碳纤维产品，打破了美、德、日等工业强国的垄断。在宁波市鄞州区的德鹰精密机械有限公司，一只只旋梭在经过250多道工序后下线。这种半径不超过2厘米的旋梭，是缝纫机的“心脏”。凭借先进的工艺技术，德鹰公司的旋梭全球市场占有率超过36%，稳居世界第一。另一家被人熟知的老牌饮料企业娃哈哈，则做起了机器人，还要在此基础上培育高端机电制造产业，并将之发展为公司的第二大产业。2016年8月，宁波成为全国首个“中国制造2025”试点示范城市，目前宁波先进装备制造业、高新技术制造业占比已经超过40%，2016年授权专利量就达4.1万件。在智能制造升级的带动下，宁波工业发展效益质量明显提高，宁波还计划用3年时间，拿出百亿元资金专门扶持先进制造行业。

典型的例子有正泰由传统电器制造业向可再生能源产业的转型。正泰原来的主导产业是低压电器、高压电器，在2008年正泰生产出中国第一个真正意义上的高效稳定的光伏薄膜电池产品。2009年正泰董事长南存辉表示，正泰将投资20亿元用于传统产业改造，投资50亿元用于一座大型太阳能产业基地建设，太阳能已成为正泰集团继低压电器、高压电器之后的第三大产业，2012年正泰又斥资3.15亿元收购了上海新华控制技术（集团）有限公司70%的股权，这一举措加快了正泰电器硬件向软硬结合发展的产业升级步伐，为正泰实现由单个元器件制造商向系统集成商的转型迈出了关键的一步。正泰新能源为扩大海外工厂产能、加速太阳能全球布局，在泰国建设了600MW电池工厂。正泰电气通过在巴基斯坦、伊朗等国组建国际区域工厂，拥有了部分国别市场的发言权。如今，正泰“走出去”的触角越伸越远，已拥有三大全球研发中心、五大国际营销区域、14家国际子公司、22个国际物流中心，为130多个国家和地区提供产品与服务。正泰还被列为浙江省第一批“机器换人”先进单位。宁波韵升，20年前已是全球最大的八音琴生产基地，市场的局限性促使老总竺韵德开始寻找新的方向。随后，当时尚不为人知的稀土钕铁硼材料进入了他的视野。反复考察后，竺韵德认定，随着国内信息产业、机电工业高速增长，钕铁硼永磁材料应用前景广阔，于是通过并购，竺韵德正式涉足钕铁硼永磁材料领域，今天韵升已成为国内该行业经济效益较好的企业之一。目前全球DVD、电脑的光读头所用磁性材料的35%、全球手机震动马达所用磁钢的15%都来自宁波韵升。“资源总是有限的。”喜欢泡在实验室里的竺韵德始终保持清醒，近年来稀土材料价格猛涨，印证了他的预见。后来，韵升又与相关单位合资建立了上海电驱动公司，全力攻关电动汽车驱动系统的核心技术。针对人口红利逐步消失、人工成本渐涨的趋势，韵升提出了以智能技术为特征的机电一体化的产业目标，现在已开始研制工业机器人。还有万向集团，也开始向新能源汽车产业进军。2009年4月，万向集团举行了电动汽车锂电池生产基地奠基仪式，并宣布在投资4.5亿元的基础上再投入13.6亿元用于开发锂离子动力电池。

第二，制造业向制造业和服务业联动转型。从经济发展规律来看，第三产业尤其是服务业将会是一国经济的重要组成部分。近年来服务业占世界GDP的比重持续上升，发达国家普遍达到70%以上，中国服务业占GDP的比重在2007年是39.1%。可以看出，对于浙商来说，中国的服务业大有可为，在国家大力号召发展服务业的大背景下，敏感的浙商开始从制造业向服务业渗透，在产业间向制造业和服务业联动转型，包括向金融、生态、旅游、文化等产业进军。典型的有金洲集团、海利集团、富丹公司等由单纯的制造业向生态旅游业、文化创意产业转型。2011年至2015年，全省服务业增加值年均增长9.4%；服务业成为扩大有效投资、吸纳新增就业、增加地方税收的主要力量；信息服务、电子商务、金融、物流、旅游、健康服务、文化创意等产业发展迅猛。《浙江省服务业发展“十三五”规划》显示，“十三五”期间全省服务业增加值年均增长8%以上，到2020年全省服务业增加值达3.23万亿元左右；到2020年全省服务业增加值占地区生产总值比重达53%以上、力争达55%；到2020年全省服务业劳动生产率达22万元/人左右，规模以上高技术服务业企业营业收入年均增长15%以上；结构明显优化，到2020年全省生产性服务业增加值占服务业增加值比重，比2015年提高3个百分点左右。

“千里迢迢到杭州，半为西湖半为绸”，深受消费者喜爱的丝绸产品制造商万事利集团有限公司创办于1975年，经过40多年两代创办人的不懈努力，已经发展成为一家以丝绸纺织、文化创意为主业，辅以生物科技、资产经营、金融管理等多产业的现代企业集团。万事利秉承“让世界爱上中国丝绸”的企业使命，着力挖掘、传承中国丝绸文化，跳出丝绸做丝绸，实现了丝绸从“面料”到“材料”再到“载体”的华丽转身，走出了一条“传统丝绸＋移动互联＋文化创意＋高科技＝丝绸经典产业”的转型升级“新丝路”。近几年，集团通过收购法国百年丝绸名企，聘请世界级奢侈品高管，引进跨国设计团队、与国际一线奢侈品品牌合作等举措，全面开启了万事利丝绸品牌的国际化战略。

万事利在文化创意上的表现可谓精彩：北京奥运会、伦敦奥运会、上海世博会、广州亚运会、杭州休博会、APEC 峰会以及 2016 年举行的 G20 杭州峰会、“一带一路”国际合作高峰论坛、厦门金砖国家领导人会晤等，万事利是唯一同时拥有众多重量级盛会特许生产商资格的中国丝绸龙头品牌。通过最近十几年的努力，万事利集团完成了从“产品制造”到“文化创造”的突破，实现了从“传统产业”向“文化创意产业”的转型，从“传统制造业”向“制造服务业”的跨越。

附录一

浙商语录

● 白天当老板，晚上睡地板。

（这是著名的“两板作风”，它很好地体现了浙商的成本观念和艰苦朴素的价值观。）

● 走遍千山万水，吃遍千辛万苦，想尽千方百计，说尽千言万语。

（这四句话被人们简称为“四千精神”，是浙商吃苦耐劳、艰苦创业的生动写照，也是浙商赚钱的经验总结。）

● 小商品，大市场。

（1985 年，费孝通先生在视察了浙江的经济模式后，得出了该结论。这句话现已成为人们津津乐道的温州模式的经典概括。）

● 老板要付出非常大的代价。整天花天酒地的老板，肯定做不长、做不大，真正的老板都是俭朴的。

● 一个真正成功的企业家，不应该只埋头搞事业，也应该心忧社会，勇于承担社会责任；一个成功的企业家，不应该只有事业心，也要有强烈的社会责任感。

● 认准了的事，我这个人是碰死不回头，不管什么困难，我始终信心很足，勇往直前，办不了，转个弯再走，一定要达到目的。

——娃哈哈集团董事长　宗庆后

● 我工作了 57 年，当了 30 多年的国有企业老总，从来就是讲诚信，不骗人。我认为这是最主要的浙江精神。

——青春宝集团有限公司前董事长　冯根生

● 时髦不可赶，形式不可搞，假话不可讲，碰到困难的时候不要怨天尤人，绝对不能消极悲观。自己的路自己走，自己的梦自己圆。

● 要培养员工之才，激发员工之才，善用员工之才，爱惜员工之才。把员工智慧用好了，没有办不好的事，没有办不好的企业。

● 不把过去的优势当作现在的优势，现在的优势不等于将来的优势。

——万向集团董事局前主席　鲁冠球

● 我无法定义成功，但我知道什么是失败！成功不在于你做成了多少，在于你做了什么，历练了什么！

● 有时候，不被人看好是种福气，正因为没人看好，大家都没有杀进来。

● 懒不是傻懒，如果你想少干，就要想出懒的方法。要懒出风格，懒出境界。像我从小就懒，连长肉都懒得长，这就是境界。

● 如果一个人脑子里想的是钱，就永远不会成功，就永远不能成为企业家。只有当一个人想着去帮助别人，去为社会创造财富，为国家发展做贡献的时候，才能真正成功。

● 社会责任不只是慈善捐款，社会责任不单局限于慈善、捐款，而是与企业的价值观、用人机制、商业模式等息息相关，社会责任一定要融入企业核心价值体系和商业模式中。

● 创业者要先做最容易、最快乐的事情，而不是要去做最重要、最难的事情，只有做最容易、最快乐的事情才有可能活下来，发展起来。等到你强壮了，再去思考什么是最重要、最战略的事情。

● 今天很残酷，明天更残酷，绝大多数的人都死在明天晚上。只要永不言败，我们就一定可以见到后天的太阳！

● 一个公司在两种情况下最容易犯错误，第一是有太多钱的时候，第二是面对太多机会的时候。一个 CEO 看到的不应该是机会，因为机会无处不在，一个 CEO 更应该看到灾难，并把灾难扼杀在摇篮里。

——阿里巴巴集团董事局主席　马　云

● 一个年轻人首先要有理想和目标，尽管每个人的天赋有差别。像我虽然感觉自己在技术方面爱动脑筋，有一点聪明之处，但如果没有积极进取，没有在技术方面的不停摸索，我也不会有熟能生巧的本领和一些创新。

——网易公司创始人　丁　磊

● 我只能做老板，像我这样没有什么学历和专业技术的人，打工没人要，只好做老板。

——九九加一实业有限公司董事长　林立人

● 成功的三个要素就像一个三角形的三条边，一个是技能，一个是经验，一个是态度。如果不具备技能，经过学习可以掌握；如果不具备经验，经过日积月累也可以拥有；然而态度却不是经过简单的培训就可以获得的。

——盘石网盟创始人　田　宁

● 我们做任何一件事情首先要考虑好，如果这件事情全部搞砸了，对我们公司会怎么样？我们做好最坏的打算，尽最大的努力。对公司有影响，但不会伤筋动骨，咱们就干。

——宋城集团董事长　黄巧灵

● 温州民营经济发展，民间金融功不可没。

● 一个人去烧水，一壶水烧到 99 度，他满以为差不多了，就撤手去烧另一壶水，待另一壶水烧到 99 度时，他又去烧其他壶的水……烧到最后，他连一壶水也没有烧开。

● 做专才能做精，做精才能做好，做好才能做强，做强才能做大，做大才能做久。

● 分享不是慷慨，对创业者来说，分享是一种明智。

——正泰集团股份有限公司董事长　南存辉

● 你问我做企业最重要的是什么？是人。你问我最头痛的是什么？也是人。再问我企业最缺的是什么？还是人。

——升华集团控股有限公司董事长　夏士林

● 我这个人最大的特点：绝对不会为个人利益跟别人争斗；只要对公司有贡献的人，我都会与他共享成功的快乐。

——浙大网新兰德科技股份有限公司总经理　陈　平

● 有创业之梦的人很多，问题是如何让梦想变为现实？我想，最重要的还是要善于抓住机遇。而要抓住机遇，就必须理性而果断。

——富通集团有限公司董事长　王建沂

● 不愿搏的就走，愿意的大家一块来。你看万里长征，去长征的人都行了，不去的人可能就找不到踪影了。人在旅途，谁能知道前方有多少条路？

● 要坚持住，朝前走，才会成功。

● 慈善事业是企业社会责任中很重要的一部分。吉利集团曾经给中国教育基金会捐了 5000 万元，让基金会捐助给那些需要资助的贫困学生。我想这些学生将来肯定是非常有责任感的人，因为他们得到了来自社会的关爱。从这个意义上讲，与其说企业在尽社会责任，倒不如说企业在传递社会责任。

——吉利控股集团董事长　李书福

● 让别人睡不着觉的最好办法就是竞争。

——奥克斯集团董事长　郑坚江

● 浙江人实际上是逼出来的，闯出来的，苦出来的。穷的人不开心，闲的人不自在，大家个个都想创业。

——德力西集团董事局主席　胡成中

● 我有三不做：第一不赌钱，第二不喝酒，第三不做不正常的事。

——宁波籍商人　邵逸夫

● 奥康从原来的家族企业到现在的跨国公司，我认为我现在的担子是越来越重了。可能对有些人来说，我的财富是越来越多，但我认为财富越多，他的责任越大。

● 人品决定产品，产品体现人品。

——奥康集团有限公司董事长　王振滔

● 我一直在考虑选择接班人的问题，是从公司里选择，还是外部聘请。我想这个人应该是“团队机器”选出来的，不是我一个人说了算。

——均瑶集团前董事长　王均瑶

● 企业家更多地强调一种责任心，他的付出和回报常常不是直接成正比的，为了企业的发展，他会全力以赴去投入，往往是不计回报的。

——盛大网络董事长　陈天桥

● 做企业，其实就是做人。

——宁波博洋服饰有限公司总经理　吴惠君

● 只做不讲，或者多做少讲。

● 相当多的浙商已经进入一种“道德经营”的阶段，对自己、对企业承担的责任提出了更高的标准。

——华立集团董事局主席　汪力成

● 人要想永远成功，在每一个阶段都很艰难，只是艰难的程度不一样而已。

——浙江001集团有限公司总裁　项青松

● 都说挫折是人生的老师，它会使人变得坚强，也会使人成熟。由于自己身体残疾带来的挫折，使得我在做事情时总是追求完美。在许多事情上，我的想法都与众不同。我总是有一种坚忍不拔的精神，而且随着自己能力的提高，我越来越自信。

——沈阳中旭集团董事长兼沈阳温州商会副会长　曹昌飚

● 人的价值的体现，是为社会、为人类做出一些贡献，更重要的是用你的智慧，创造出一种事业。

——方太厨具有限公司前董事长　茅理翔

● 不能把企业作为赚钱的机器。做企业说大点，是人生的价值的体现，说小点，是把个人梦想变为现实。我的梦想就是把报喜鸟做成国内名牌和国际名牌。所以我不争太多利益，人最重要的是“有所为有所不为”。

——报喜鸟集团董事长　吴志泽

● 什么事情不怕自己不懂，只怕自己不做，边做边学，总会有成绩的。

● 有竞争才能促进发展，没有竞争就没有发展。同行不是冤家，是朋友。竞争对手是一面镜子，经常照照，有利于促进自己不断发展提高。

——美特斯·邦威集团董事长　周成建

● 远距离管钱，近距离管人。

——红蜻蜓集团董事长　钱金波

● “真正的成功创业者，要做到三个字——势、法、力。‘势’即在创业的初期，创业者能够选择正确的趋势，并在创业的过程中能掌握趋势的变化；‘法’即创业者在遵纪守法的前提下，能够用方法应对挑战，用办法克服困难；‘力’即创业者要有毅力、定力和魄力，在困难面前顽强不屈，能够抵制诱惑，在机会面前不会犹豫。”

——浙江网盛生意宝股份有限公司董事长　孙德良

● 员工智慧不是被管出来的，而是好环境好制度激发出来的。

——浙江传化集团有限公司董事长　徐冠巨

● 其实市场的末梢才是最灵敏的，我们自己就是市场的神经末梢。

——新光控股集团有限公司董事长　周晓光

● 做企业的道理和做人的道理一样，不一定每天要做多大的事情，坚持和积累会带来意想不到的回报。所谓每天进步一点点，是最有意义的事情。

——浙江五洲新春集团董事长　张　峰

● 宏观环境越差，越要抓住机会。我认为，等待是最大的成本，不做是最大的风险，不管遇到多大的困难，都要想方设法克服。

——华东医药集团有限公司董事长　李邦良

● 企业最宝贵的不是资本而是人才，企业要通过靠机遇发展，转变为靠能力发展。

——中天建设集团有限公司董事长　楼永良

风云浙商（2013—2017）

2013年度风云浙商

1. 丁力业　深国投商用置业（集团）有限公司董事长

深国投商用置业是国内商业地产开发商中国际化程度最高的企业。2013年，美国基金巨头黑石集团和工银亚洲入股集团，是目前国内商业地产行业金额最大的融资之一。集团在大陆地产界成功首创了“地产＋金融＋商业运营管理”的模式，在地产金融领域与大批国际知名企业，如新加坡嘉德置地、摩根士丹利、美国西蒙集团、高盛、凯雷等建立了战略合作，在中国大陆累计共同开发管理了超过六十七个商业地产项目。

丁力业是将全球最大零售企业沃尔玛引进中国的第一人，并与沃尔玛组成了战略联盟，是沃尔玛在中国最重要的商业伙伴之一。丁力业响应浙商回归的号召，在浙江新建了多个大型商业综合体项目，总投资超40亿元人民币。其中位于杭州城西的西溪印象城项目是杭州购物面积最大的城市综合体，建筑面积21万平方米，它的出现极大地改变了杭州的商业生态，所倡导的购物＋体验的大型购物中心模式也越来越受到消费者的推崇。

2. 王挺革　浙江省物产集团董事长

2013年，浙江物产集团以311.97亿美元的营业收入，位列500强榜单第364位，排名较2012年上升了62位，跻身前400强阵营。王挺革，曾用8年时间解除了中国信托第一案“金信信托”债务危机，又用5年时间再造了一个浙江国贸，2013年中调任物产集团董事长，到位后，他大动作不断，将物产下属两家上市公司物产中拓和物产中大进行了重新资源配置，积极迎接转型“金融、类金融”的发展机遇，拓展同浙江省内优质民企的合作。这位履新不久的物产董事长，正带着物产这头“大象”，在新的世界里翩翩起舞。

3. 吕小奎 浙江海越股份有限公司董事长

2011年，吕小奎组织省外浙商抱团回归创业，在宁波北仑成立宁波海越新材料有限公司，项目总投资150亿元。该项目多项技术位于世界前列。主要产品“异辛烷”作为一种高标准清洁汽油添加剂，可有效降低机动车尾气PM2.5排放，对于改善国内油品质量和治理空气污染，具有非常重要的意义。一期项目2014年一季度投料试车，全部建成后预计年产值近150亿元，年新增利税20亿元，并将打通宁波四大化工区块产业集聚通道，实现浙江化工产业链互补发展。在全国各地机动车保有量猛增，PM2.5频频爆表的境遇下，如何改善成品油质量、降低汽车尾气对环境的污染，成为石化相关企业必须考虑的问题。吕小奎在花甲之年再次创业，投资宁波海越新材料项目，在中石化、中石油和中海油“三桶油”掌控的成品油世界，开启石化领域的“转型升级”。

4. 孙庆炎 富春江通信集团有限公司董事局主席

2013年，整治河流污染成为浙江倒逼转型的重要手段，孙庆炎针对富春江两岸造纸企业小散乱、偷排漏排严重的情况，启动150万吨的大型造纸项目。该项目的启动起到了淘汰落后产能、整治小散乱造纸厂的作用。

富春江通信旗下的富春环保是目前全国最大的垃圾发电（热电联产）企业（2013年中国民企500强第387位），富春环保成立后统一为富阳的中小企业供气供热，拆除了近200台小型热锅炉，一年可节约30万吨标准煤，还富阳以蓝天白云。在完成企业转型升级的同时，也为打造“美丽浙江”起到了积极的作用。

5. 张亚波 浙江三花股份有限公司董事长

张亚波，三花集团（2013年中国民企500强第363名）的二代传承人，为三花做出产业新布局、战略新调整，他不仅传承了父辈对实业的专注，同时也在新领域锐意进取，布局三花产业升级版。

2013年，在世界制冷设备元器件领域已经获得一定话语权的三花集团加大了扩张步伐，三花股份公司以5000万欧元完成全面并购欧洲白电核心供应商德国Aweco公司，以1000万元收购青岛太平洋宏丰公司。与此同时，承载着改善能源和环境状况理想的太阳能热能发电项目——三花投资的以色列碟式太阳能光热发电技术获得了新进展，8碟1兆瓦示范项目在内蒙古自治区阿拉善盟建成，进入产业化测试阶段。

6. 李春波　浙江医药股份有限公司董事长

浙江医药是目前国内维生素E最大的生产商，也是全球第二大生产商；β一胡萝卜素和斑蝥黄素是全国最大、全球第三大供应商；生物素占全球产量的40%以上，为全球最大生产商；辅酶Q10占全球产量的20%；盐酸万古霉素已占全球产量的40%以上。

李春波坐拥数十亿的银行存款，却始终不肯把钱花在医药之外的事情上，如此地心无旁骛，造就了中国盈利能力最好的药企之一——浙江医药。连续五年，浙江医药的出口额在国内制药企业中名列前茅，凭借着企业强大的实力和底气，2013年，浙江医药在与世界500强药企KANEKA长达三年的官司中，取得了完胜，为一种名叫Q10的维生素类物质获得了合法的市场地位。官司的背后，是一家中国药企自主创新、自强不息的奋斗。

7. 陈建铭　三盛宏业投资（集团）有限公司董事长

舟山群岛新区成立两年多来，陈建铭作为上海浙江商会副会长，多次组织上海浙商回舟山投资海洋经济，主导完成了“上海浙商参与舟山群岛新区建设千亿投资计划”及“上海舟山商会百亿投资计划”。筹备成立了百亿级“海洋发展基金”，该基金的成立，为各地浙商投资海洋经济搭建了长期稳定的金融平台。

在积极响应“浙商回归”，组织省外浙商回乡投资的同时，陈建铭旗下的三盛宏业（2013年中国民企500强第382名）也积极投身海洋经济建设。下属公司中昌海运近年来完成上市，成为国内唯一一家上市的民营海运企业，被称为“民营海运第一股”，也是舟山群岛新区最大的上市企业。在舟山群岛新区成为国家级新区的历史机遇期，陈建铭依托上市公司的平台，承接临港工业建设、围海造田项目、国际物流岛建项目，在全球海运行业普遍低迷的大背景下，顺利完成了从普通散货运输向海洋工程建设的转型。

8. 徐娣珍　慈吉集团有限公司董事长

徐娣珍是一位创业8次的女性，创业无穷期、创新永不止是她的人生信条。35年来，慈吉集团实现了从摩托车配件加工到整机生产销售、从摩托车生产到兴办教育事业、从兴办教育到高端现代服务业的三次产业转型跨越。做摩托车实现了徐娣珍的致富梦，做教育是圆自己一个“读书梦”，而经营奔驰4S店则是圆一个“国际梦”和“品牌梦”。而从教育到服务业的跨界，不仅让徐娣珍走出一条“国际品牌＋区域品牌”强强融合的发展道路，也为慈溪乃至全省区域经济转型升级树立了典范。

9. 陶晓莺　三替集团有限公司董事长

2013年陶晓莺带领企业从传统服务向现代服务转型，将传统的“保姆服务”转型为新的生活方式、新的服务模式，成为城市品质生活服务商。按照“品质生活、全程管家、一站式服务”的理念，倾力打造“你好•生活”品牌连锁，并与阿克苏市政府举行战略合作签约暨品牌授权书颁发仪式。新疆阿克苏市政府授予三替集团为阿克苏果品浙江省总代理，这也是国内仅有的企业受此殊荣。

三替是全国现代服务业的先进典型，也是全国家政行业中唯一一家中国商业服务名牌企业。全国家政行业唯一的专属学院——“三替家政学院”即将成立，未来公司将把它打造成为中国家政业的“黄埔军校”。

10. 戴建良　浙江浙商环球投资有限公司董事长

戴建良在贵阳投资建设了贵阳西南国际商贸城，以600亿投资和1420万平方米的恢宏体量，一举成为目前全国业态最全、规模最大、配套最完善的批零兼营、游购一体的特大型国际顶级商贸市场集群，项目建成后将承接贵阳全市原有的老批发市场的转移搬迁。在对原来老旧市场升级换代的同时，还将通过“浙商现代制造业产业园”的建设完善产业链，实现产城联动。项目全部建成后每年创造利税30亿元，创造数十万个就业岗位；除可容纳贵州的数万商户进驻外，还吸引了浙江八千余户商贸业主前来“淘金”，为浙江商品销往西南地区乃至东南亚提供了一条“黄金通道”。

11. 苏增福　苏泊尔集团有限公司董事长　风云浙商特别奖

作为一名资深的“元老级”浙商，年逾七旬的苏增福在古稀之年选择二次创业，投资10多亿元进军从未涉及的卫浴产业。经过五年的调研、开发、生产环节之后，2013年，苏泊尔的第一个不锈钢龙头终于面世。苏泊尔不锈钢洁具产品的出现，打破了高端不锈钢洁具领域外国品牌一统天下的局面，大幅降低了同类型产品的市场价格。

在同时期的浙商纷纷退出历史舞台时，苏增福却以“再造一个苏泊尔”的决心进入卫浴行业，在浙江、沈阳多地打造国内最大的卫浴产业园区。不做投资、不做房地产，坚守实业，以74岁的高龄二次创业，在他的身上淋漓尽致地体现了浙商“生命不息、创业不止”的精神。

2014年度风云浙商

1. 吴国潮　浙江能源集团有限公司董事长

浙江省能源集团有限公司成立于2001年，主要从事电源建设、电力生产、煤矿投资开发、煤炭流通经营、天然气开发利用和能源服务业等业务。吴国潮是浙江最能赚钱的国有企业掌门人，能源集团的企业利润连续多年在省属国有企业中排名第一。2014年，亚洲最大的海水冷却塔的落成，年累计投入25亿元升级改造经费，通过这两个阶段真正实现旗下所有火电厂废水“零排放”、环境“零影响”，这也是单个企业在“五水共治”中最大力度的投入。

2. 廖春荣　浙江银润休闲旅游开发有限公司董事长

浙江银润休闲旅游开发有限公司是上海银润控股（集团）有限公司的控股子公司，是一家以旅游地产、土地开发和基础设施建设为主营业务的公司。为响应“浙商回归”号召，2014年，廖春荣在安吉投入70亿元打造大型休闲度假旅游项目——Hello Kitty乐园，这也是首次进入浙江市场的国际性主题乐园品牌。与此同时，廖春荣还十分关注公益事业，捐赠累计已达4700万元人民币，2014年荣获第四届“浙江慈善奖”。

3. 陈海斌　浙江迪安诊断技术股份有限公司董事长

浙江迪安诊断技术股份有限公司成立于2001年，是以提供诊断服务外包为核心业务的独立第三方医学诊断服务机构，凭借具有迪安特色的“服务+产品”一体化商业模式成为行业领先者，并于2011年7月率先上市。2014年，国务院将迪安诊断作为典型案例，将其比作民营第三方医疗机构助力传统健康服务发展的典范。

4. 朱明虬　思美传媒股份有限公司董事长

思美传媒股份有限公司，中国4A副理事长单位，中国壹级广告企业（综合服务类）。公司于2014年1月23日在深交所挂牌上市。从杭州小百货的电力维修工开始，朱明虬用20年的时间建立了一个触角广泛的传媒帝国。率先引入国际惯例，利用量化数据服务客户，登陆A股市场，成为“民营广告第一股”，朱明虬带领着思美打破外资巨头的垄断为民营资本闯出了一条新路径。

5. 杨新新　超威集团有限公司总裁

超威集团创立于1998年，位于浙江省长兴县雉城镇新兴工业区。作为全球动力储能电池领域规模最大的企业，超威是浙江十大民营企业中最年轻的企业。16年时间，产值近600亿元，杨新新带领的超威是“新常态”下逆市飞扬的浙商样本。在铅酸电池领域，他推广无镉内化成工艺，“废水池中能养金鱼”的案例也让超威成为浙商企业参与“五水共治”的优秀典型。

6. 王麒诚　汉鼎宇佑集团有限公司董事长

汉鼎宇佑集团是中国民营企业500强企业，是一家专注于研究企业发展，为有投资潜力的企业提供资金、资源平台以帮助其成长壮大的综合性集团。王麒诚公司用了不到十年时间，从只有三个人的创业团队发展到A股最年轻的上市公司。上市后，在坐稳智慧城市主营业务的基础上，集团公司信息技术、文化传媒、资产管理等几大板块协同发展，一系列动作让他成为国内年轻创业者的“新生代偶像”。

7. 沈志荣　浙江欧诗漫集团有限公司董事长

珍珠王国——浙江欧诗漫集团公司有着三十多年的珍珠研究开发历史，是国内唯一的一家集珍珠养殖、珍珠饰品、珍珠化妆品、珍珠医药保健品生产于一体的专业性综合开发公司，是中国农学会确认唯一的珍珠生产加工基地。

沈志荣是浙商群体中的创业元老，他专注于珍珠行业40多年，推动了整个行业的进步。他成功培育出欧诗漫的第一颗淡水养殖珍珠，他相继突破珍珠规模化养殖三大关键技术和珍珠深加工四大核心技术。2014年，他建成投产的欧诗漫珍珠生物产业园，为企业新一轮转型升级打下坚实的基础。

8. 吴国平　外婆家餐饮连锁机构创始人

外婆家餐饮连锁机构，成立于1998年。从最初的马塍路“外婆家”餐厅发展至今，已成为在全国拥有80余家门店及8000多名员工的大型餐饮连锁机构，拥有“外婆家”“指福门”“第二乐章”“金牌外婆家”“炉鱼”“锅小二”“Uncle5”七大知名品牌。目前外婆家门店遍布北京、天津、上海、深圳、沈阳、合肥、南宁、南京、武汉、无锡、苏州、杭州、常州、金华、南通、宁波、嘉兴等城市。公司发展期间，“外婆家”荣获浙江省著名商标、浙江省著名商号；2010年，“外婆家”被国际权威美食杂志评选为“年度BEST50中国最佳餐厅”；浙江外婆家餐饮有限公司更入选2012年度中国餐饮百强企业以及创业邦2012中国高成长连锁企业50强。

9. 郑元豹　人民电器集团有限公司董事长

人民电器集团是人民控股集团全资公司，中国500强企业之一，始创于1996年。人民电器集团以工业电器为核心产业，拥有浙江、上海、南昌、抚州四大制造基地、12家全资子公司、85家控股成员企业、800多家加工协作企业和3000多家销售公司。

人民电器常年位居中国企业500强，获得中国质量领域最高奖。2014年

6月，在“浙商回归”政策的感召下，总投资14.8亿元的人民电器集团高新产业园破土动工，标志着人民品牌从“中国制造”走向“中国智造”，将为浙江省工业经济新一轮发展再添新动力。

10. 张国标　富春控股集团有限公司董事长

富春控股集团创建于1992年，总部位于上海市张江高科技园区。公司正依托其“产品集成化、产业集群化”的发展模式，努力打造港口物流、建材工业和地产开发及五金产业领域的大型品牌企业。

张国标是浙商回归的“急先锋”，投资建设富阳复城国际城市综合体等项目、投资总额超200亿元，并与阿里巴巴等企业共同打造“中国智能物流骨干网”项目，组建“菜鸟网络科技有限公司”，助力破解电子商务发展的物流瓶颈。

11. 阿里巴巴合伙人马云团队　年度大奖获得者

组委会给“阿里巴巴合伙人团队”的颁奖词是：从来没有一家公司像他们一样深刻改变着商业社会的文明脉络，无数人的命运轨迹因为他们而转向。

2014年9月，阿里巴巴集团在美国纽交所上市，为全球最大的IPO。在招股书中，由马云等30人组成的合伙人名单首次公布。马云曾表示，阿里的合伙人制度有别于绝大部分现行合伙人制度，“我们建立的不是利益集团，而是为确保阿里在未来的市场中更加灵活，更有竞争力”。因此，“合伙人”是动态体制，名单会变动。合伙人制度给了合伙人提名多数董事的权限，可以确保管理层在少量持股的情况下依然控制董事会。因此，这些合伙人是阿里的中坚。

2003年首届“风云浙商”评选至今，这已是阿里巴巴董事局主席马云个人或阿里巴巴团队第5次获奖，在浙商中上榜次数最多。

2015年度风云浙商

1. 王水福　西子联合控股有限公司董事长

西子联合是一家以装备制造为主，跨行业经营的综合型企业集团。西子联合秉承“合作重于竞争”的经营理念，遵循研发、制造、服务并重的发展战略，开拓进取，在节能电梯、电梯部件、立体车库、余热锅炉业务上创得佳绩。坚持核心技术研发与节能减排的创新实践，西子联合拥有多家独立的技术研发中心，成功开发了高效节能的永磁同步无齿轮电梯主机，取得关键航空零部件制造的相关资质，为扩大航空业务奠定基础，并主导国内余热锅炉技术标准制订和应用推广，成功实现节能建筑技术在西子联合大厦的全面应用。

王水福在高端装备制造业耕耘多年，2015 年 11 月 2 日，中国商飞 C919 大飞机正式下线。西子联合是全国 9 家机体结构供应商中唯一的民营企业代表。航空领域的成功标志着西子联合已经完成从传统制造业向高端装备制造业的转型跨越。

2. 李水荣　荣盛控股集团有限公司董事长

浙江荣盛控股集团总部位于杭州市萧山区，始创于 1989 年。目前集团已发展成为拥有石化化纤、房地产、金融投资等产业的现代企业集团，位列中国企业 500 强第 176 位、中国民营企业 500 强第 34 位、中国石油和化工民营企业百强第 1 位。多年来，集团坚持走创新发展的道路，目前已经建立了高新技术研发中心、院士专家工作站、企业技术中心、博士后科研工作站等科技创新平台，并与浙江大学、浙江理工大学、天津工业大学等高等院校建立了合作关系。集团已经组建起了一支包括韩国、中国台湾专家在内的研发团队。近几年来，集团在新产品、新技术研发方面取得了较为丰硕的成果。

3. 张茂义　健盛集团股份有限公司董事长

健盛是全球最大的棉袜生产企业，公司在全球针织行业内享有盛誉，产品 90%以上出口至日本、欧洲和澳洲等海外市场。公司为中国袜品出口领军企业，根据棉袜产品中国海关统计，连续多年公司袜品全球贸易出口额位居全国前列。公司自成立以来一直坚持“追求优异的产品质量，致力企业的发展繁荣，为社会做贡献，为员工谋幸福”的企业经营理念，坚持“注重生产管理、强化研发创新、把握时尚潮流、满足运动需求”的发展战略，不断强化内部管理，并在技术标准和质量标准上与国际接轨，现已成为世界知名品牌袜子的重要生产基地。

在全省纺织行业大环境低迷的情况下，张茂义通过持续的创新升级，走出了一条高附加值的产业升级之路。2015 年 1 月 27 日，健盛集团在上交所挂牌上市，成功登陆资本市场，这是传统棉袜制造行业第一家上市的企业。

4. 倪良正　圣奥集团有限公司董事长

圣奥集团有限公司创立于 1991 年，是一家集办公家具、生活家居、置业投资于一体的企业集团。从精工打造第一件家具至今，圣奥集团二十七年来忠于初心，始终致力于用科技改善办公环境，让办公更灵动、高效、富有乐趣，不断提升用户的工作幸福指数。以匠心致初心，致力于为用户创建健康、安全的办公环境，赢得了全球诸多用户的信赖，产品远销全球 89 个国家和地区。

在家具生产这个鱼龙混杂的行业中，倪良正率先布局完成了行业的标准化，使得圣奥在业内脱颖而出，迅速占领行业龙头地位。在这个瞬息万变的时代，几十年如一日的坚持也让圣奥成为国内办公家具的代名词。

5. 李方平　诺尔康神经电子科技股份有限公司董事长

浙江诺尔康神经电子科技股份有限公司成立于 2006 年，是一家致力于成为世界领先的神经电子产品供应商的高科技企业。公司总部和生产基地位于中国杭州，研发中心位于美国加利福尼亚州。公司目前主要从事多通道人工电子耳蜗系统的研发和生产，承担了“十二五”国家科技支撑计划：听性脑干植入设备国产化及临床应用、国产人工耳蜗的策略和技术优化两个项目，并获得了省重大科技专项；是“十一五”国家科技支撑计划项目和中科院“科技助残计划”的唯一产业化基地。

2015 年，诺尔康获得科技部创业创新大赛生物医药行业的全国总冠军，李方平用了十年时间创立国内唯一一家能够自主研发人工耳蜗的医疗器械企业，其将近 40 年的创业历程也充分反映了浙商敢为人先、百折不挠的创业精神。

6. 詹耀良　耀达集团有限公司董事长

詹耀良于1950年随父母迁居香港，一直随父从事经营手套事业，号称香港手套大王。20世纪80年代，有着生意头脑和投资胆量的他拿着30多万元港币回到临海投资，创立临海第一家外资生产企业——临海市精美手套厂，经过补偿贸易、来料加工、投资房地产、建设大型零售自选商场等举措，让做手套起步的台州耀达集团公司实现了从商品零售业向房地产业、酒店业、旅游业发展的逐步推进，成为名副其实的台州港资大企业集团，在为家乡带来了丰富的现代生活享受的同时，促进了企业的发展壮大。20多年来，他在国内外总投资折合人民币67亿元，创办19家独资、合资企业，已形成了集房地产、商场、涉外酒店、旅游为主业的规模化产业群。

身为香港浙江同乡会联合会常务副会长，詹耀良团结在港的广大浙江乡贤，为浙江省在香港举办的各项招商引资、文化推广等活动提供了很大的支持和便利，扩大了浙江省在香港各界的影响力。

7. 夏赛丽　赛丽正宏集团有限公司董事长

2008年赛丽正宏集团有限公司正式成立，目前已形成房地产开发、新能源、文化产业、资本投资“四位一体”的整体发展架构。截至2017年初，集团总资产约50亿元，近三年向国家上缴税收近四亿元，连续多年被评为“AAA级信用企业”。

2004年集团进军绿色能源产业，重点投资开发风能、太阳能、生物质能等项目。2015年，赛丽正宏集团积极响应国家的号召，倡导绿色GDP，进军绿色能源产业，投资4.5亿元建造浙江舟山衢山风力发电厂，成为省发改委批复的第一个风力发电项目和省重点工程。夏赛丽正努力打造一家门类相对齐全、践行低碳环保理念的新能源企业。

8. 曾昌飚　中旭集团有限公司董事长

中旭集团成立于1999年1月7日，主要经营：房地产开发、专业市场、科技产业、互联网金融、大数据产业，大宗商品交易中心、文旅、康养产业等。

2015年，曾昌飚带领中旭集团，从房地产开发、专业市场等运营逐步向互联网金融、电子商务等领域全面转型，联合全国26家浙江商会会长发起成立了以上千亿资产为支撑的金融产品信息交易综合服务平台，为浙商企业提供零佣金、低利率的融资服务。

9．李明焱　寿仙谷药业股份有限公司董事长

寿仙谷药号始建于清宣统元年（1909年），金华寿仙谷药业有限公司，地处中国温泉养生生态产业示范区的浙江省武义县。公司秉承“重德觅上药、诚善济世人”的祖训，恪守“为民众的健康、美丽、长寿服务，创百年寿仙谷”的企业宗旨，致力“打造有机国药第一品牌”。

李明焱依靠数十年如一日的技术创新，将“寿仙谷”发展成传统中药材工业化生产的标杆企业，是铁皮石斛、灵芝等中药材国家质量标准的制订者。他曾经第一个攻克菌菇季节性种植难题，创造出一个500亿规模的市场，被誉为“高温菌菇之父”。李明焱表示，“匠心精神不是因循守旧、故步自封，而是将传承与创新有机融合，我们寿仙谷正是将传统中药与新工艺、新技术相融合，才获得了专家和消费者的广泛认可。”

10．喻渭蛟　圆通蛟龙投资发展（集团）有限公司董事长

23岁，朝气蓬勃的年纪，喻渭蛟开始闯荡江湖。一路走来，充满坎坷，也饱含幸福。“桐庐养育了我，井冈山塑造了我，大上海成就了我。”回忆这段艰辛岁月，喻渭蛟这样描述自己的成长史。15年来，喻渭蛟创造了快递行业的多个“第一”，第一个与阿里巴巴合作的快递企业，省内第一个拥有货运航空公司的快递企业。2015年6月，业务量超过申通，一跃成为国内最大的快递企业。如今，企业已拥有8个管理区、61个转运中心、服务覆盖国内1600余个城市，成了集速递、物流为一体的知名快递品牌企业，圆通速递先后获得了“中国快递行业十大影响力品牌”等称号。

2016年度风云浙商

1．王辉　银江科技集团有限公司董事长

2016年9月，G20峰会期间，银江股份自主研发的“ENJOYOR志愿者服务指南系统”运用云计算、大数据、虚拟化、地理信息等技术，为G20峰会4000名志愿者的有序调度提供了保障。

作为全国率先践行“智慧城市”的企业，银江在王辉的带领下，积极创新，不断拓展智慧城市的内涵，在智慧交通、智慧医疗、智慧园区、智慧孵化、智慧制造等多个领域，构建智慧产业生态圈，成为中国领先的智慧城市解决方案提供商和数据运营服务商。

2. 竺福江　杭州民生医药控股集团有限公司董事长

竺福江19岁进入民生医药，从一线工人到企业掌门人，40年与企业共同成长。他通过不断改革创新，让传统老国企焕发出新的活力，跨越式发展，并走向国际。2011年“民生”第一个处方药通过美国FDA认证，2013年在美国成功销售。

民生医药的前身民生药厂是中国最早的西药厂之一，90年来，对产品质量始终如一的坚守已经成为民生的一块“金字招牌”。正是竺福江和他的团队的坚守和创新，让90岁高龄的民生医药依然健康、稳健发展，迎接百年辉煌。

3. 傅利泉　浙江大华技术股份有限公司董事长

创立大华，进入安防，甚至是在硬盘录像机市场上居领先地位，都是傅利泉的“机遇”，而他抓住了这些机遇。多年来，在傅总的带领下，通过全体大华人的不懈努力、不断创新，公司取得了长足的发展，从创业时的几个人发展到目前2500多人的规模，逐步成为中国最具技术水平和规模实力的安防视频产品研发制造商之一。现在的浙江大华技术股份有限公司是全球领先的以视频为核心的智慧物联解决方案提供商和运营服务商，以技术创新为基础，提供端到端的视频监控解决方案、系统及服务，为城市运营、企业管理、个人消费者生活创造价值。

4. 王均金　上海均瑶（集团）有限公司董事长

2016年，王均金带领均瑶集团快速推进企业转型升级，航空运输完成了东南两翼的整体战略布局。以上海为主营基地的吉祥航空，明确了新时期打造高价值航空公司的战略定位，并努力践行，以广州为主运营基地的九元航空成功首航。深入布局科技信息产业，组建成立了上海风寻信息技术有限公司，主要从事无线网络建设、数据安全、数据管理，并提供基于位置服务的创新技术，承接了智慧城市建设项目。企业2015年实现总产值182.5亿元，名列中国民营企业500强的第251位。

5. 范渊　杭州安恒信息技术有限公司董事长兼总裁

2007年，范渊回国创办杭州安恒信息技术有限公司，发展至今已成为国内WEB安全、数据库安全、云计算安全、大数据态势感知的领导品牌，并成为北京奥运会、广州亚运会、上海世博会、两届世界互联网大会、G20杭州峰会网络安全保障核心支撑单位。安恒信息也因其创新技术和产业能力，连续两次入选全球网络安全500强。范渊多次承担发改委、公安部、工信部、科技部等国家级重大科技专项，拥有数十项国际国内发明专利。

6. 熊续强　宁波银亿集团董事长

熊续强自1994年创建宁波银亿集团以来，坚持“聚一流人才，创一流业绩”的企业宗旨，经过20多年的奋斗，实现了跨越式发展，把银亿集团打造成为集先进制造业和现代服务业等涵盖多领域的综合性大型企业集团。企业2015年度总产值达588.3亿元，在中国企业500强中排231位，2016年银亿集团斥资约130亿元，成功收购了美国、比利时和日本三家高端制造企业，控股了第三家A股上市公司——河池化工，在A股市场形成了银亿股份、河池化工和康强电子三驾马车的战略布局，不断推动企业朝着高端制造业和智能化方向发展。

7. 郭明明　浙江东南网架集团董事长

浙江东南网架集团在郭明明的带领下，经过30多年的发展，从当时的一家乡镇小厂，成长为以钢结构为主业，集钢铁深加工、医疗、地产、建筑膜材、石化等多元化产业的大型企业集团。2016年9月，国家九大科技基础设施之一，具有中国独立自主知识产权、被誉为中国“天眼”的世界最大单口径射电望远镜正式投入使用。东南网架作为主要供应商，参与其核心部件反射面单元设计与制造项目。这个有着世界第一500米口径，25万平方米面积的国内最大铝合金网架，相当于35个足球场大，里面有4450个反射单元体，而每个单元体，大小却不一样。郭明明带领他的团队历经8年时间的不断投入，研发了多项铝合金网架新产品、新工艺，定制了新设备，才使“天眼”上国内最大铝合金网架结构，由理论设想逐步走向现实。依托这样无数的高精尖项目，东南网架也在实践中完成了企业的创新和产品升级。

8. 王剑峰　宁波均胜电子股份有限公司董事长

均胜电子是国内汽车电子行业领军企业，致力于智能驾驶、汽车安全、工业机器人、新能源汽车动力管理系统等的研发与制造，是宝马、奔驰、奥迪等多家全球汽车制造商的长期合作伙伴。2016年均胜电子的海外并购屡掀高潮。仅上半年，就完成了德国TS道恩、美国KSS等三家海外并购。

2011年以来，均胜电子已先后并购了德国PREH、德国机器人公司IMA、美国工业机器人公EVANA等业内重量级企业。通过在汽车电子与智能制造领域的深耕和海外并购，均胜电子正在布局全球，在世界汽车电子领域刻下中国智造深深的印记。

9. 潘建根　杭州远方光电信息股份有限公司董事长

1993年，潘建根创立远方光电，在专家型掌门人潘建根的带领下，远方光电牢牢占据着国内光电检测设备领域的头把交椅，国内市场占有率60%以上，国际市场占有率超过20%，科技水平在国际同行业中也是佼佼者。远方光电自2012年上市以后，利用资本市场的优势，开始打造远方科技产业平台，2015年开始，远方光电陆续参股3D打印、红外检测、核磁共振和基因检测等多领域的企业。2016年年初，远方光电又斥资10亿元，并购生物识别检测技术的领先企业，从而将企业从单一的光电检测大步跨越至多个高新技术检测领域，打造智能检测科技产业平台。

10. 吕强　哈尔斯真空器皿股份有限公司董事长

2017年，吕强70岁，51岁时生意失败，靠仅剩的2万元他顽强地崛起。2000年进入保温杯行业。作为国内保温杯行业的龙头企业，哈尔斯是业内唯一上市的企业。2016 年 3 月，哈尔斯成功收购瑞士保温杯百年品牌希格，从代工逆袭成为全资股东，上演了“小矮人迎娶白雪公主”的经典好戏，开启国际化之路。2016 年 6 月上海迪士尼开业，哈尔斯与迪士尼合作推出的系列水杯受到了追捧。在参与激烈的市场竞争当中，哈尔斯凭着“专心、专注、专业”的工匠精神坚守制造业，同时不断创新，把小杯子做成了大文章，做出了大市场。

2017 年度风云浙商

1. 阮伟祥　浙江龙盛集团股份有限公司董事长

2010 年龙盛收购世界染料巨头德司达公司，2016 年收购美国特殊化学品公司 Emerald，进入食品化学品领域。2017 年着重在美国进行全球业务布局。转型升级，重塑传统产业竞争优势；创新驱动，引领产业绿色发展。龙盛拥有全球规模最大的染料及染料中间体生产基地，其中分散染料、中间体产销量全球第一。从村办小厂到行业巨头，他技术引领，创新驱动，不断攀越，风生水起。

2. 陈立钻　浙江天皇药业有限公司董事长

8 年在山上苦行僧般的坚持种活仙草的故事已经成了传奇，一直极为低调的陈立钻，2017 年重新回到大众视野，在重提工匠精神的当下，正是新浙商精神的回归和升华。而他低调布局多年的大健康和旅游产业，也在 2017 年掀起面纱。

2016 年，陈立钻带领团队攻关的“立钻”铁皮枫斗颗粒治疗慢性萎缩性胃炎扩大适应证项目，被列为国家卫计委新药创制重大科技专项，该项目公司已完成了二期临床试验，并进行第三期临床试验，对深化铁皮石斛领域的科技开发研究，具有重要意义。2016 年投产的新厂区是目前石斛行业最大规模的自动化生产线，按照新版 GMP 要求引入“全面质量管理理念”保证药品的有效性、安全性和稳定性。

3. 陈励君　浙江华日实业投资有限公司董事长

30多年一直坚守实业，坚守在制造业一线。陈励君不断推动企业"创新驱动发展"，在白色家电市场这个完全竞争领域风云变幻的时代，华日却一直稳步前行，不断扩大市场占有率。陈总说，女性创业者有缺点，柔有余，刚不足，但是对于她来说，华日是柔中有刚，沸沸扬扬的只是一时，他们追求的是长久。

1984年，作为华侨的陈励君带领几名侨属，自筹资金成立华日电冰箱。华日成立30多年来，一直走的是高科技、专业化的发展之路。华日数码智能冰箱是国内首推、国内同行中唯一的国家重点新产品，荣膺"全国发明金奖"。在制冷产品的智能控制、无氟环保、高效节能等方面，华日达到同行领先水平。

4. 陈利祥　万安集团有限公司董事局主席

2017年，作为中国民企500强、中国汽车零部件百强的万安集团携手国际知名企业，大举进入新能源汽车领域。同时，万安北京智能驾驶研发中心投入使用，加快了智能网联汽车技术方面的研发和产业化进程。从农民到现代企业家，陈利祥是国内汽车零部件的小型巨人，追求卓越，勇往直前。

5. 陈晓军　力高控股有限公司董事长

力高公司是世界最大箱包制造商之一，2011年收购世界著名箱包品牌Hedgren（海格林），2016年Hedgren（海格林）品牌包被选为G20杭州峰会媒体包和嘉宾包，深受中外记者的喜爱和称赞。从贴牌代工到品牌经营，陈晓军的经历也是浙商向微笑曲线两端延伸最好的成功案例。

在经济新常态下，力高控股加速传统产业转型升级，先后实施创建桐庐国际箱包智慧产业园和安徽皖东南保税物流中心两个重大项目，以加速实现由单一的箱包制造向以箱包为本业、多元化发展转变，实现企业持续健康发展。

6. 胡玮炜　摩拜单车创始人

胡玮玮是当下最热门的共享经济的拓荒者，摩拜单车在国内刮起了一股共享单车的热潮。创业两年时间进入超过100个城市，运营超过700万辆摩拜单车，为全球2亿用户提供智能出行服务，日订单量超过3000万，成为全球最大的智能共享单车营运平台和移动物联网平台。

2017年6月16日，摩拜宣布完成E轮融资，额度超6亿美金。6月份，登陆欧洲，在英国的曼彻斯特和索尔福德亮相，这标志着摩拜共享单车已经覆盖全球100个城市。共享单车创新引领出海模式也因摩拜再迈上一个新台阶。

7. 顾江生　顾家家居股份有限公司董事长

顾江生是一名男性企业家，出生于浙江台州，顾家家居股份有限公司董事长。顾江生出身于数代传承的浙江天台家具世家，于2000年29岁时接手了父辈的企业。顾江生用超前的战略思想带领企业飞速发展。顾家是国内知名的家居制造企业，在A股上市之后通过一系列收购完善产业布局。在电商冲击、线下市场普遍不景气的情况下，顾家却逆势生长，2017年上半年销售额超增幅达到五成。从一条小板凳，到家居航母，顾江生总说，他们的梦想是挑战宜家家居。

8. 戚金兴　杭州滨江房产集团股份有限公司董事长

大浪淘沙始见金，在众多央企、港企房地产公司的包围中，滨江已经成为浙江本土房地产公司的一面旗帜。2017年是滨江集团成立25周年，25年来滨江始终坚持品质为王。做行业品质引领者、区域品牌领跑者，这是滨江集团更是戚金兴的追求，无论是品质还是品牌。他的梦想是引领市场。

2017年，从购房到租房，滨江集团开始介入长租公寓市场，第一个村级留用地项目已经落地。通过与村级经济合作社合作，开发建设长租公寓，与提供多层次的住房供给体系相吻合，践行“房子是用来住的，不是用来炒的”理念。

在未来发展上，戚金兴为滨江集团搭建好了“开发＋服务＋金融”的企业模型，更好地迎接未来的企业转型和多元发展。

9. 童锦泉　上海长峰集团有限公司董事长

南太湖之滨的长兴图影旅游风景区，一座航母级旅游综合体——太湖龙之梦乐园正拔地而起，投资逾200亿，是迄今为止省内投资额最高的浙商回归项目。龙之梦乐园是有着50年创业历程的童锦泉在花甲之年的转型巨作，他全力投入旅游文化产业，再次踏上创业新征程。童锦泉说自己喜欢握拳自我鼓励，鼓励自己坚持下去。55年创业，他将毕生锤炼的财富、智慧和气魄都倾注在太湖南岸这片土地；23平方公里，200亿投资的旅游综合体。那根竹杖点过原野山冈，正徐徐铺展着他梦中的瑰丽与锦绣。

10. 楼　金　海南亚洲制药股份有限公司董事长

喽金是海南亚洲制药集团公司董事长、总经理，成为获奖的14位首届海南杰出创业企业家之一。1988年，楼金在海南创立“快克”品牌，从2000块钱办的药厂，到现在所创办的快克品牌已经一年卖出8个亿产值。88岁的楼金又开始投身公益事业，于2015年成立公益基金会，在沙漠上种起了绿化植物，他告诉我们：“以后我的资产都用于对人类有利的公益事业。”楼金用足够长的奋斗者的赛道，告诉我们什么叫不忘初心，什么叫为国为民。

附录三

2017年第四届世界浙商大会宣言

2017年11月29日上午，以“聚力拥抱新时代，开放创新立潮头”为主题的第四届世界浙商大会在杭州国际博览中心盛大开幕。本次世界浙商大会是浙江省规模最大、规格最高、影响最广的浙商盛会。共有3.3万多名浙商从全球60余个国家和地区赶来参会，大会规模为历届之最。此次大会共有29个活动，从9月贯穿到12月，为历届世界浙商大会中活动最多的一次。在本届浙商大会开幕式上，浙商代表庄严宣读浙商宣言。以下为宣言全文：

山川锦绣、日月辉映，云行雨洽、海晏河清，茫茫区宇、万代一时。天下浙商，欣逢盛世，当不忘初心、牢记使命，致敬前辈、矢志奋斗，践行光大新时代浙商精神。今共襄盛会，意气风发，宣言志之。

吾辈当矢志创新创业。商贾之道，奇正相生。奇者，因时而变、推陈出新；正者，脚踏实地，一往直前。浙商走遍千山万水、道尽千言万语、想尽千方百计、尝尽千辛万苦，走出敢为人先创新路，写下坚忍不拔创业篇。创新无止境、创业无穷期。历史眷顾坚定者、奋进者、搏击者，不等待犹豫者、懈怠者、畏难者。新时代，吾辈当坚守创业之心、永葆创新之志，坚定信心、奋发图强，先人一步、快人一拍，居安思危、永不懈怠。唯此，方无愧名扬天下商帮之称号。

吾辈当矢志兴业报国。落其实者思其树，饮其流者怀其源。浙商今日之成就，幸赖党之好政策，幸赖国家发展进步，幸赖民众信任厚爱。济世报国乃浙商应有之担当，乃浙商不变之情怀。党有所望，吾有所应。国有所需，吾有所为。新时代，吾辈当担起产业报国、实业强国之任，响应参与国家重大战略，为国家强盛、民族复兴贡献绵薄之力。吾辈当富而思源、富而思报，树立新的资源观，行反哺社会、造福桑梓之举，老干扶新枝，先富帮后富，为“两个高水平”建设报寸草之心。

吾辈当矢志开放合作。海纳百川，有容乃大。浙商搏击于开放大潮，四海为家、四海为业，成就世界浙商之名。新时代，全球化大潮浩浩荡荡、势不可挡，浙商亦得全球化之益。吾辈当放眼世界、胸怀天下，树立新的全局观，乘新一轮开放之东风，扬帆远航，遨游万里，为“一带一路”之先锋，为中华文化之使者，为中国和平发展之行者。浙商一家亲，家和万事兴。吾辈当守望相助，和衷共济，同心同德闯天下，合心合力强浙江。

吾辈当矢志诚信守法。人无信不立，业无信不兴。彪炳商史之浙商，视诚信为珍宝，以守法为基线，贫富不移，生死不渝。时空流转、商道依旧。新时代，诚信守法乃浙商开拓之履、经营之道。吾辈当以守法诚信为本，不行贿，不欠薪，不逃税，不侵权，树立新的生态观，以子孙后代为念，以绿水青山为重，以“亲”“清”之风为尚，诚信持家、守法经营，扬新风于华夏，盈正气于宇内。

吾辈当矢志追求卓越。山高人为峰，海阔心无界。唯有品质至上、服务至诚，方可赢得口碑、赢得市场。粗制滥造，为民众所不容；低质高价，为商者所不齿。浙商睹民众舍近求远、海淘海购，甚为心痛，羞愧难当。新时代，民众美好生活之向往，亦为浙商奋斗之目标。吾辈当知不足而奋进，望山远而赶行，崇尚一流、追求卓越，不断攀登，勇立潮头，人无我有、人有我优，以工匠精神筑质量信誉，以品质品牌成百年基业，为平衡发展充分发展建微劳之功。

楼观沧海日，门对钱江潮。全球浙商同仁们，吾辈须化壮志为行动，付豪言诸实践，拥抱新时代，勇当弄潮儿，实现新飞跃，创造新辉煌！

参考文献

一、书籍

[1] 胡宏伟. 中国模范生：浙江改革开放 30 年全记录[M]. 杭州：浙江人民出版社，2008.

[2] 王红蕾，等. 新浙商，中国的财富力量[M]. 北京：北京出版社，2007.

[3] 龙子民. 胆商：为什么赚钱的总是有胆识的[M]. 北京：地震出版社，2007.

[4] 吕福新，等. 浙商的崛起与挑战——改革开放 30 年[M]. 北京：中国发展出版社，2008.

[5] 李建华，韩玲梅. 浙商发展报告 1978—2008：改革开放和中国社会主义市场经济发展 30 年侧影[M]. 杭州：浙江工商大学出版社，2009.

[6] 冯拾松，等. 婺商：600 年历史传承与 60 年飞速发展[M]. 杭州：浙江工商大学出版社，2008.

[7] 邹洋阳. 张小泉剪刀研究[M]. 杭州：浙江大学出版社，2006.

[8] 毛泽东. 毛泽东选集：第五卷[M]. 北京：人民出版社，1977.

[9] 林正秋. 浙江经济文化史研究[M]. 杭州：浙江古籍出版社，1989.

[10] 周彦文，刘工践，贺雄飞. 百年风流——拼搏不息的中国工商业者[M]. 北京：中国商业出版社，1993.

[11] 潘一平. 西湖人物（增订本）[M]. 杭州：浙江人民出版社，1999.

[12] 浙江省政协文史资料委员会. 浙江文史资料选辑[M]. 杭州：浙江人民出版社，1992.

[13] 寿充一，寿墨聊，寿乐英. 近代中国工商人物志：第二册[M]. 北京：中国文史出版社，1996.

[14] 陈文锦. 西湖文物[M]. 杭州：浙江摄影出版社，1992.

[15] 孙岩. 胡雪岩商道精华[M]. 北京：中国长安出版社，2007.

[16] 东方夫子. 悟道：胡雪岩凭什么赢[M]. 北京：西苑出版社，2007.

[17] 司马哲.得与失：胡雪岩为人处事行商的官商之道[M].北京：中国言实出版社,2005.

[18] 张仁寿,盛世豪,蓝蔚青,等.透析“浙江现象”[M].杭州：浙江人民出版社,2006.

[19] 方民生,等.浙江制度变迁与发展轨迹[M].杭州：浙江人民出版社,2000.

[20] 浙江省农村政策研究室.农村改革和经营管理[M].北京：农村读物出版社,1988.

[21] 史晋川,罗卫东.浙江现代化道路研究(1978—1998)[M].杭州：浙江人民出版社,2000.

[22] 浙江市场导报社,浙江省市场协会.浙商造市[M].北京：中国工人出版社,2006.

[23] 王泓逸.浙商：如何缔造中国富豪[M].北京：新世界出版社,2006.

[24] 徐斌.当代浙商：从配角到主角之路[M].杭州：浙江大学出版社,2008.

[25] 吕福新.浙商转型研究 [M].北京：中国发展出版社,2006.

[26] 吕福新.浙商人文精神 [M].北京：中国发展出版社,2007.

二、论文/文章

[1] 崔砺金.浙商：“草根”中崛起的创富精英[J].决策探索,2004(10).

[2] 薛建国.九头芥堪比龙井茶 “腌菜女王”潘秋梅卖火倒笃菜[N].钱江晚报,2009-02-01.

[3] 薛建国.“无中生有”,浙江办出大市场 [N].钱江晚报,2009-09-10.

[4] 董立林.印第安纳州,想做美国的浙江[N].钱江晚报,2009-09-11.

[5] 王夏斐.张小泉一把剪刀剪出 343 年的时空流转[N].杭州日报,2006-03-07.

[6] 张靖.“恩怨七年——沪杭‘张小泉’拉锯战启幕”[N].国际金融报,2006-02-08.

[7] 楼婷.一位为织锦而生的人——都锦生：一代织锦魂[N].人民日报(海外版),2006 -05-22.

[8] 金少策.娃哈哈非常增长的秘诀[J].浙商,2009(7).
[9] 潘欣怡.宗庆后：其实我并不独裁[J].浙商,2009(7).
[10] 郭小平,张军.试论娃哈哈经营战略[J].经营与管理,2002(12).
[11] 谢绚丽,郑春建.娃哈哈集团的产品战略[J].企业文化,2007(9).
[12] 杨洋.娃哈哈营销渠道分析[J].商场现代化,2007(1).
[13] 张炜利.看阿里巴巴员工怎样快乐工作[N].钱江晚报,2009-06-30.
[14] 马云.快乐的阿里巴巴 [J].竞争时代,2009(8).
[15] 王娟,王忠,王海军.阿里巴巴与百度成功模式之比较研究 [J].生产力研究,2006(12).
[16] 陈益锋.开启电子商务时代[J].中国新时代,2009(8).
[17] 贾升华,郑海东.方太管理创新的阶梯[J].企业管理,2005(8).
[18] 赵广岩.创业成功的不二法门——创新[J].职教与成教,2008(12).
[19] 李冈原.企业家的创新精神与文化积淀、世界视野——都锦生及其品牌的个案分析[J].杭州师范学院学报(医学版),2005(6).
[20] 杜润生.解读温州经济模式[J].浙江经济,2000(8).
[21] 浙江省社会科学院课题组.浙江农村股份合作制崛起背景与运作方式[J].浙江学刊,1996(1).
[22] 浙江省企业调查队.企业调查分析研究文集(2002—2003)[G].2003.
[23] 吴少华.江浙市场发育与市场建设特点[J].学习与实践,1994(12).
[24] 赵任春.大步走向国际市场——浙江乡镇企业出国挣“洋钱”追踪[J].中国经贸,2002(8).
[25] 中共浙江省委政策研究室课题组:提高浙江区域块状经济竞争力研究[R].2002.
[26] 董烨然.浙商对推进市场与产业互动的作用[J].商业经济与管理,2007(11).
[27] 王益谦.论周边地缘关系与西南地区沿边开放[J].南亚研究,1996(1).
[28] 李胜兰.地缘关系与我国产业集群企业合作行为研究[J].学术研究,2008(6).
[29] 白小虎.市场化进程中的当代浙商[J].浙江树人大学学报,2008(9).

[30] 傅白水. 浙商——中国第一大商帮[J]. 观察,2006(5).

[31] 刘培峰. 亲缘关系、地缘关系与乡镇私营企业主的生成[J]. 社会,2003(8).

[32] 杨铁清. 寻根百年浙商——浙商的来源及其空间分布规律[J]. 浙江经济,2008(7).

[33] 葛卫芬. 现代商帮比较视角下的浙商自主创新[J]. 中共福建省委党校学报,2008(3).

[34] 史晋川. 温州模式：从人格化交易与非人格化交易视角的观察[J]. 浙江经济,2004(5).

[35] 吕挺. 对于交易方式的研究——以温州对人格化交易方式依赖为例[J]. 当代经理人,2006(3).

[36] 俞荣建."浙商转型"研讨会观点综述 [J]. 浙江社会科学,2007 (2).

[37] 刘凡力,俞栋. 转型：浙商面临的新挑战——访浙江大学教授史晋川[J]. 金融管理与研究,2006(2).

[38] 宋跃美. 企业社会责任再次考验浙商 [J]. 观察与思考,2008(9).

[39] 易开刚. 伦理视阈中的浙商转型研究 [J]. 甘肃社会科学,2007(2).

[40] 高春颀. 徐冠巨谈浙商转型 [N]. 中华工商时报,2007-01-12.

[41] 周必健. 如何看温州轻工业区际产业转移 [J]. 浙江经济,2009(2).

三、其他

1. 王祖强,潘家栋. 发挥特色优势壮大产业集群[EB/OL]. [2018-06-01]. http://zjnews.zjol.com.cn/zjnews/zjxw/201806/t20180601_7438586.shtml.

2. 胡哲斐,应陶. 60 个"一带一路"沿线国家在浙江投资设立企业[EB/OL]. [2018-02-01]. http://finance.china.com.cn/hz/sh/2345/20180201/26954.shtml.

3. 甘居鹏. 特色小镇带动浙江区域经济转型升级[EB/OL]. [2016-12-02]. http://zj.cnr.cn/zjyw/20161229/t20161229_523409350.shtml.

4. 陈文文. 新常态下浙江经济结构转型升级纪实[EB/OL]. [2017-08-05]. http://www.zj.xinhuanet.com/2017-08/05/c_1121435370.htm.

5. 正泰电器股份有限公司官网. http://elec.chint.com/index.php/news/

det/id/2374. html.

6. 吴元峰. 万事利转型升级开辟“新丝路”[EB/OL]. [2016-11-22]. https://zj. zjol. com. cn/tj? id=490658.

后 记

浙江经贸职业技术学院是一所以商贸流通类专业为主体的高职院校，学校办学深深根植于浙江博大精深的商业文化之中，弘扬“浙商文化”，提升学生创新创业素养是我们义不容辞的职责。经历了近40年的办学历程，学校不断加深对“浙商文化”精髓的认识，形成了传承浙商精神、培养创业型人才的办学理念和以“浙商精神”为内涵、以“浙商文化”为主题的校园文化建设思路。学校以“厚德·崇商”为校训，把为社会培养适应市场需求的商贸人才，作为自己的使命和发展方向，提出了以培养具有“诚信务实的职业道德、敢为人先的创业精神、以小致大的经营理念、技湛商慧的从业本领”的浙商新人为目标的教育理念。

为此，学校于2008年7月成立了浙商文化研究所。研究所以践行“厚德·崇商”为工作宗旨，“厚德”意在强调落实“育人为本、德育为先”的教育理念；“崇商”旨在利用“浙商文化”这一优秀地方文化的精华潜移默化使学生形成重商立业的思想，努力将“浙商文化”“浙商精神”渗透到学校育人的各个环节，通过“教育、宣传、灌输、熏陶”，帮助学生了解浙商精神，知晓浙商文化，学习现代浙商理念，培育浙商新人气质，树立“厚德·崇商”思想，增强就业竞争力，努力做到“浙商精神”与学校文化交融，人文素养与创业从业能力并举。

《浙商文化教程》就是在这样的背景下编写的，这是学校首部以体现办学理念和校园文化的特色教材。自2010年2月首次出版以来，该教材被列为中国高等教育学会2010年创新创业教育专项课题；2011年10月，被浙江省委宣传部理论处列入全省党政干部“党的十七届六中全会专辑”推荐书目；2012年底，获华东地区大学出版社协会第九届优秀教材二等奖。

随着以互联网技术为依托的信息经济的崛起，新时代浙商继续创造着新成就。在2017年11月召开的第四届世界浙商大会上，浙江省委省政府对新时代浙商精神作了进一步提炼，赋予了浙商精神新的内涵，即坚韧不拔的创业精神、敢为人先的创新精神、兴业报国的担当精神、开放大气的合作精神、诚信守法的法治精神、追求卓越的奋斗精神。传承和弘扬新时代浙商精神，《浙商文化教程》正是在这样的背景下出版的。

在教材编写过程中，浙江大学柳宏志博士、浙江理工大学战明华教授、浙江工商大学易开刚教授与赵浩兴教授、金华职业技术学院冯拾松教授、宁波大学戴光中教授、台州市社科联谢绍银副研究员等浙商研究专家，给予了我们积极的指导和热情的帮助。本教材是在2010年2月第1版、2013年7月修订版基础上重新编写，杨一琼老师、张香美老师、葛锦晶老师参与了编写工作，最后由陈海忠和杨一琼统稿并校对。本书参考并引用了大量的著作、论文、调研报告和网上资源，在此，对给予了各种帮助的领导、专家、学者、朋友，一并致以深深的谢意！

本书涉及的一些统计数据，可能会因为统计来源不同、口径不同、时间不同而存在前后不尽一致的情况。由于编者水平有限，本教材也可能存在一些问题和不足，敬请广大读者批评指正。

陈海忠　杨一琼

2018年夏